Die KUNST des Zeichnens POSEN

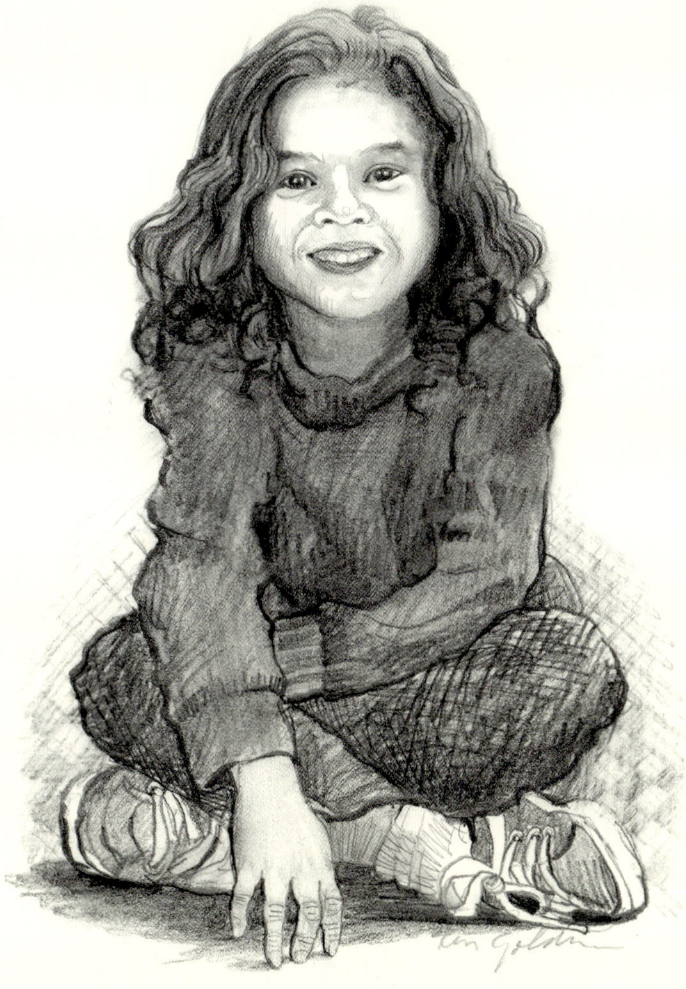

Ken Goldman & Stephanie Goldman

Titel der Originalausgabe:
The Art of Drawing Poses for Beginners
Techniques for drawing a variety of figure poses in graphite pencil

First Published in 2022 by Walter Foster Publishing, an imprint of the Quarto Group, 100 Cummings Center, Suite 265D, Beverly, MA 01915, USA.
www.quarto.com • www.walterfoster.com

Übersetzung: Wiebke Krabbe, Damlos
Produktmanagement der deutschen Ausgabe: Nicole Mering
Lektorat: Betz Lektorat + Redaktion, Tübingen
Umschlaggestaltung: Melanie Herrmann
Satz: Arnold & Domnick, Leipzig
Druck und Bindung: 1010 Printing International Ltd, China

1. Auflage 2023

ISBN 978-3-7358-8045-1
Best.-Nr. 28045

MIX
Papier aus verantwortungsvollen Quellen
FSC® C016973

Penguin Random House Verlagsgruppe
FSC® N001967

Die KUNST des Zeichnens POSEN

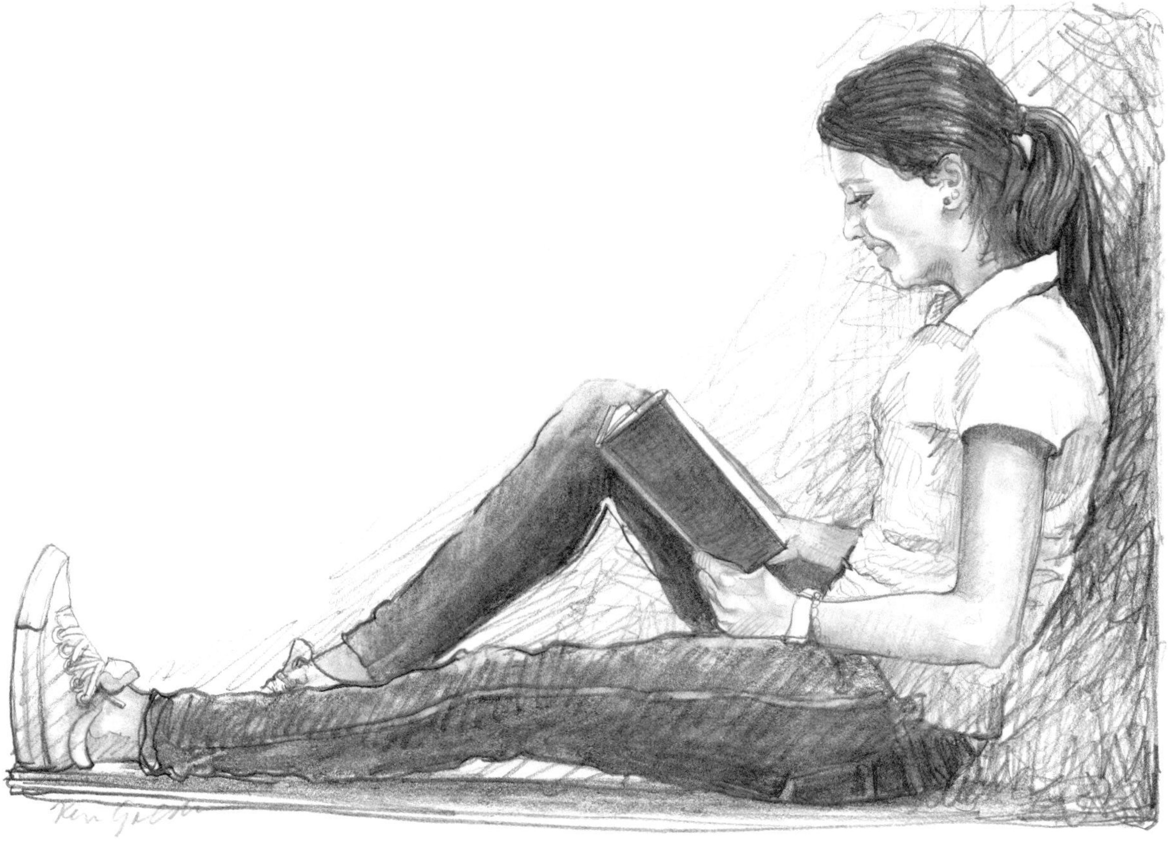

INHALT

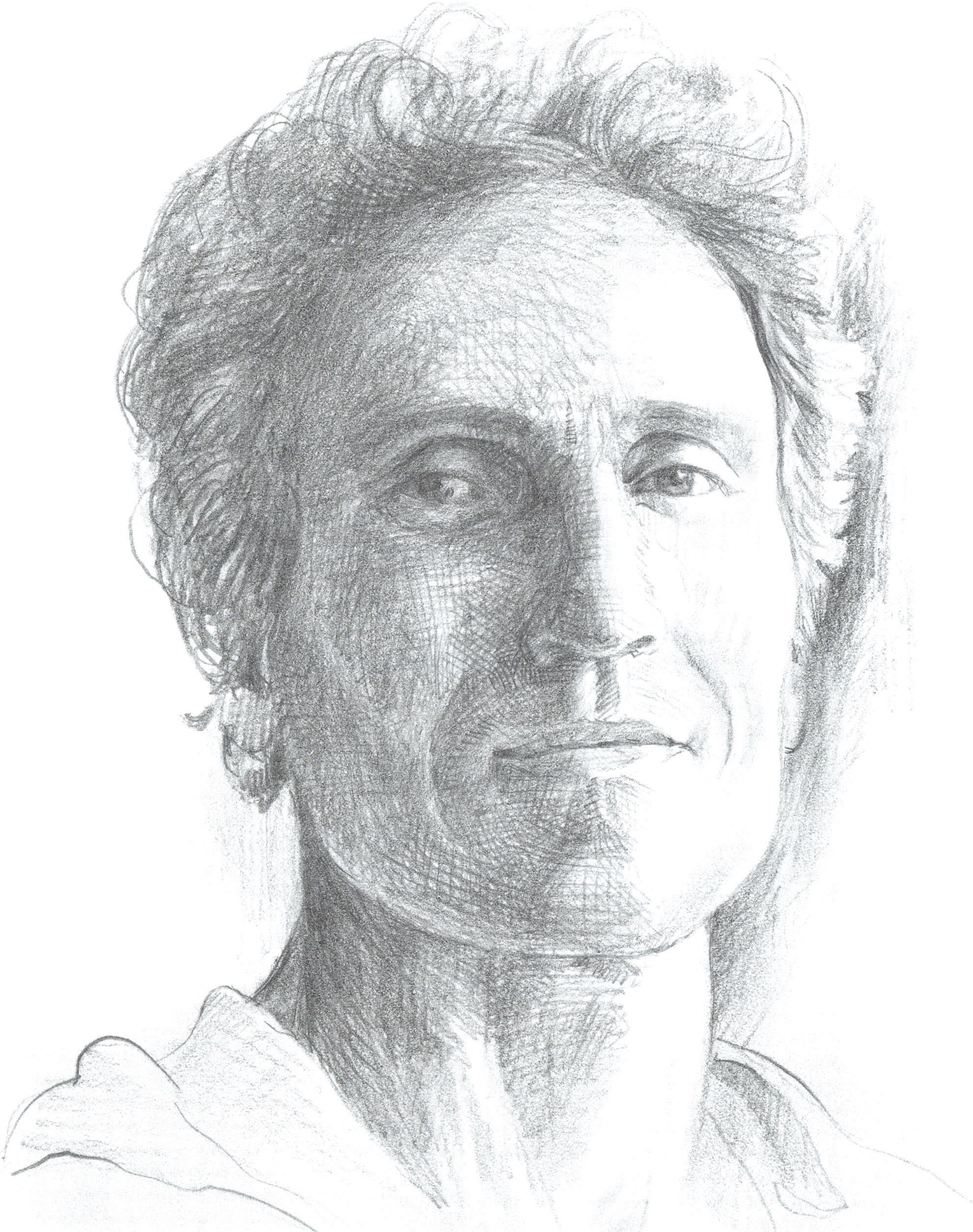

VORWORT

Kaum ein Thema in der Kunst ist intimer und lohnender als das Zeichnen menschlicher Figuren. Seit Jahrtausenden sind Menschen davon fasziniert, ihr Abbild in zweidimensionaler Form festzuhalten – von den frühesten Höhlenmalereien bis zu den atemberaubenden Werken Michelangelos.

Dieses Buch bietet alles, was Sie brauchen, um Ihre Kenntnisse im Zeichnen von Menschen zu entwickeln oder zu vertiefen. Es schafft eine solide Grundlage, indem es zunächst ausführlich auf die Anatomie und die menschlichen Proportionen eingeht. Anschließend folgen Tipps, Übungen und Beispielzeichnungen, die Themen wie die Darstellung von Bewegungen, die Wiedergabe des Alters, die Vermittlung von Emotionen und die Schaffung von ansprechenden Kompositionen behandeln. Anhand von Bildbeispielen, die eine Vielzahl von Posen zeigen – von traditionellen Haltungen bis hin zu Figuren in Bewegung und spielenden Kindern – können Sie Ihre Fähigkeiten intensiv trainieren, ohne ein Modell zu benötigen. Konsequente und regelmäßige Übung ist der Schlüssel zum Erfolg, und dieses Buch gibt Ihnen eine große Bandbreite von Material an die Hand, um das Zeichnen von Menschen zu meistern.

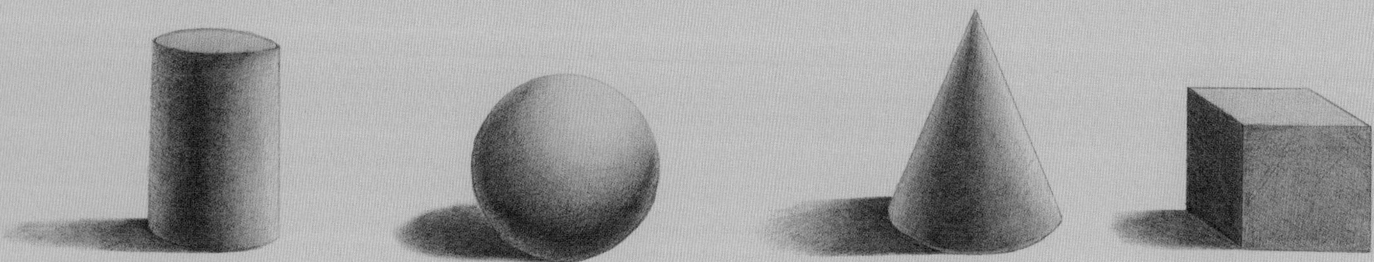

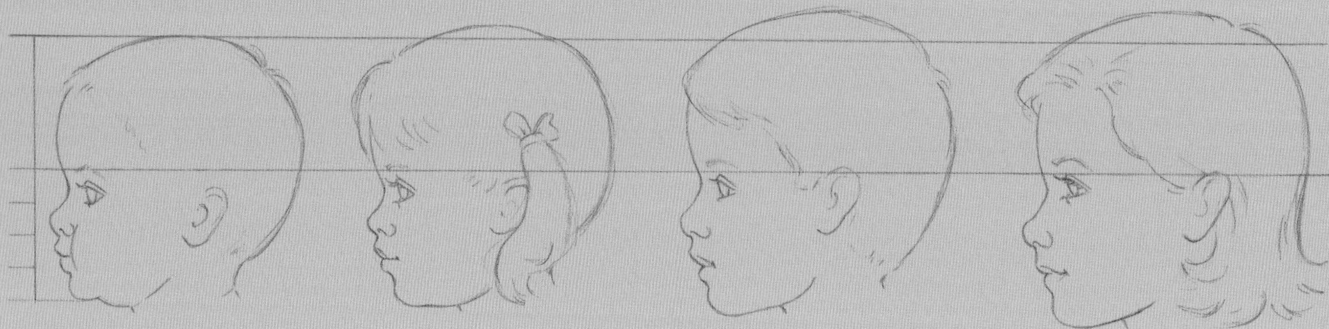

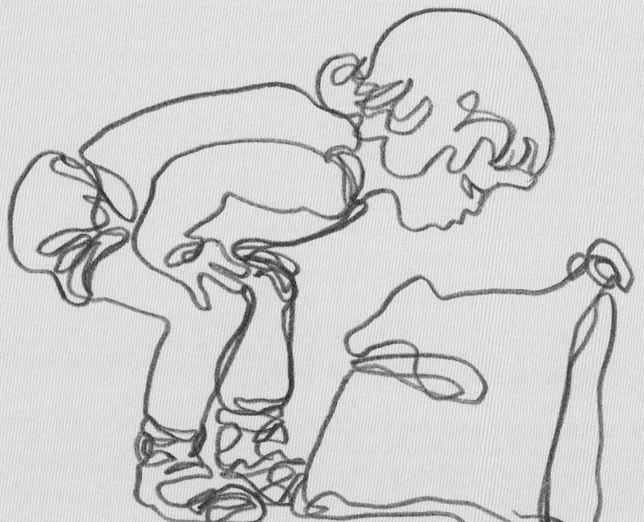

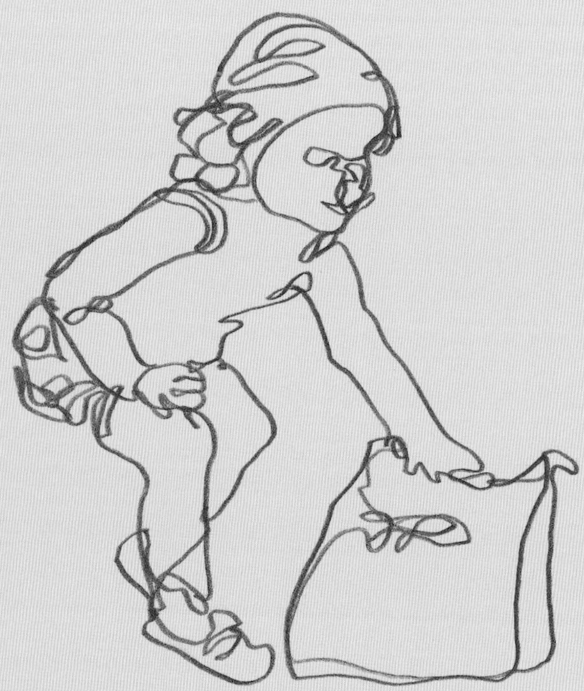

Kapitel 1

GRUND-LAGEN

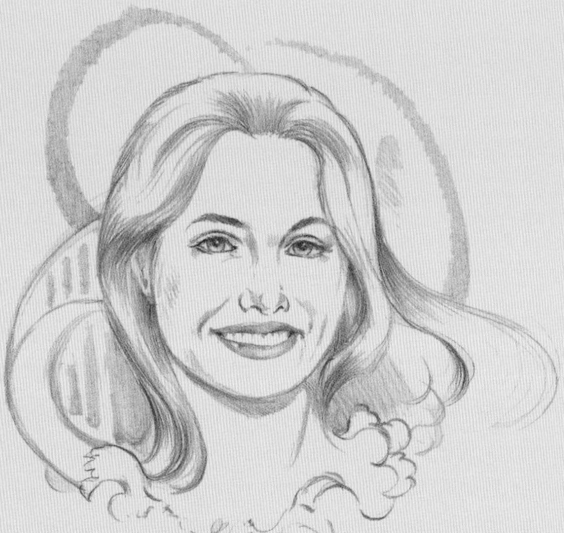

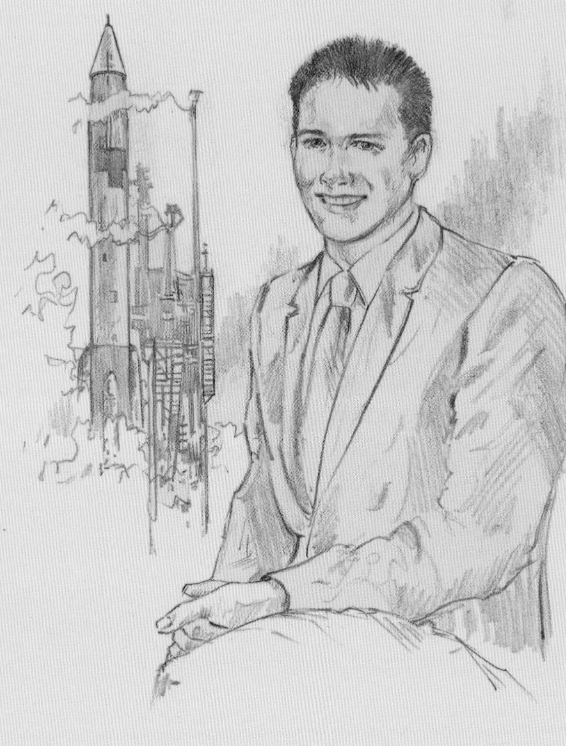

WERKZEUGE & MATERIALIEN

Zum Zeichnen mit Bleistift braucht man nicht viele Materialien. Legen Sie einige Bleistifte verschiedener Härtegrade und unterschiedliche Papiersorten bereit, und fangen Sie einfach an. Mit der Zeit werden Sie herausfinden, welche Werkzeuge und Materialien für Ihre Zwecke und Ihren Stil am besten geeignet sind.

Zeichenpapier
Zeichenpapier gibt es in verschiedenen Qualitäten, die sich in der Oberflächenstruktur unterscheiden. Heiß gepresstes Papier ist sehr glatt und glänzt leicht. Kalt gepresstes Papier hat eine etwas rauere, leicht samtige Oberfläche mit mattem Aussehen. Mattes Papier ist am vielseitigsten und eignet sich für eine Vielzahl von Zeichentechniken. Für fertige Kunstwerke werden am besten Einzelblätter aus Zeichenpapier verwendet.

Skizzenblöcke
Skizzenblöcke gibt es in vielen Formen und Größen. Sie sind nicht für fertige Werke gedacht, eignen sich aber gut, um Ideen festzuhalten und auszuarbeiten.

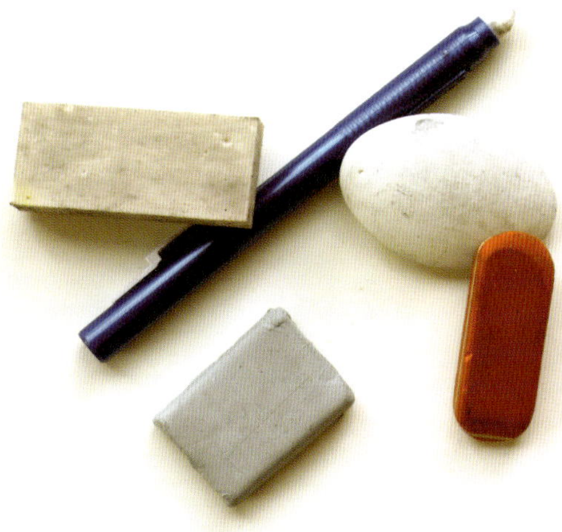

Radiergummis Kunststoffradierer sind nützlich, um harte Bleistiftstriche und große Flächen zu entfernen. Knetradiergummis (unerlässlich für Künstler) können dazu verwendet werden, einen Bereich abzutupfen und den Ton sanft aufzuhellen.

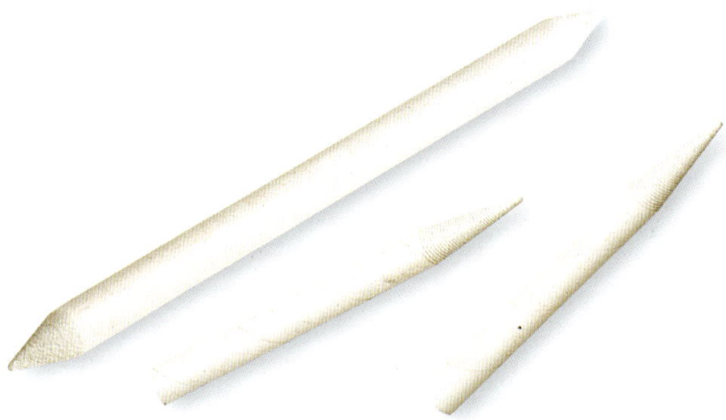

Tortillons Tortilions oder Papierwischer können zum Verwischen kleinerer Flächen verwendet werden. Zum flächigen Verwischen kann der Tortillon mit der Seite aufgelegt werden. Ist er schmutzig, reiben Sie ihn einfach mit einem sauberen Lappen ab.

ZEICHENWERKZEUGE

Bleistifte, das gebräuchlichste Zeichenwerkzeug und der Schwerpunkt dieses Buches, enthalten eine Mine aus Grafit. Bleistifte werden nach Härtegrad eingeteilt, von sehr weich (9B) bis sehr hart (9H). Ein gutes Set für Einsteiger:innen besteht aus 6B, 4B, 2B, HB, B, 2H, 4H und 6H. Die nachstehende Tabelle zeigt eine Reihe von Zeichenwerkzeugen und die Arten von Strichen, die Sie mit jedem von ihnen erzielen können.

HB spitz

HB rund

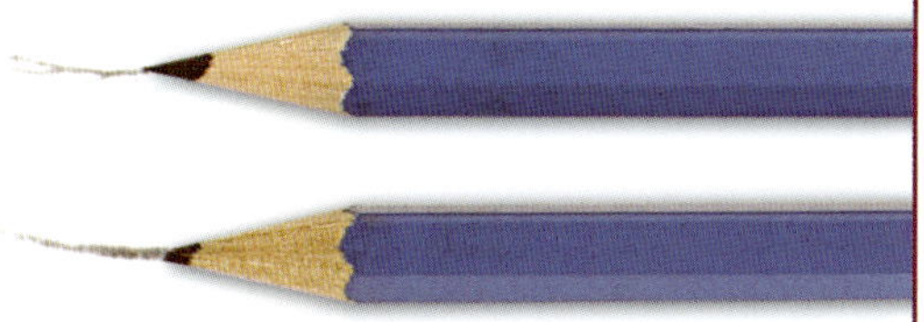

HB Ein Bleistift HB mit einer scharfen Spitze erzeugt scharfe Linien und bietet eine gute Kontrolle. Eine runde Spitze ergibt etwas dickere Linien und eignet sich zum Schattieren kleinerer Flächen.

4B flach

Strich mit flach gespitztem Stift

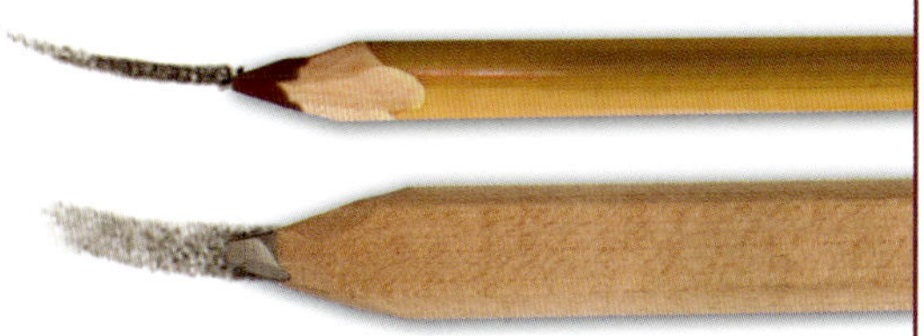

Flach Für breite Striche einen Bleistift 4B meißelförmig anspitzen. Damit lassen sich auch größere Flächen zügig schattieren.

4B Kohlestift

Naturzeichenkohle

Weißer Stift

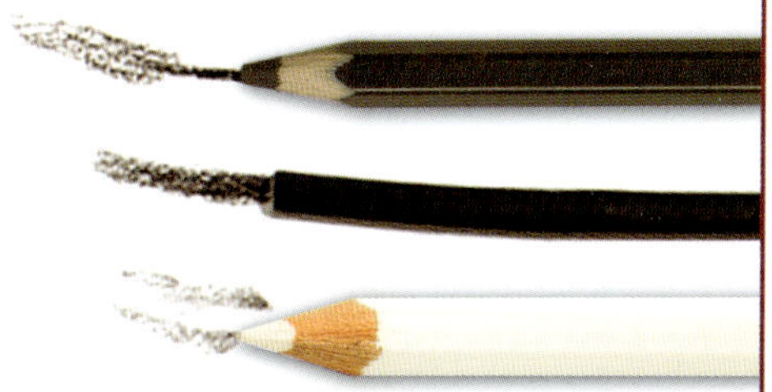

Zeichenkohle Ein Kohlestift 4B ist weich und erzeugt dunkle Striche. Naturzeichenkohle ist noch weicher und hinterlässt einen krümeligeren Rückstand auf dem Papier. Weiße Stifte eignen sich zum Mischen und Aufhellen von Flächen.

Conté-Kreide

Conté-Stift

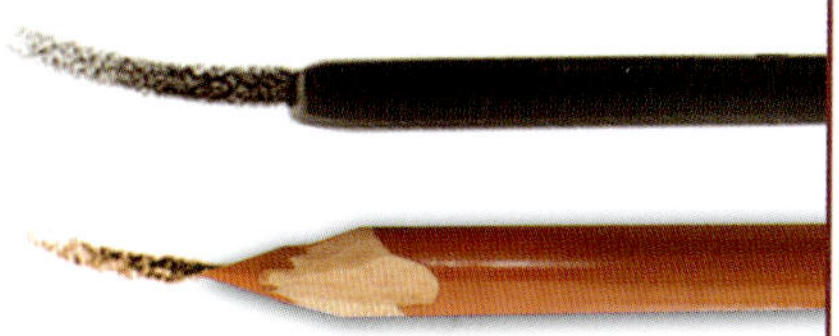

Conté-Kreiden und -Stifte Sie werden aus sehr fein vermahlenem Kaolin hergestellt und sind in verschiedenen Farben erhältlich. Sie sind wasserlöslich und können mit einem feuchten Pinsel oder einem Tuch verwischt werden.

BLEISTIFTE ANSPITZEN

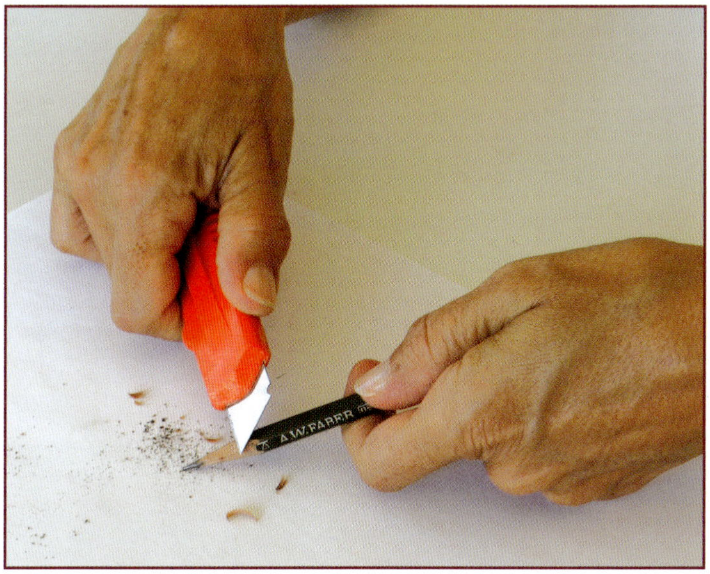

Cutter Mit einem Cutter lassen sich verschiedene Spitzen formen. Halten Sie das Messer leicht schräg zum Bleistiftschaft und spitzen Sie immer vom Körper weg, indem Sie jeweils ein wenig Holz und Grafit abtragen.

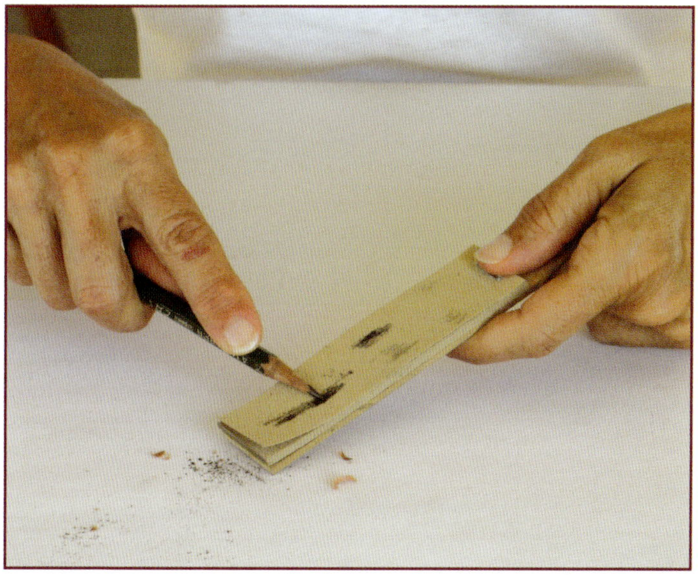

Schleifpapier Mit feinem Schleifpapier lässt sich die Mine schnell in jede gewünschte Form bringen. Rollen Sie den Bleistift beim Schleifen langsam zwischen Ihren Fingern, um ihn rundherum gleichmäßig anzuspitzen.

GRUNDTECHNIKEN

Sie können eine Vielzahl von Effekten, Linien und Strichen mit dem Bleistift erzeugen, indem Sie einfach die Handhaltung und die Schattierungstechniken wechseln. Viele Künstler:innen verwenden zum Zeichnen hauptsächlich zwei Handhaltungen. Die Schreibhaltung eignet sich für detaillierte Arbeiten, die eine gute Kontrolle der Hand erfordern. Die Unterhandhaltung ermöglicht einen freieren Strich, die Bewegungen ähneln hier dem Malen.

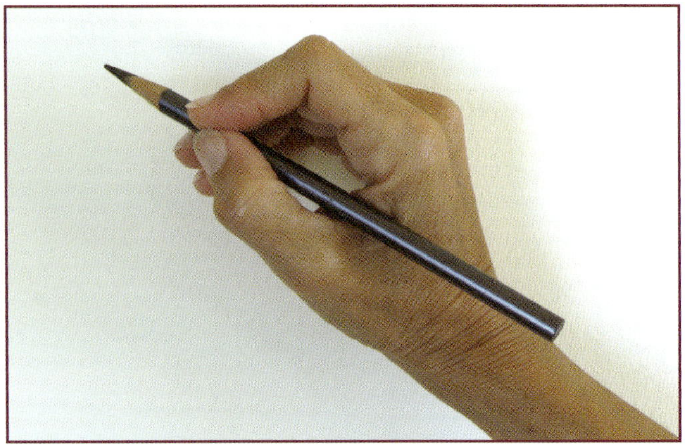

Schreibhaltung Die Schreibhaltung bietet die beste Kontrolle, um genaue, präzise Linien für die Wiedergabe feiner Details und Akzente zu erzeugen.

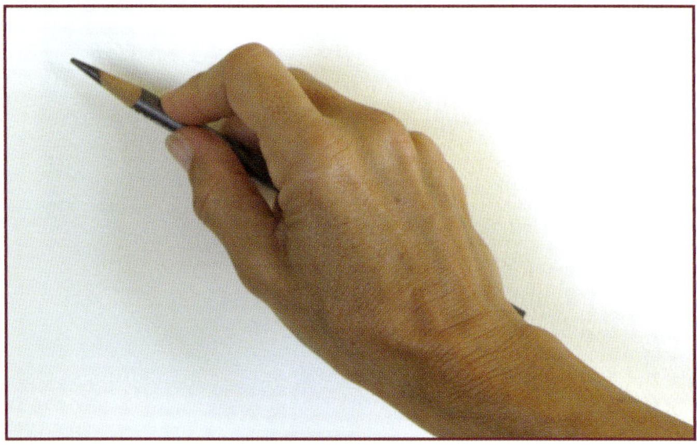

Unterhandhaltung Den Stift von oben mit Daumen und Zeigefinger erfassen. Die anderen Finger neben dem Bleistift ruhen lassen. Diese Position eignet sich hervorragend für schöne Schattierungseffekte und lange, geschwungene Linien.

TEXTUREN

Mit den folgenden Techniken lassen sich verschiedene Texturen darstellen, von glatter Haut bis zu schattierten Gesichtszügen und einfachen Hintergründen. Wichtig ist, möglichst gleichmäßig zu schattieren.

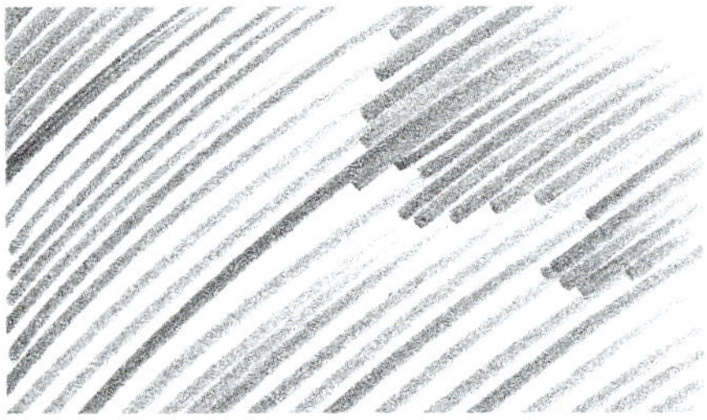

Schraffur Hier wird die Fläche mit parallelen Strichen ausgefüllt. Je geringer die Abstände zwischen den Strichen, desto dunkler der Tonwert.

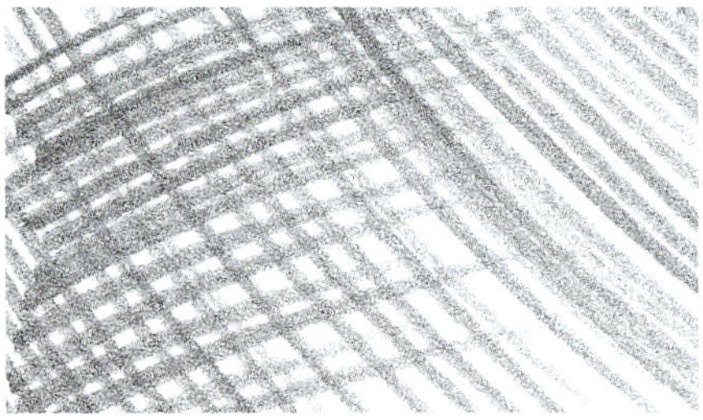

Kreuzschraffur Hier werden zwei Schraffuren in verschiedenen Richtungen überlagert. Wieder beeinflusst der Abstand den Tonwert.

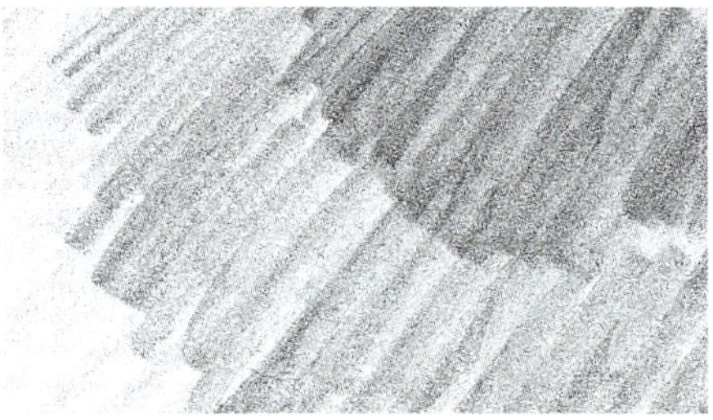

Verlauf Für einen Hell-Dunkel-Verlauf den Bleistift flach aufsetzen und mit relativ kräftigem Druck arbeiten.

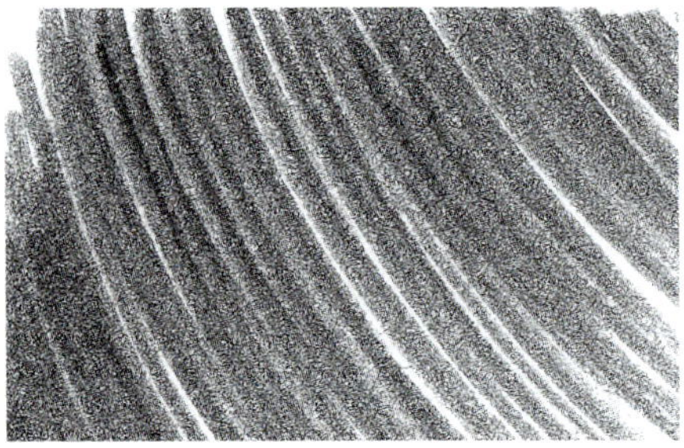

Dunkle Schattierung Durch kräftigen Druck auf den Bleistift entstehen dunklere, lineare Schattierungen.

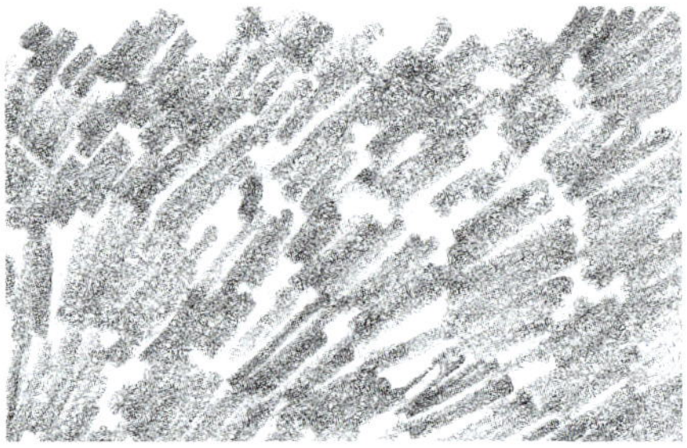

Schattierung mit Textur Hier wurden mit der Bleistiftspitze kleine, unregelmäßige Striche gezeichnet.

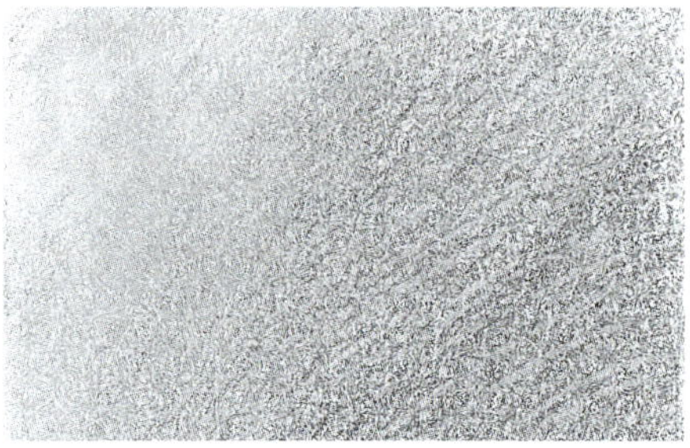

Verwischen Mit einem Tortillon oder Tuch über das Papier streichen, bis keine einzelnen Striche mehr zu erkennen sind.

WEITERE TECHNIKEN MIT BLEISTIFT

Auch die folgenden Techniken sollten Sie ausprobieren. Sie benötigen für die Übungen harte und weiche Bleistifte sowie einen wasserlöslichen Stift.

Lasur mit Grafit Schattieren Sie eine Fläche mit einem wasserlöslichen Stift und verwischen Sie die Striche mit einem nassen Pinsel. Verwenden Sie wasserlösliche Stifte immer auf dickem Papier oder Zeichenkarton. Den Pinsel nicht zu stark anfeuchten, sonst wellt sich das Papier.

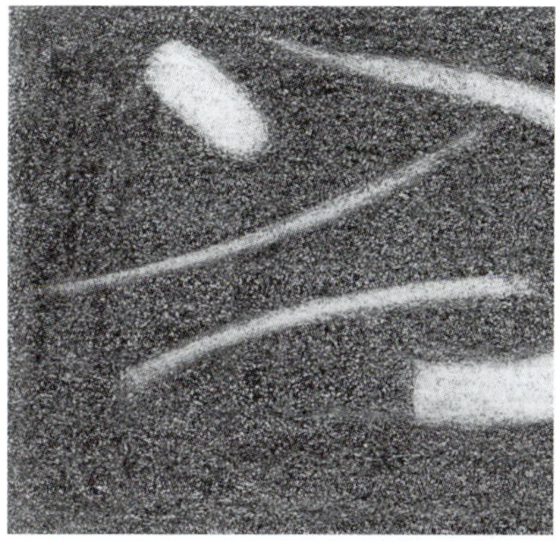

Aufhellen Eine Fläche mit weichem Bleistift schraffieren und verwischen. Dann die gewünschten Bereiche mit einem Knetradierer aufhellen. Mit dieser Technik können Sie Glanzlichter und andere interessante Effekte erzeugen.

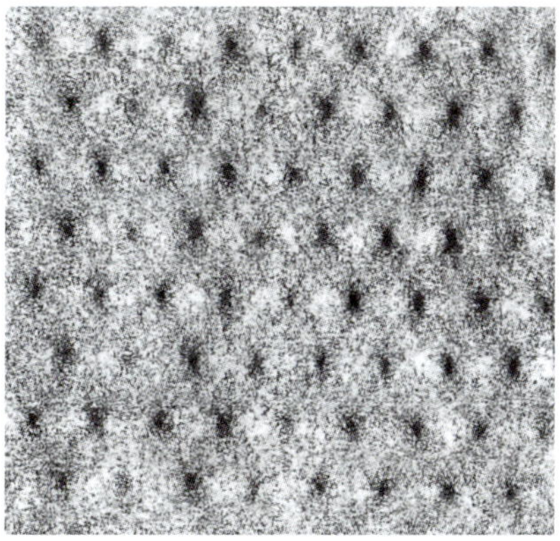

Durchreiben Das Papier auf einen unebenen Untergrund (z. B. ein Drahtgitter) legen und mit der Breitseite der Bleistiftmine darüber streichen. Die Bleistiftstriche nehmen das darunterliegende Muster auf und bilden es auf dem Papier ab. Am besten einen weichen Bleistift auf glattem Papier dafür verwenden.

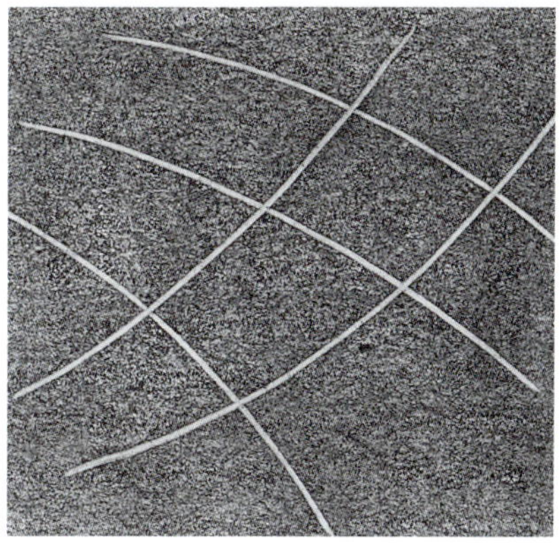

Geritzte Linien Zuerst mit einem spitzen Gegenstand, zum Beispiel einer Stricknadel, ein Linienmuster auf das Papier »zeichnen«. Genau genommen werden die Linien dabei ins Papier eingeritzt. Beim anschließenden Schraffieren mit Bleistift bleiben sie hell.

Verwischen

Das Verwischen ist eine wichtige Technik für Schattierungen und Farbverläufe. Verwenden Sie einen Tortillon oder ein Stück Fensterleder – bitte nicht die Finger, denn die natürlichen Hautfette können Ihr Kunstwerk beschädigen.

Verwischen auf rauem Papier Für einen körnigen Effekt verwenden Sie einen 6B-Bleistift auf Bristolkarton mit Vellum-Oberfläche. Breite Bleistiftstriche mit einem Tortillon verwischen.

Verwischen auf glattem Papier Hier wurden ein Bleistift 4B und glatter Zeichenkarton verwendet. Ebenfalls breite Bleistiftstriche mit einem Tortillon verwischen.

SCHATTIEREN

Wird der Umriss eines Objekts mit einer einfachen Linie beschrieben, erscheint das Objekt zweidimensional. Soll seine dreidimensionale Form erkennbar werden, muss durch Variationen des Tonwerts – das ist die relative Helligkeit oder Dunkelheit von Schwarz oder einer Farbe – eine Illusion von Tiefe erzeugt werden. Die Tonwerte reichen bei der Bleistiftzeichnung von Schwarz, dem dunkelsten Wert über verschiedene Grautöne bis hin zu Weiß, dem hellsten Wert. Um ein zweidimensionales Objekt dreidimensional erscheinen zu lassen, müssen Sie auf die Tonwerte der Licht- und Schattenbereiche achten. Die Position der Lichtquelle bestimmt, wo diese Bereiche auf dem Objekt liegen.

Rechteck

Zylinder

Kreis

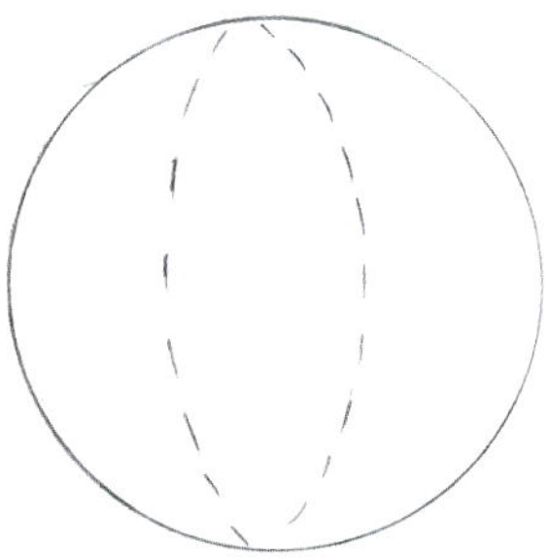

Kugel

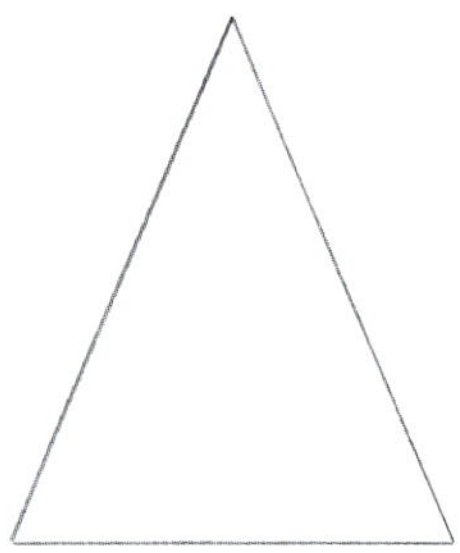

Dreieck

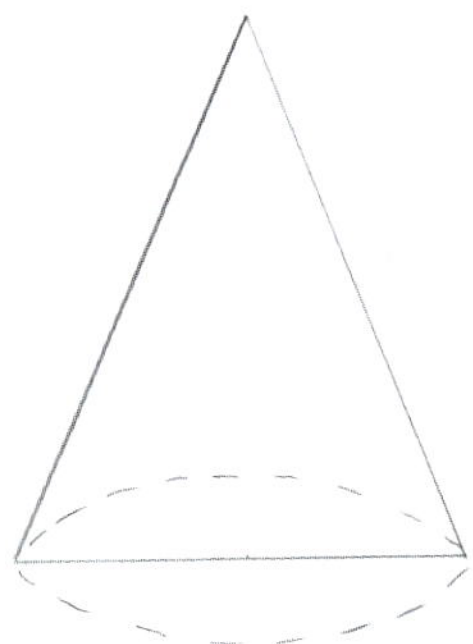

Kegel

Quadrat

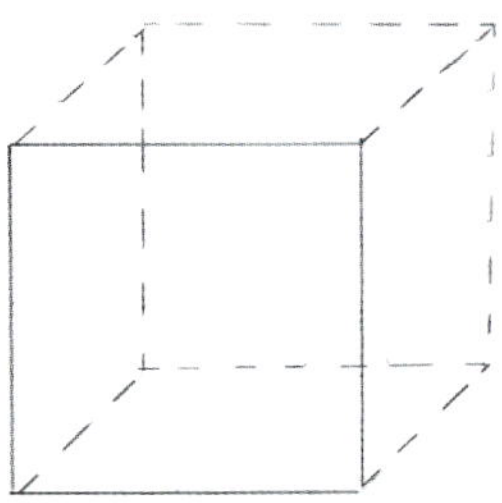

Würfel

Um ein Objekt plastisch darzustellen, muss der Zeichnende also zeigen, wie das Licht auf das Objekt trifft, und entsprechend die Lichter und Schatten einzeichnen. Dafür muss zuerst die Richtung des Lichteinfalls festgelegt werden. Hier befindet sich die Lichtquelle oben rechts.

Vom Umriss zur Form Zuerst wird der Umriss eines Objekts gezeichnet, um den Bereich abzugrenzen, den es einnimmt. Die vier Grundformen – Rechteck, Kreis, Dreieck und Quadrat – können durch Hinzufügen einiger sorgfältig platzierter gerader Linien oder Bögen, die zusätzliche Ebenen im Raum andeuten, dreidimensional erscheinen. Der Betrachter nimmt sie jetzt als Zylinder, Kugel, Kegel und Würfel wahr, obwohl sie auf zweidimensionalem Papier gezeichnet wurden.

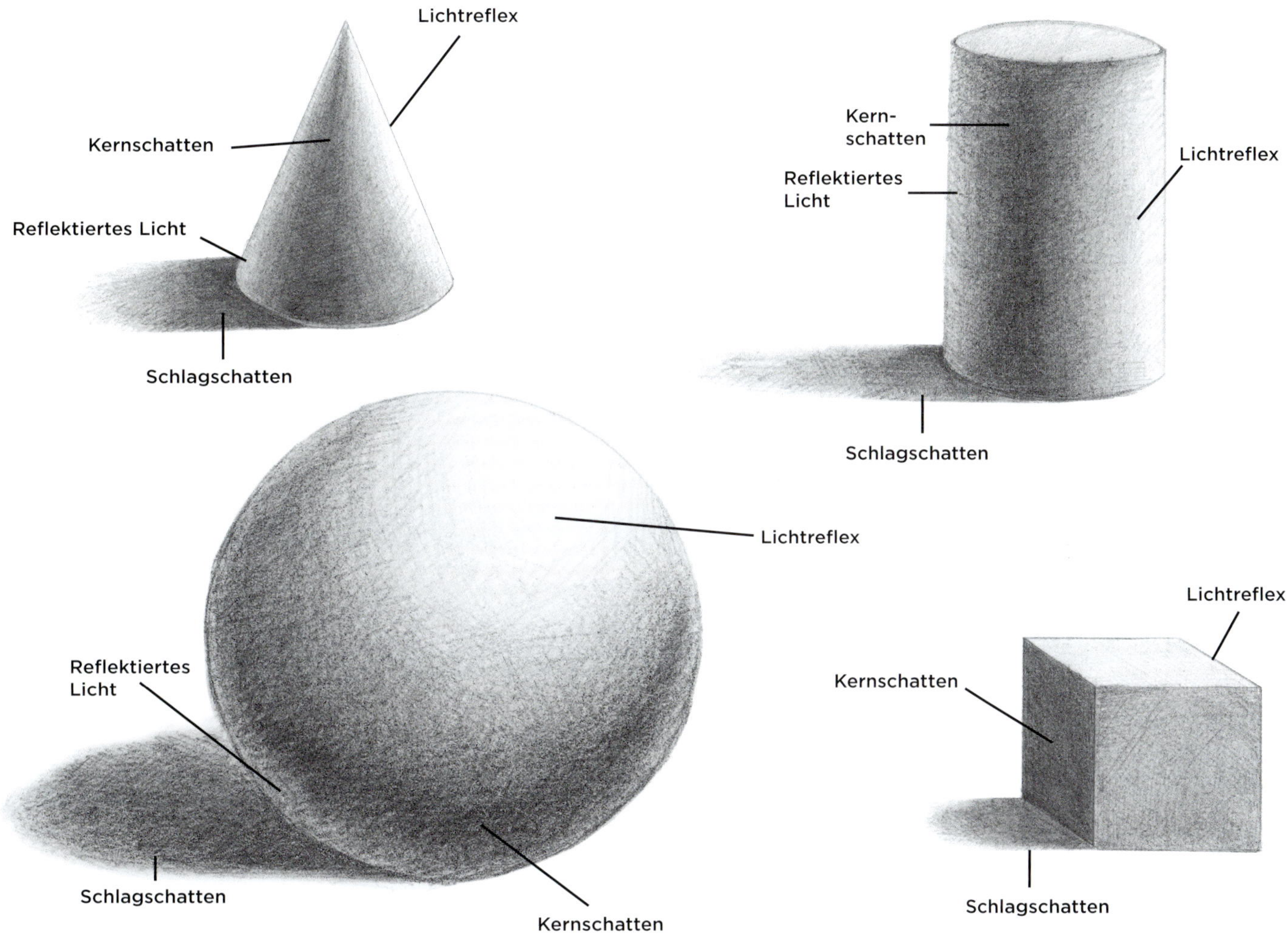

Formgebung durch Tonwerte Eine Form wird erkennbar, wenn gezeigt wird, wie das Licht auf das Objekt trifft und dort Licht und Schattenbereiche erzeugt. Maßgeblich ist dafür die Position der Lichtquelle. Der Kernschatten ist der dunkelste Bereich des Objekts und liegt der Lichtquelle gegenüber. Der Schlagschatten ist der Bereich, der vom Objekt auf eine nahe gelegene Oberfläche geworfen wird. Der Lichtreflex ist der hellste Bereich des Objekts, in dem die Lichtreflexion am stärksten ist. Das reflektierte Licht ist das Umgebungslicht, das in den schattigen Bereich eines Objekts reflektiert wird.

Tonwertskalen Was für den Musiker die Tonleiter ist, ist für bildende Künstler:innen die Tonwertskala. Sie sagt etwas über die hellsten und dunkelsten Tonwerte (bzw. Graustufen) eines Motivs aus. Erstellen Sie eine eigene Tonwertskala, um sich mit den verschiedenen Tonwertvariationen vertraut zu machen. Arbeiten Sie von Hell nach Dunkel und tragen Sie für immer dunklere Werte mehr und mehr Grafit auf das Papier auf (oben links). Für eine Verlaufsskala (oben rechts) gehen Sie ebenso vor, verwischen dann aber die Übergänge zwischen den einzelnen Graustufen mit einem Tortillon.

MENSCHEN IN DER PERSPEKTIVE

Zeichnen Sie zur Übung mehrere Köpfe in Frontalansicht, als ob Sie in ein Theaterpublikum schauen. Der Fluchtpunkt liegt auf der Horizontlinie, die sich auf Augenhöhe befindet. Ein großer Kopf stellt die Person dar, die Ihnen am nächsten ist. Er dient als Bezugsgröße für die Größe der anderen Figuren. Denken Sie daran, dass eine Komposition auch zwei oder mehr Fluchtpunkte haben kann.

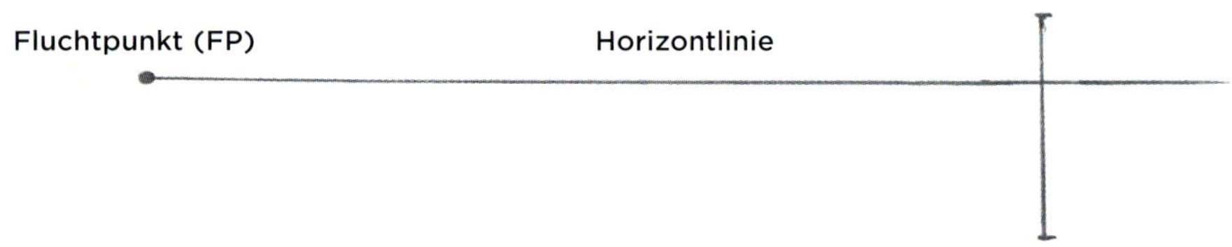

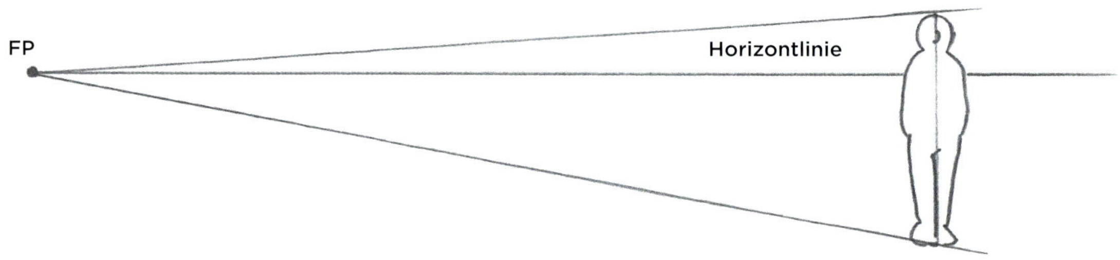

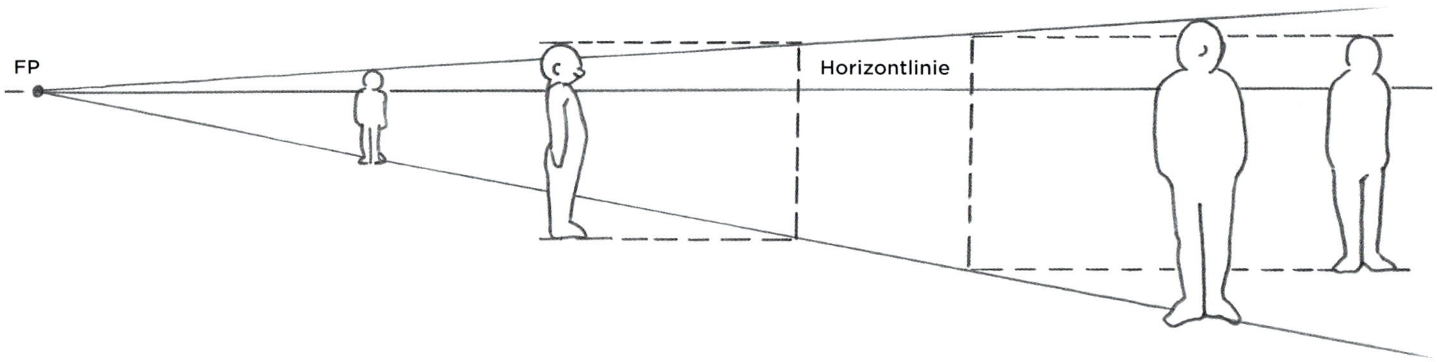

Je weiter Objekte oder Personen entfernt sind, desto kleiner erscheinen sie.

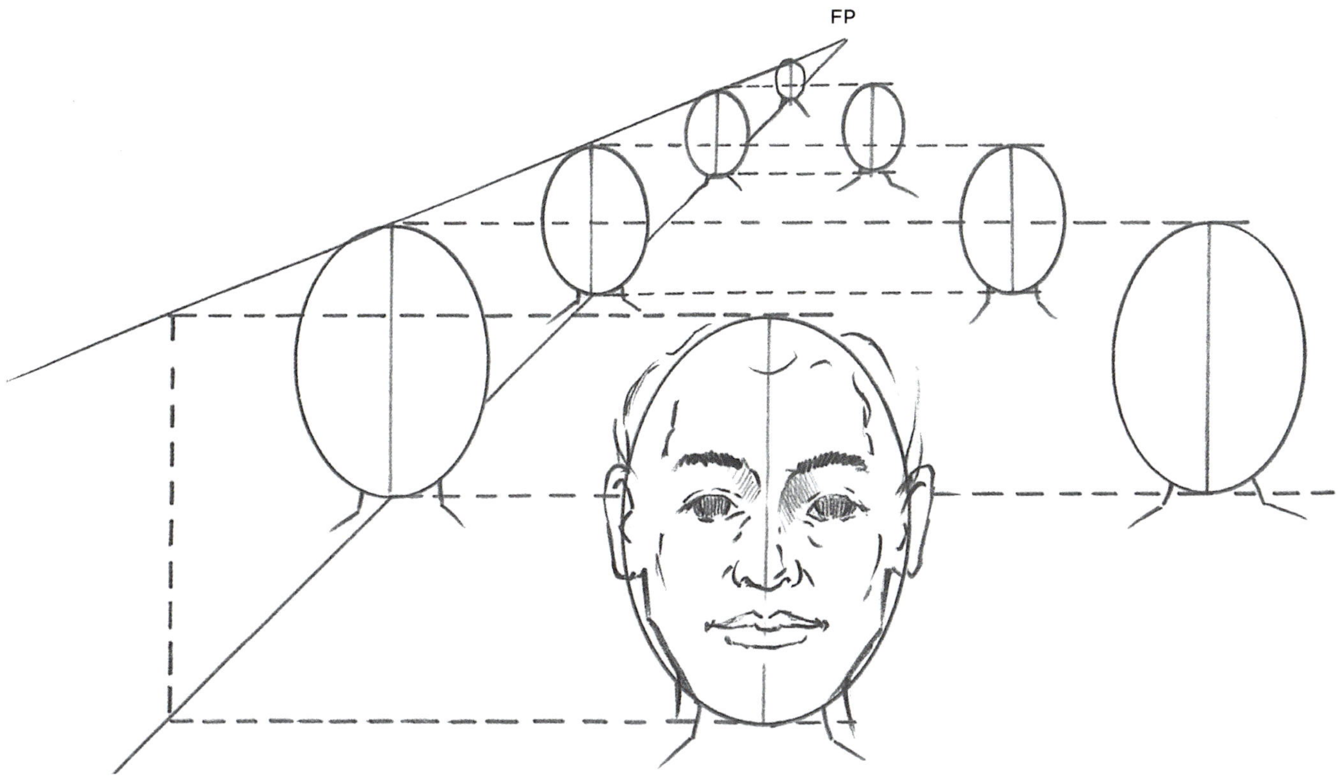

Üben Sie zuerst die Einpunkt-Perspektive, bei der alle Fluchtlinien in einem einzigen Fluchtpunkt zusammenlaufen. Später können Sie sich auch an der Zweipunkt- und Dreipunkt-Perspektive versuchen.

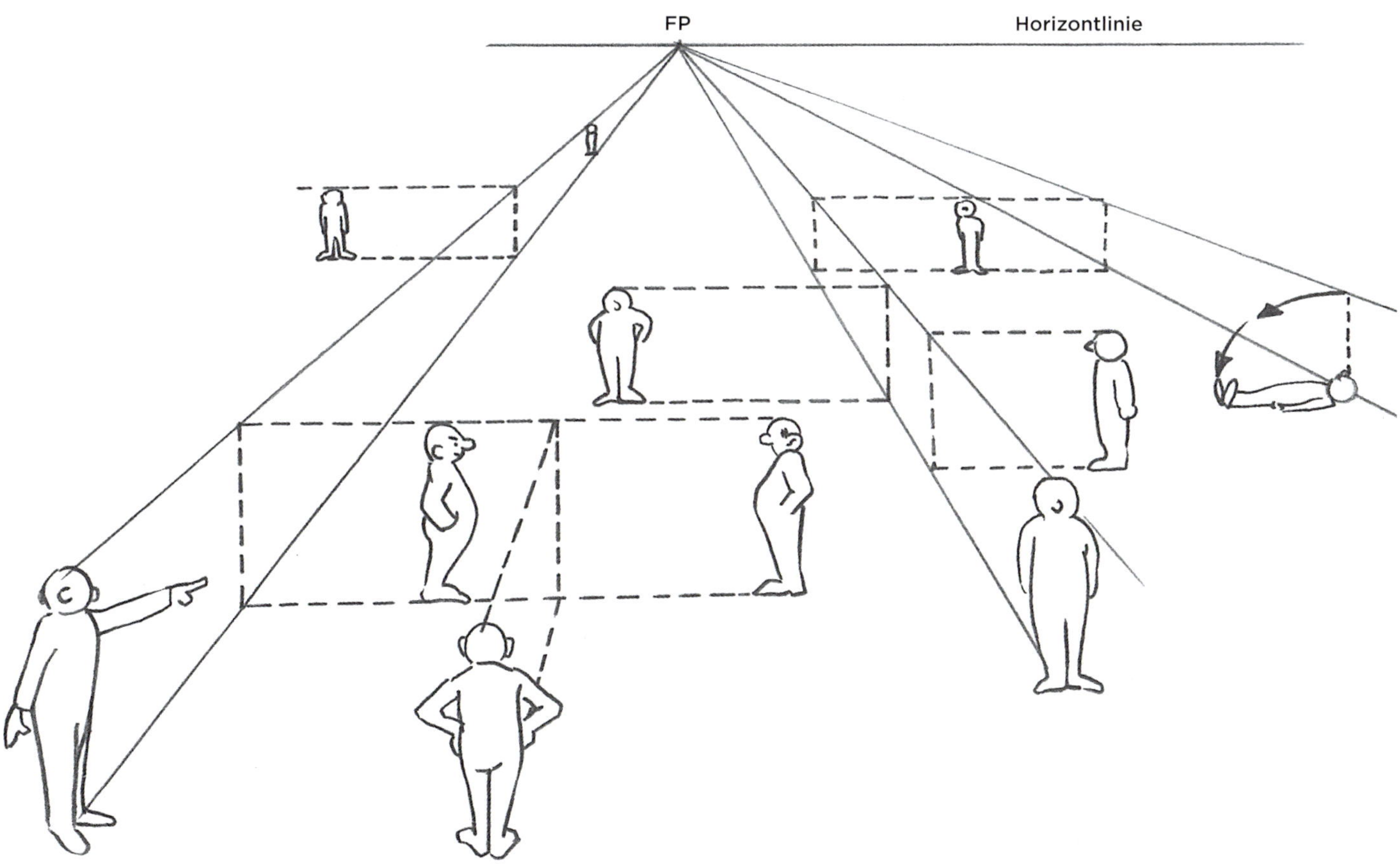

PORTRÄTZEICHNUNGEN

Position und Größe einer Person auf der Bildfläche sind entscheidend für die Komposition. Der freie oder »negative« Raum um das Porträt herum sollte im Allgemeinen größer sein als die Fläche, die das Motiv einnimmt. Unabhängig davon, ob Sie nur das Gesicht, ein Kopf-und-Schulter-Porträt oder eine komplette Figur zeichnen, führt eine durchdachte Positionierung zu einer ansprechenden und ausgewogenen Komposition.

PLATZIERUNG

Die Augen des Motivs bestimmen die Platzierung, denn sie ziehen die Aufmerksamkeit des Betrachtenden zuerst auf sich. Darum sollten sie weder auf der horizontalen noch auf der vertikalen Mittellinie der Bildebene platziert werden. Ideal ist eine Position oberhalb der Mitte. Ungünstig ist eine Platzierung am Rand oder im unteren Bildbereich.

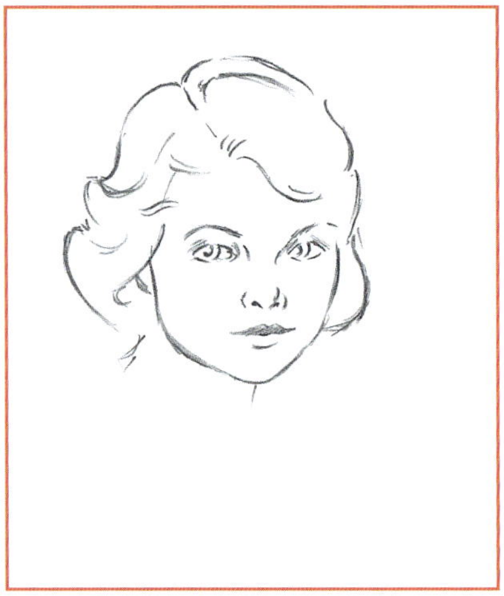

Gute Platzierung

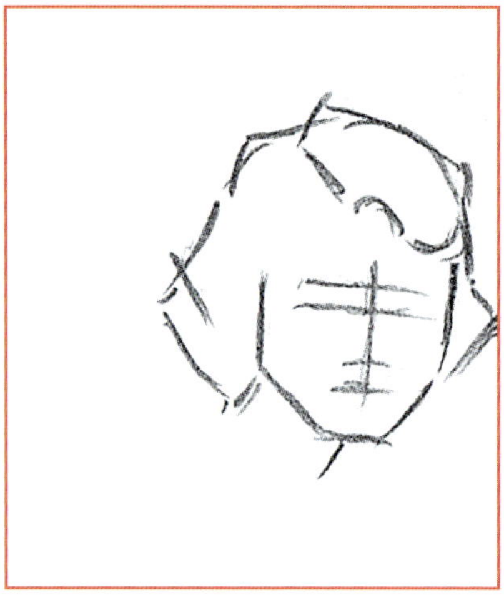

Zu weit rechts

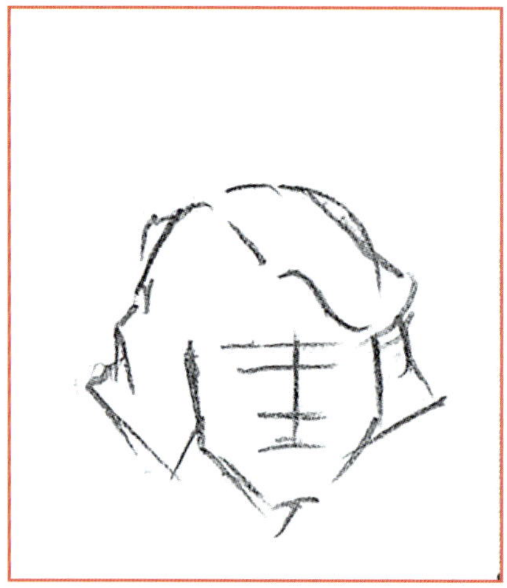

Zu niedrig

Ausleuchtung des Modells

Ob Sie nach einem lebenden Modell oder einem Foto arbeiten: Die Ausleuchtung des Modells spielt eine wichtige Rolle für die Stimmung und Ausstrahlung Ihrer Zeichnung. Hier sehen Sie zwei unterschiedlich ausgeleuchtete Porträts derselben Frau, gezeichnet von dem Künstler Lance Richlin. Die seitliche Beleuchtung (links) erzeugt ein härteres Aussehen mit deutlichen Schatten und starkem Kontrast. Durch die frontale Beleuchtung (rechts) wirkt das Bild weicher und femininer.

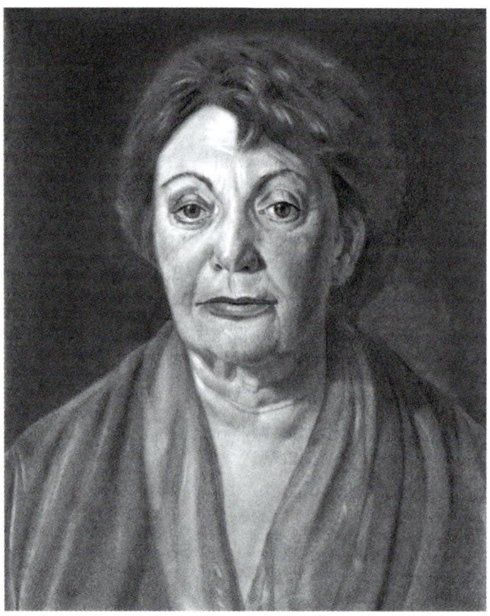

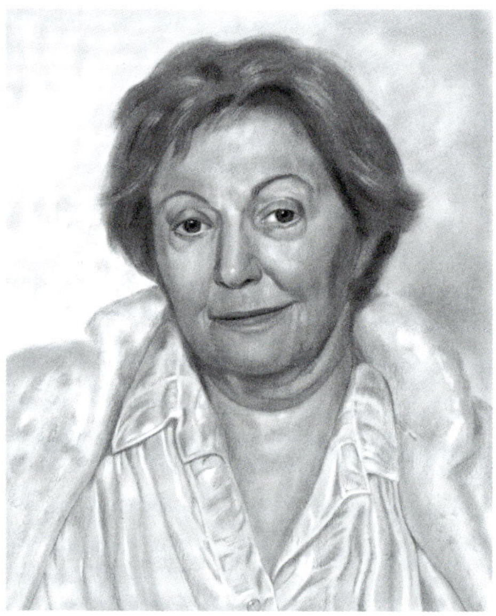

PORTRÄTS MIT EXTRA-AUSSAGE

Viele Porträtzeichner:innen verzichten auf einen Hintergrund, um nicht vom Gesicht abzulenken. Wenn Sie Elemente in den Hintergrund zeichnen möchten, sollten sie in Form, Größe und Anordnung auf die Person abgestimmt sein. Ideal ist es, wenn solche zusätzlichen Elemente etwas über die Persönlichkeit oder die Interessen der porträtierten Person aussagen.

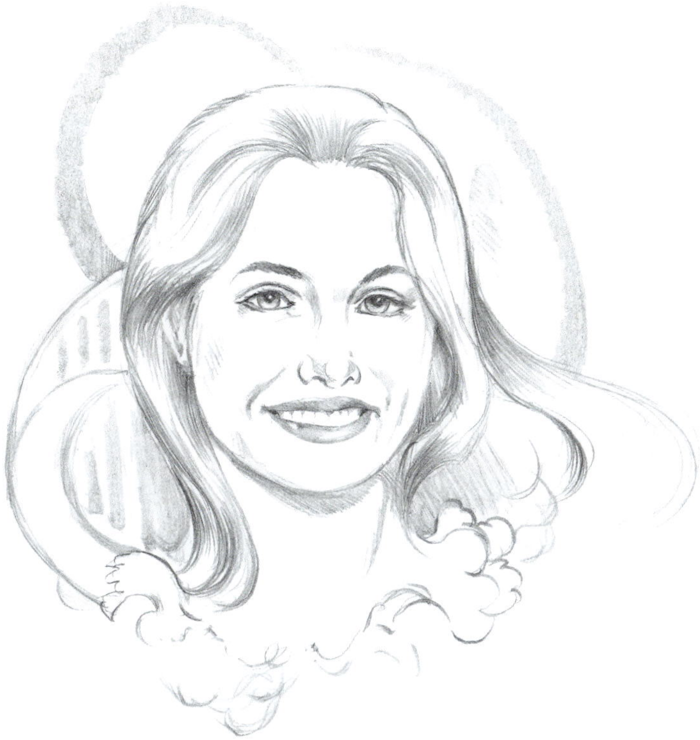

Wiederholung von Formen
Die weichen Züge dieser jungen Frau werden durch die einfachen, abstrakten Elemente im Hintergrund hervorgehoben. Die fließenden Kurven füllen einen Großteil des negativen Raums aus und betonen gleichzeitig die Eleganz des Haars und die Gesichtszüge der Frau. Die Einfachheit der Form ist in dieser Komposition wichtig, denn das Porträt zeigt nur den Kopf und den Hals der Person. Besonders fesselnd wirkt das Bild, weil die Frau den Betrachter direkt anschaut.

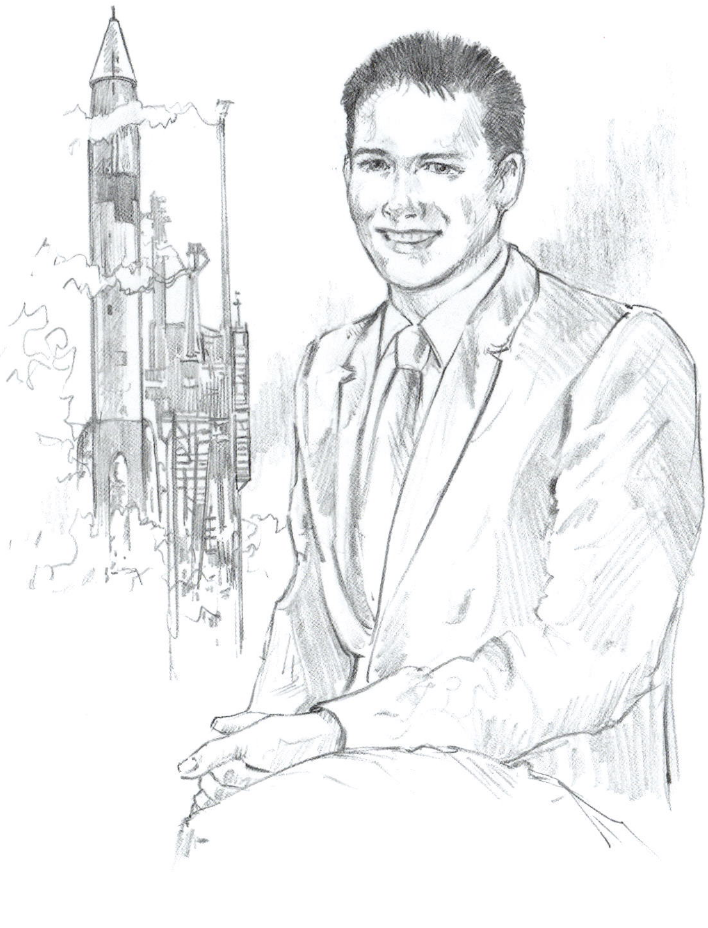

Etwas über die Interessen erzählen
Der Hintergrund dieses Porträts zeigt, dass sich der junge Mann für Raumfahrttechnik interessiert. Die geraden Linien im Hintergrund stehen im Kontrast zu den runderen Formen der menschlichen Gestalt. Obwohl das Hintergrundmotiv komplex ist, tritt es optisch zurück und gleicht die Gewichtung des männlichen Modells aus. Der Schwerpunkt liegt auf dem Gesicht des Mannes.

DEN BLICK SCHULEN

Viele Anfänger:innen zeichnen, ohne ihr Motiv wirklich genau zu betrachten. Sie zeichnen nicht, was sie tatsächlich sehen, sondern was sie zu sehen glauben. Versuchen Sie, etwas zu zeichnen, das Sie gut kennen, etwa Ihre Hand, ohne sie anzuschauen. Es ist gut möglich, dass die fertige Zeichnung nicht sonderlich realistisch aussieht. Das liegt daran, dass Sie Ihre Vorstellungen von Ihrer Hand zu Papier gebracht haben, und nicht ihr tatsächliches Aussehen. Lernen Sie, nur das zu zeichnen, was Sie wirklich sehen. Die folgenden Übungen zum Zeichnen von Konturen eignen sich hervorragend, um die Koordination von Auge und Hand zu schulen.

KONTUREN ZEICHNEN

Beim Konturzeichnen wählen Sie einen Ausgangspunkt auf Ihrem Motiv und zeichnen dann nur die Umrisse der Formen, die Sie sehen. Dabei schauen Sie nicht auf das Papier. So trainieren Sie Ihre Hand, die Linien genau so zu zeichnen, wie das Auge sie sieht. Versuchen Sie es einmal. Sie werden überrascht sein, wie gut Sie die Motive erfassen können.

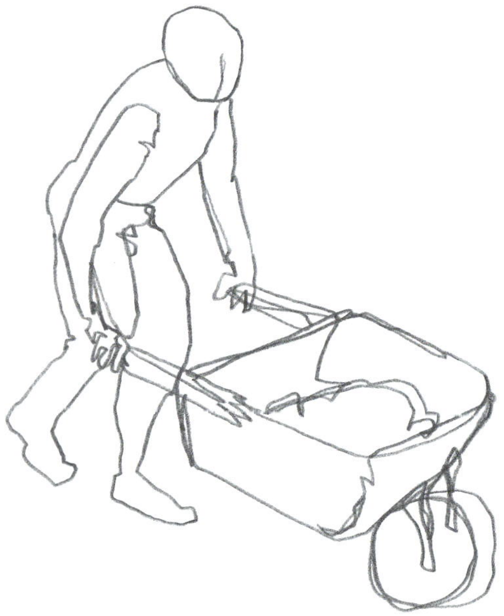

Mit durchgehendem Strich Schauen Sie beim Zeichnen dieser Figur nur gelegentlich auf Ihr Papier, um zu prüfen, ob Sie auf dem richtigen Weg sind. Konzentrieren Sie sich darauf, das Motiv zu betrachten und die Umrisse nachzuzeichnen, die Sie sehen. Heben Sie den Bleistift zwischen den Formen nicht an, denn dadurch würde der Fluss unterbrochen. Fahren Sie auf vorhandenen Linien zurück, kreuzen Sie andere Linien. Mit dieser einfachen Technik lässt sich das Motiv überzeugend einfangen.

Blind zeichnen Bei der Konturzeichnung auf der linken Seite hat der Künstler gelegentlich auf das Papier geschaut. Die Zeichnung rechts ist ein Beispiel für eine blinde Konturzeichnung, die der Künstler gezeichnet hat, ohne auch nur einmal auf sein Papier zu schauen. Die Hand ist verzerrt, aber eindeutig zu erkennen. Blindes Konturzeichnen ist eine der besten Methoden, um zu üben, nur das zu zeichnen, was man sieht.

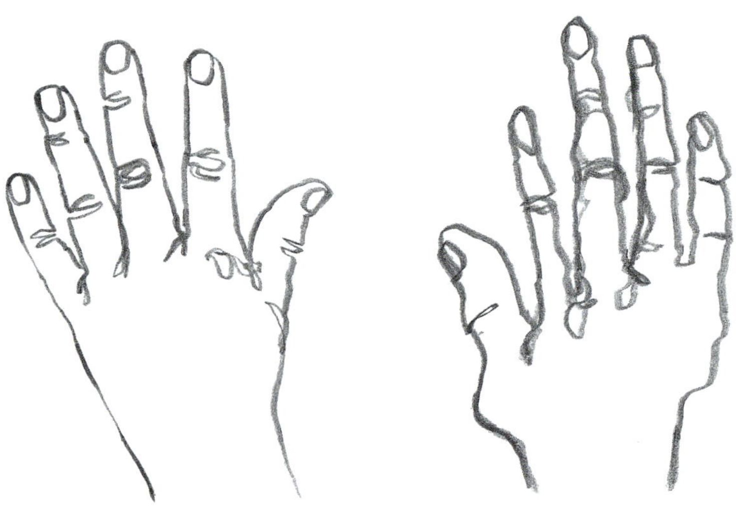

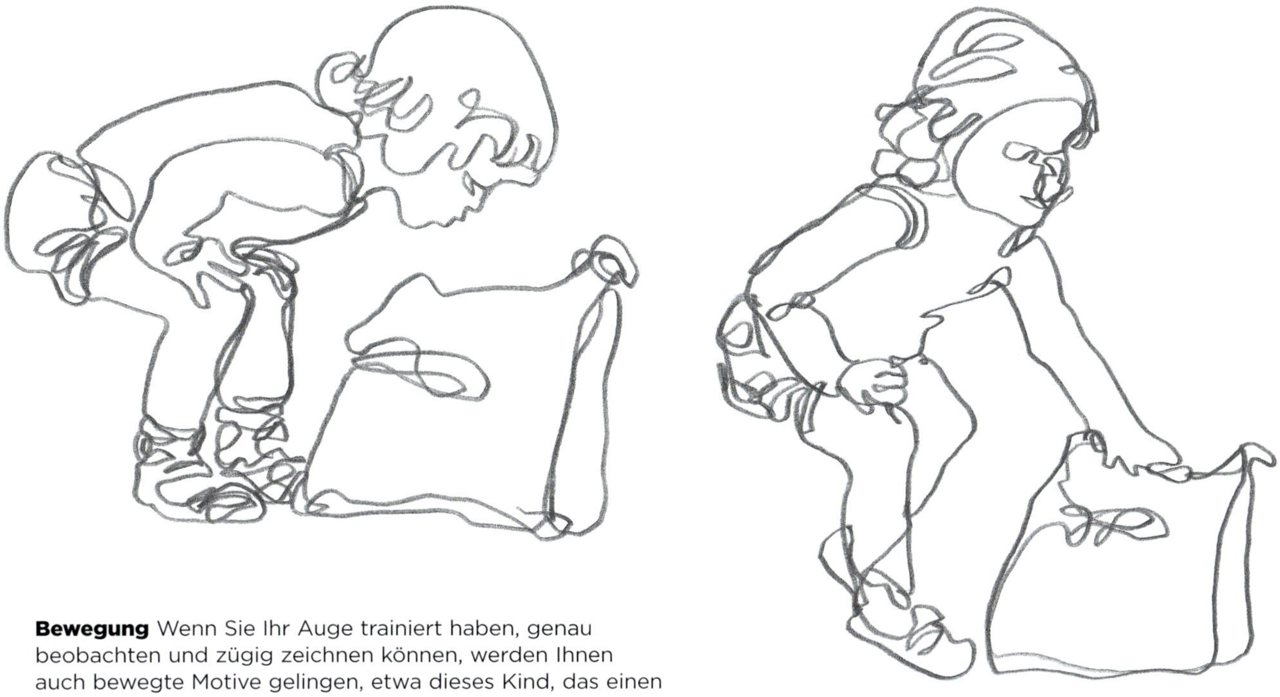

Bewegung Wenn Sie Ihr Auge trainiert haben, genau beobachten und zügig zeichnen können, werden Ihnen auch bewegte Motive gelingen, etwa dieses Kind, das einen Blick in die Tasche wirft und dann hineingreift.

Ein Motiv übertragen

Oft werden Motive vorgezeichnet, man kann sie aber auch von einem Foto oder einer anderen Vorlage auf das Zeichenpapier übertragen. Das spart viel Zeit.

Drucken Sie zunächst die Vorlage in der Größe aus, in der Sie sie zeichnen möchten. Bedecken Sie dann ein Blatt Transparentpapier ganzflächig mit Grafit. Legen Sie dieses Papier mit der Grafitseite auf Ihr Zeichenpapier und platzieren Sie den Ausdruck darauf. Alternativ können Sie Transferpapier verwenden, das bereits einseitig mit Grafit beschichtet ist.

Fixieren Sie die Bögen mit Klebestreifen oder Klammern, damit sie nicht verrutschen können. Dann zeichnen Sie Ihre Umrisse mit einem Kugelschreiber oder Stift leicht nach. Die Linien Ihres Motivs werden auf das Zeichenpapier darunter übertragen.

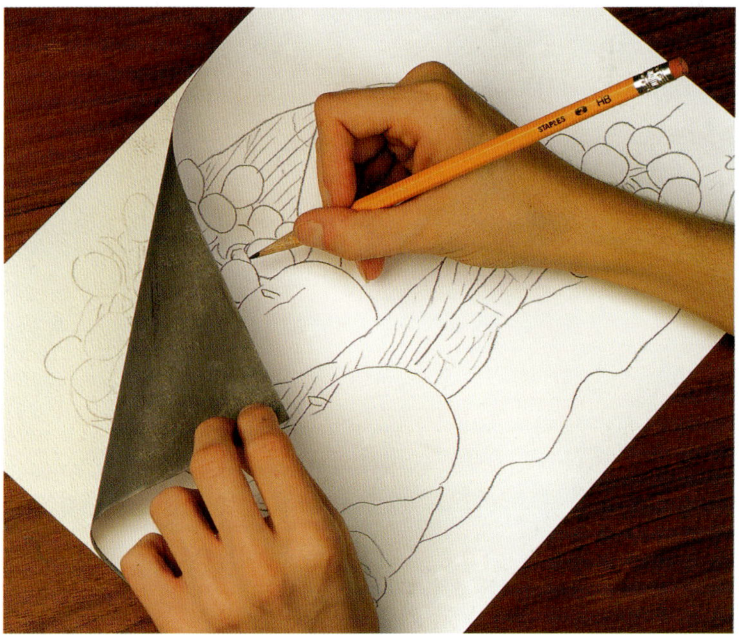

Heben Sie beim Übertragen ab und zu eine Ecke des Grafitpapiers an, um zu prüfen, ob die durchgedrückten Linien dunkel genug – aber auch nicht zu dunkel – sind.

GRUNDLAGEN DER ANATOMIE

Hier lernen Sie die Skelett- und Muskelstruktur des Rumpfes, der Arme, Beine, Hände, Füße, des Kopfes und des Gesichts kennen. Wer überzeugende Porträts zeichnen will, muss wissen, was unter der Haut liegt.

RUMPF VON VORN

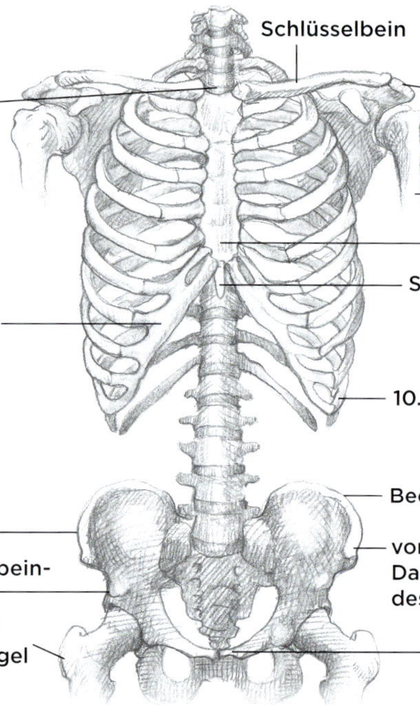

Skelett Einige Teile des Skeletts sind für Künstler:innen wichtig, weil sie auffällig sind und als visuelle Orientierungspunkte dienen. Mehrere Knochen des frontalen Rumpfskeletts sind sogar unter der Haut sichtbar.

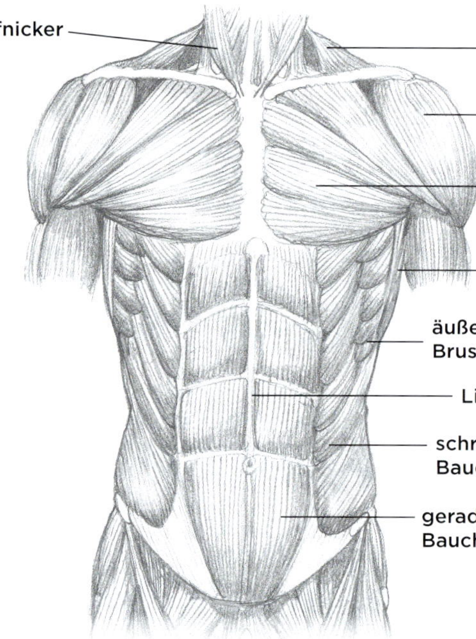

Rumpfmuskulatur Die Bewegung des Rumpfes hängt von der Wirbelsäule ab und wird durch sie eingeschränkt. Sowohl der Brustkorb als auch das Becken drehen und wenden sich um diese feste, aber flexible Säule. Das Verhältnis zwischen Brustkorb, Schultern und Becken bestimmt die Form der Rumpfmuskulatur.

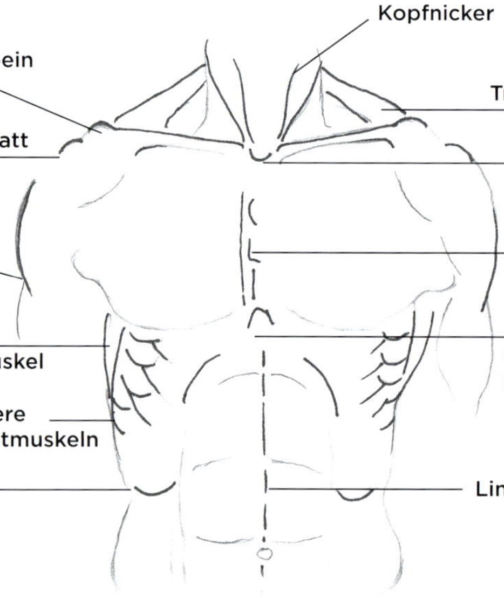

Orientierungspunkte Die sichtbaren Muskeln und knöchernen Orientierungspunkte sind wichtig für Zeichnende, die den Rumpf in der Frontalansicht zeichnen wollen.

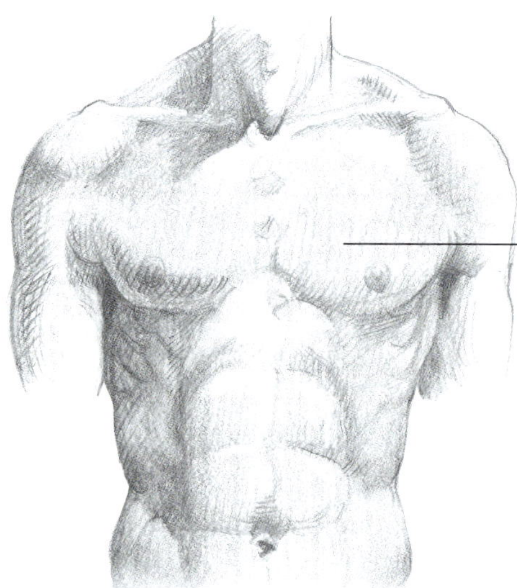

Zeichentipps Achten Sie auf die knöchernen Orientierungspunkte des Skeletts, die durch die Muskelschichten hindurch sichtbar sind.

RUMPF VON HINTEN

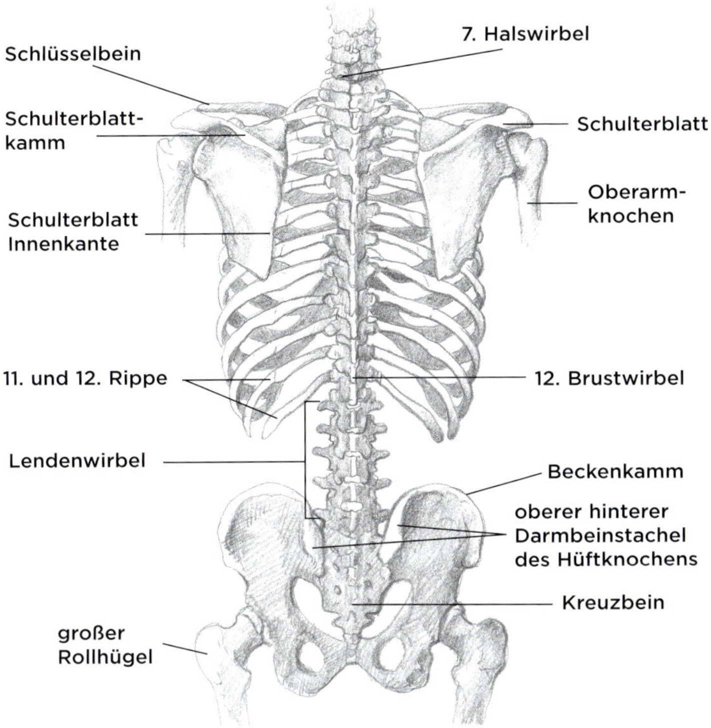

Skelett Der Rücken ist aufgrund seiner komplexen Skelett- und Muskelstruktur zeichnerisch eine besondere Herausforderung.

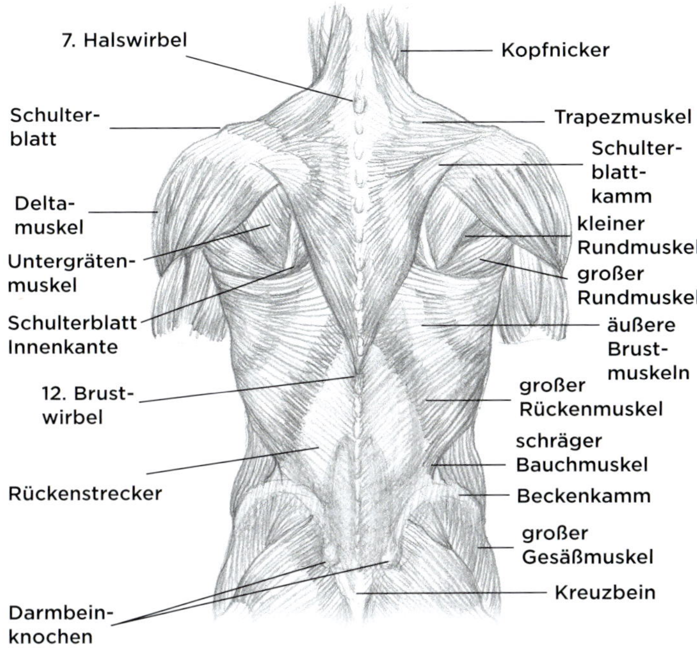

Rumpfmuskulatur Am Rücken gibt es viele Muskeln, die sich überlagern. Wir werden uns auf die obere Schicht konzentrieren, die für das Auge am deutlichsten sichtbar ist.

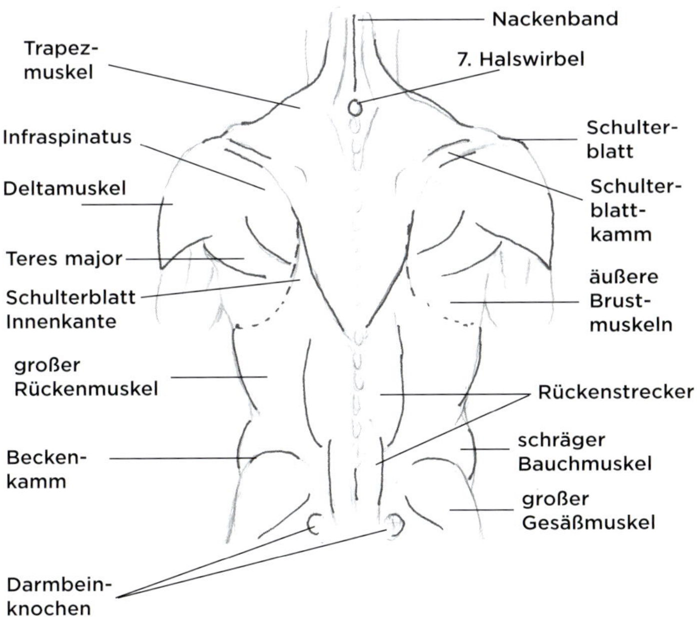

Orientierungspunkte Die sichtbaren Muskeln und knöchernen Orientierungspunkte sind wichtig für Zeichnende, die den Rumpf in der Rückenansicht zeichnen wollen.

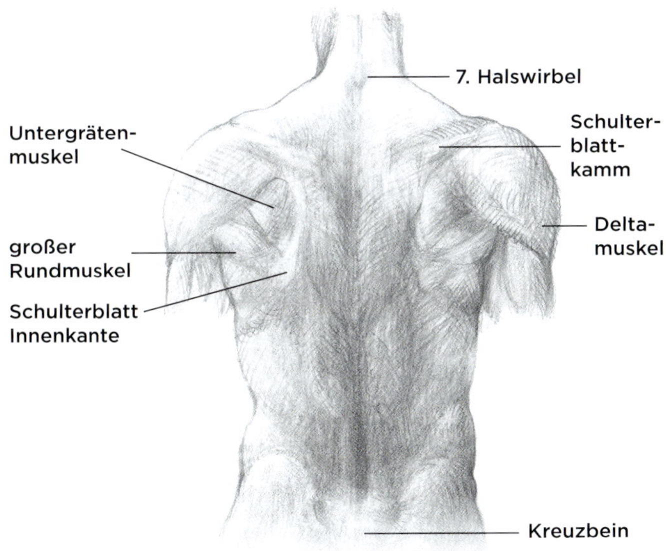

Zeichentipps Unter der Haut sind die Rückenmuskeln nicht leicht zu erkennen. Der Trapezius, der 7. Halswirbel, Kamm und Innenkante des Schulterblatts, der Deltamuskel, der Infraspinatus und der Teres major sind jedoch gut sichtbar.

ARME & HÄNDE

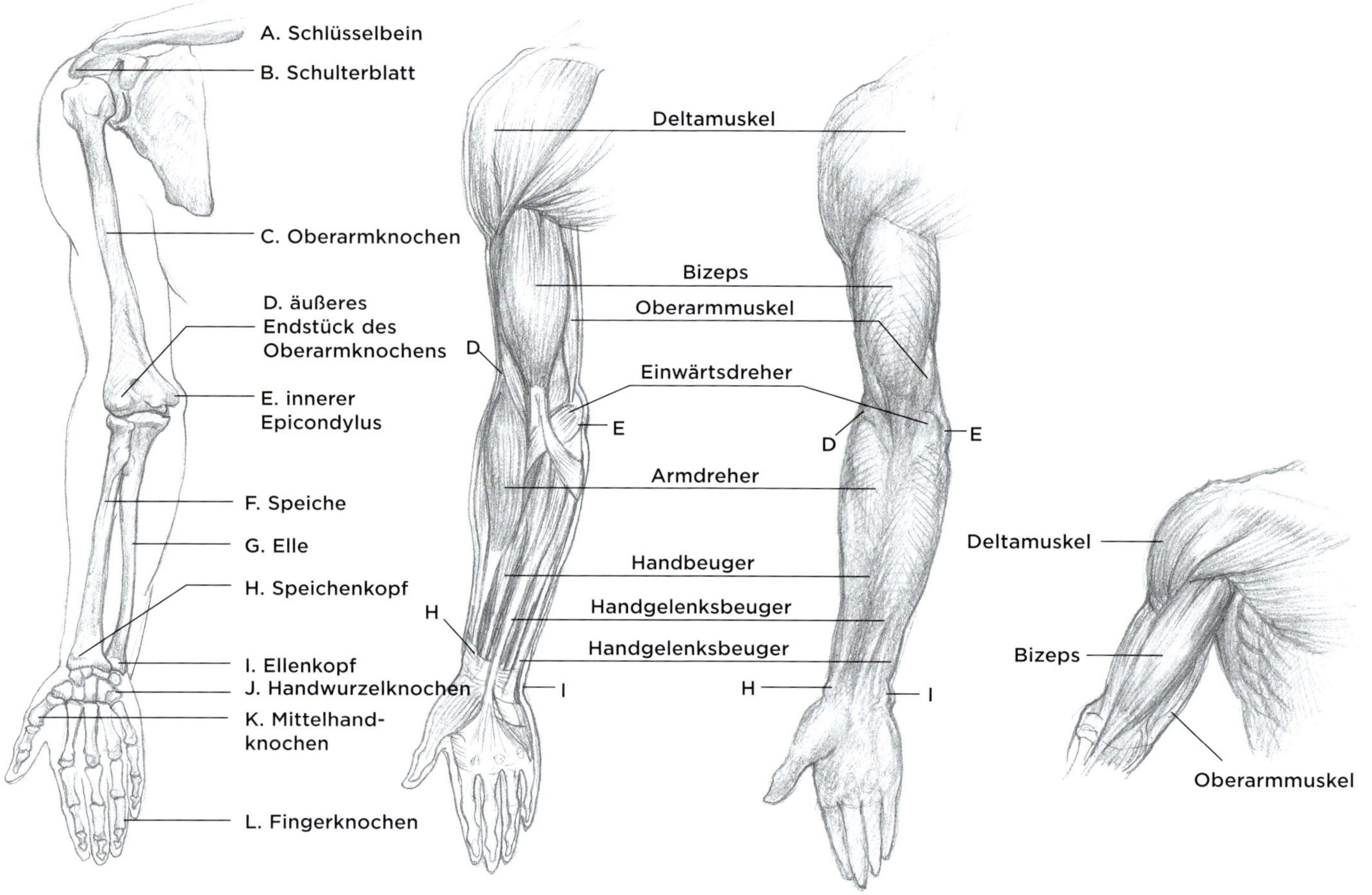
A. Schlüsselbein
B. Schulterblatt
C. Oberarmknochen
D. äußeres Endstück des Oberarmknochens
E. innerer Epicondylus
F. Speiche
G. Elle
H. Speichenkopf
I. Ellenkopf
J. Handwurzelknochen
K. Mittelhandknochen
L. Fingerknochen
Deltamuskel
Bizeps
Oberarmmuskel
Einwärtsdreher
D
E
Armdreher
Handbeuger
Handgelenksbeuger
Handgelenksbeuger
H
I
Deltamuskel
Bizeps
Oberarmmuskel

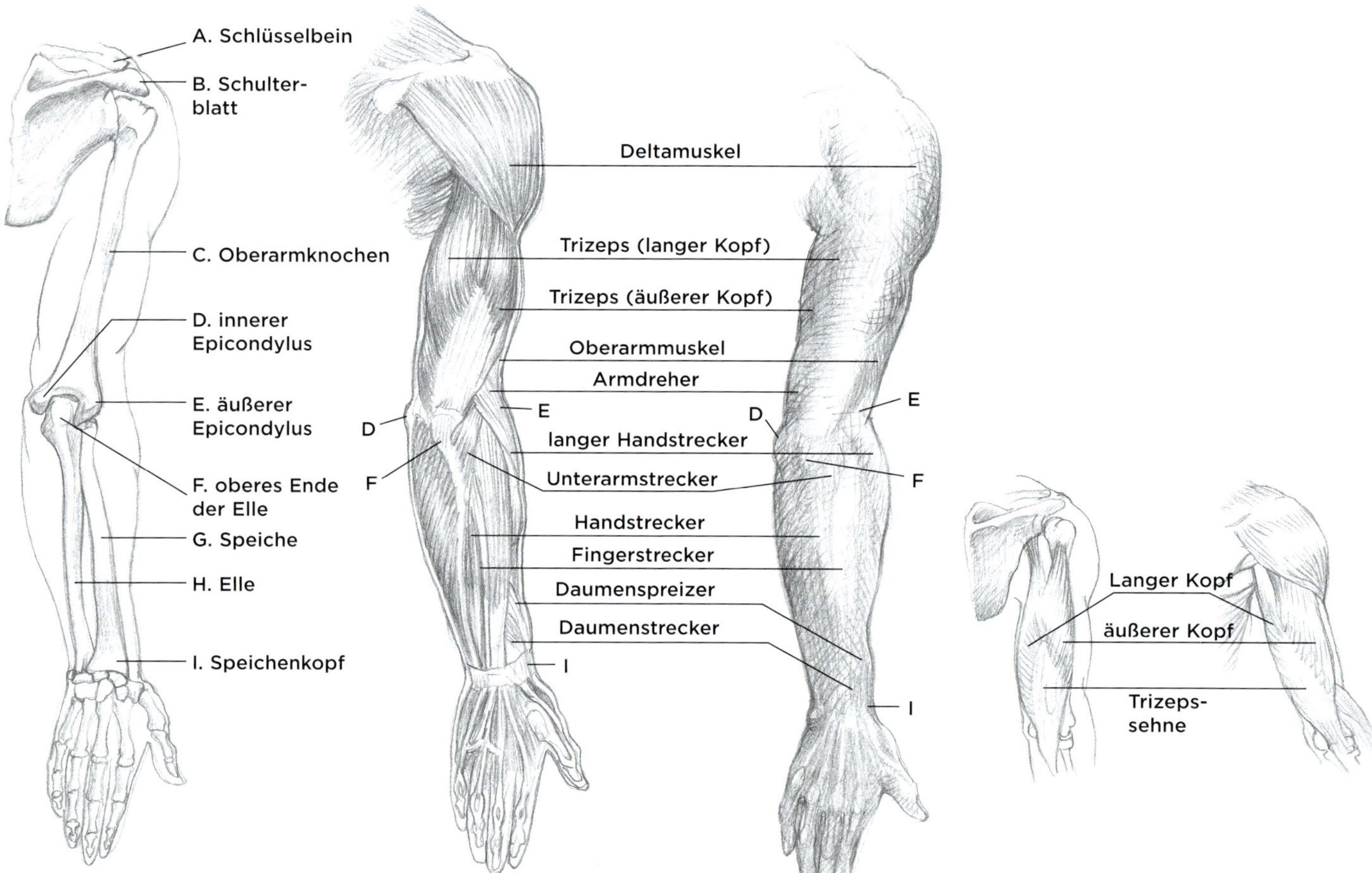
A. Schlüsselbein
B. Schulterblatt
C. Oberarmknochen
D. innerer Epicondylus
E. äußerer Epicondylus
F. oberes Ende der Elle
G. Speiche
H. Elle
I. Speichenkopf
Deltamuskel
Trizeps (langer Kopf)
Trizeps (äußerer Kopf)
Oberarmmuskel
Armdreher
D
E
F
langer Handstrecker
Unterarmstrecker
Handstrecker
Fingerstrecker
Daumenspreizer
Daumenstrecker
I
Langer Kopf
äußerer Kopf
Trizepssehne

GEBALLTE FAUST

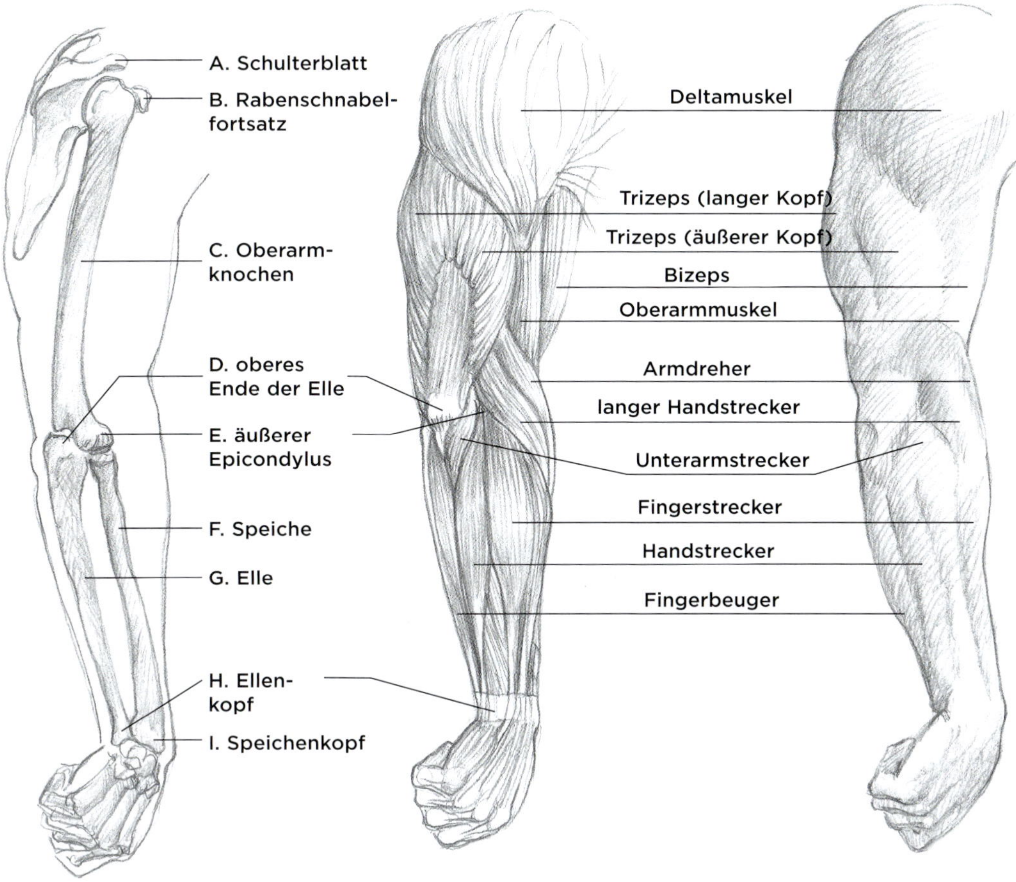

Tipps zum Zeichnen

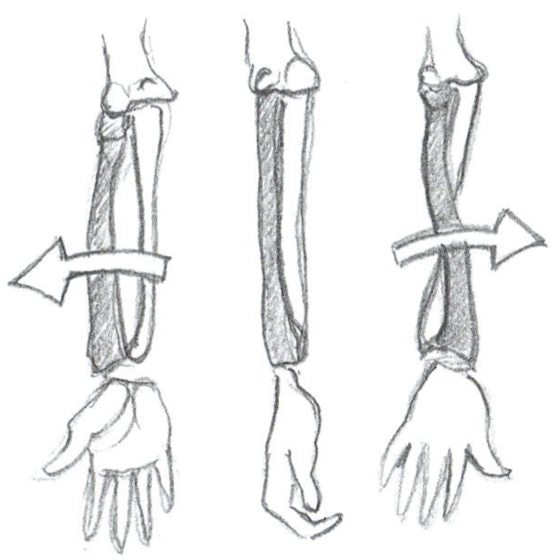

Gedrehter Arm Der *Brachioradialis* ist für das Drehen der Handfläche nach oben (Supination) und der *Pronator teres* für das Drehen der Handfläche nach unten (Pronation) verantwortlich. Die *Speiche* (schraffiert) dreht sich um die feste *Elle* und ermöglicht so die Pronation und Supination der Handfläche.

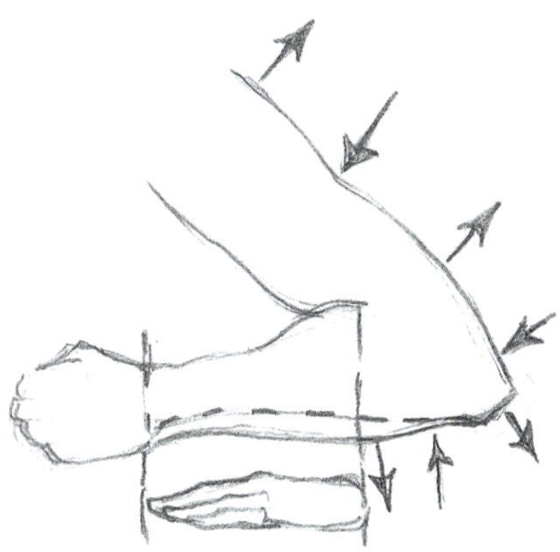

Gebeugter Arm Der Abstand zwischen der Innenbeuge des Ellenbogens und dem Handgelenk beträgt normalerweise etwa eine Handlänge. Die Pfeile zeigen die Einwärts- und Auswärtskrümmung der Muskeln, und die gestrichelte Linie zeigt die Linie der Elle, die so genannte „Ulnar-Furche".

BEINE & FÜSSE

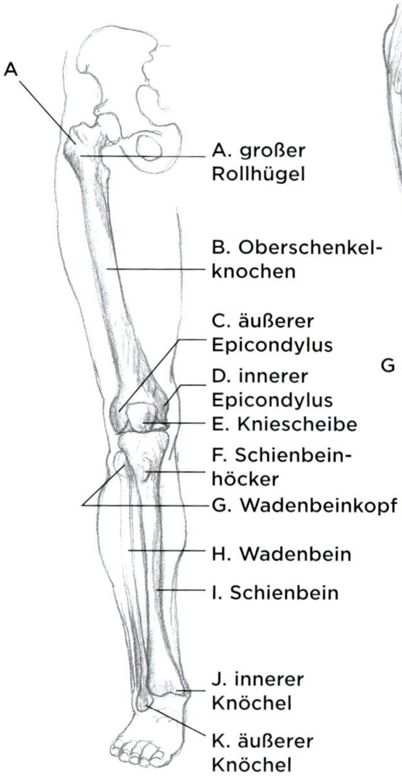

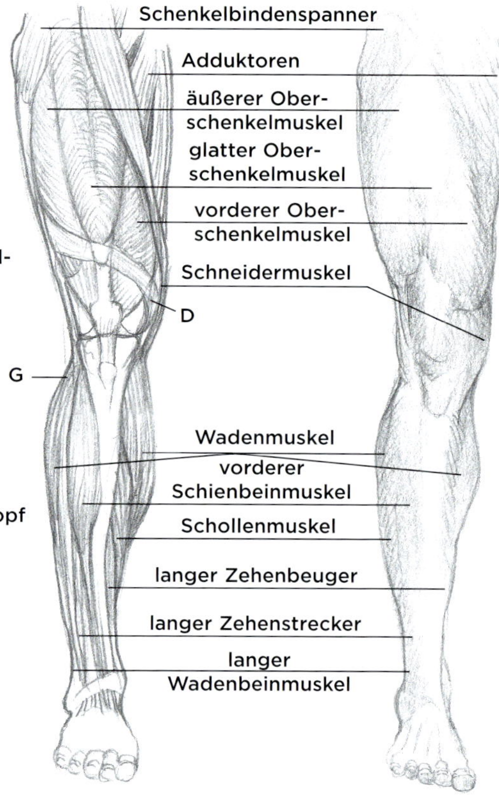

Betrachten Sie die Knochen und Muskeln des Beins in der Vorderansicht. Die Beine krümmen sich am Knie etwas nach innen, da sie so das Körpergewicht besser ausbalancieren können. Die Muskelmasse an der Außenseite des Beins ist größer als die an der Innenseite. Bei den Knöcheln ist es genau umgekehrt: innen hoch, außen niedrig.

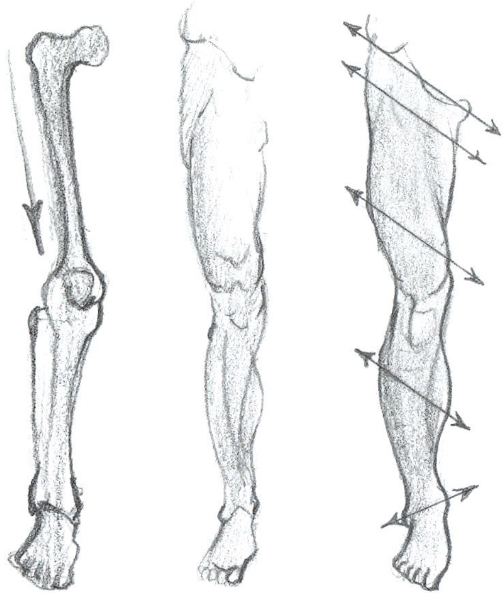

In der Rückenansicht sind die gleichen Beinknochen wie in der Vorderansicht zu sehen. Ihr Aussehen ist jedoch leicht verändert, da die vorderen Knochenansätze für die Streckung der Muskeln und die hinteren für die Beugung der Muskeln bestimmt sind. Ober- und Unterschenkel weisen jeweils fünf Hauptmuskeln auf. Wenn Sie die Rückseite des Beins zeichnen, beachten Sie die Vertiefung hinter dem Knie, wo die Wadensehnen ansetzen. Die Wade ist auf der Innenseite niedriger und runder als auf der Außenseite.

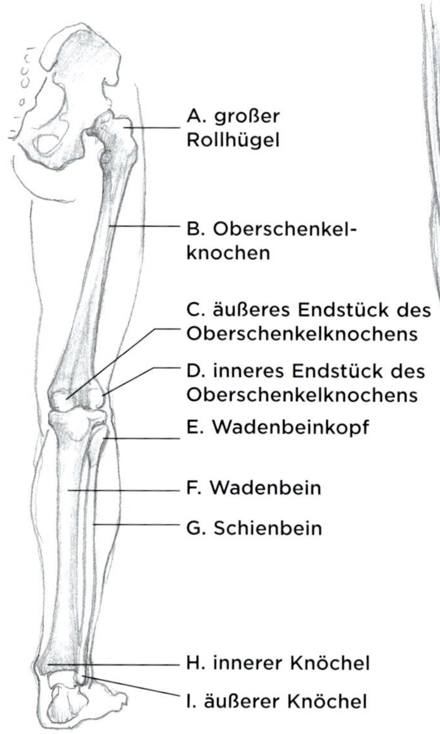

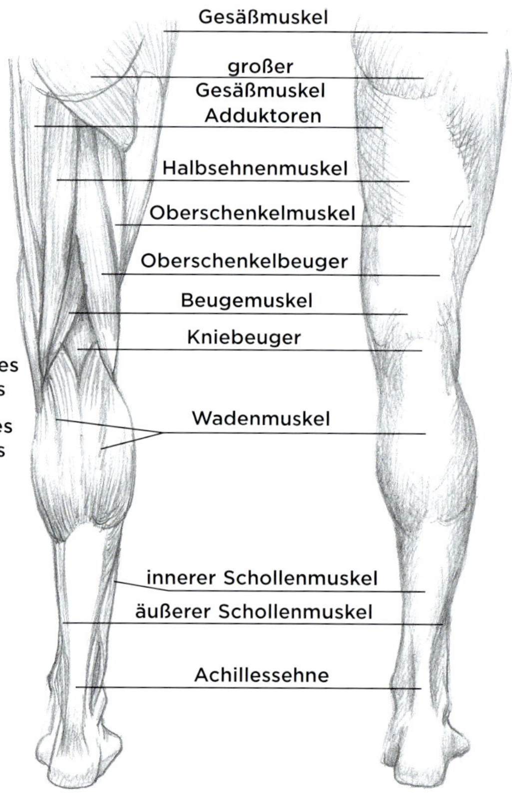

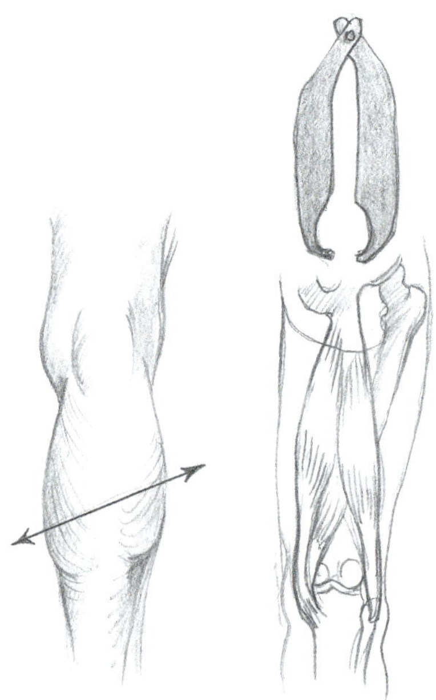

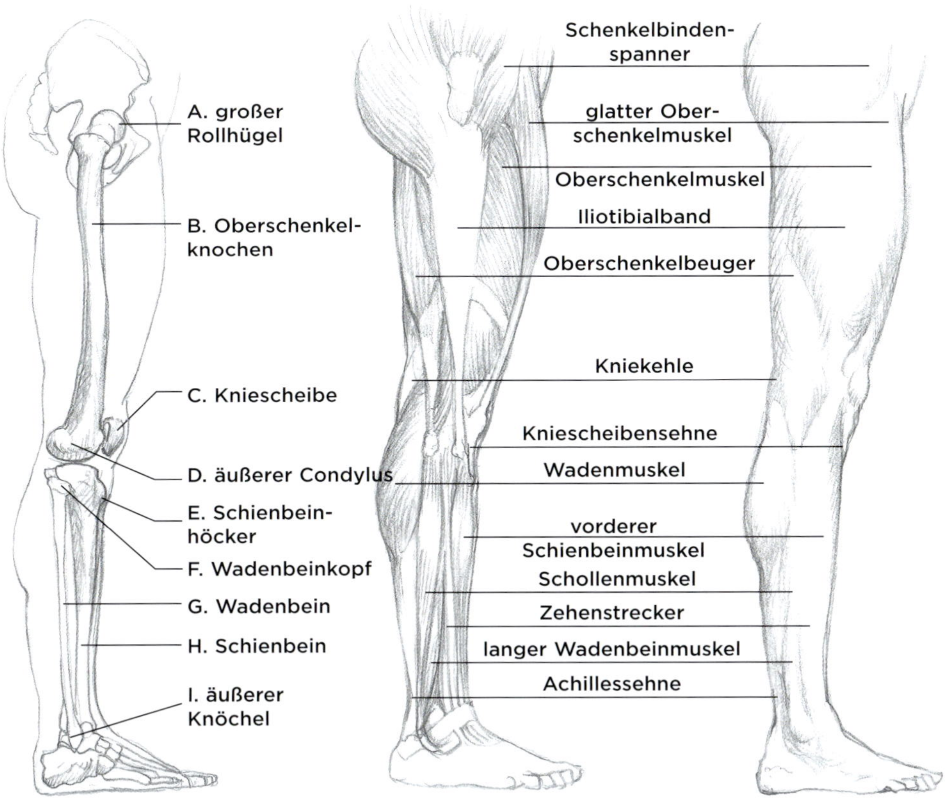

Da der lange Oberschenkelknochen (B) und das Schienbein (H) das Gewicht des Körpers tragen, sitzen sie direkt übereinander. In der Seitenansicht erscheinen Ober- und Unterschenkel jedoch leicht versetzt.

Tipps zum Zeichnen

Die sechs Pfeile in Abbildung 1 zeigen mögliche Bewegungsabläufe beim Zeichnen eines Beins.

Der Oberschenkel und die Unterwade bilden eine flache S-Kurve (Abbildung 2).

Abbildung 3 zeigt, an welchen Stellen im Fuß sich Sehnen befinden.

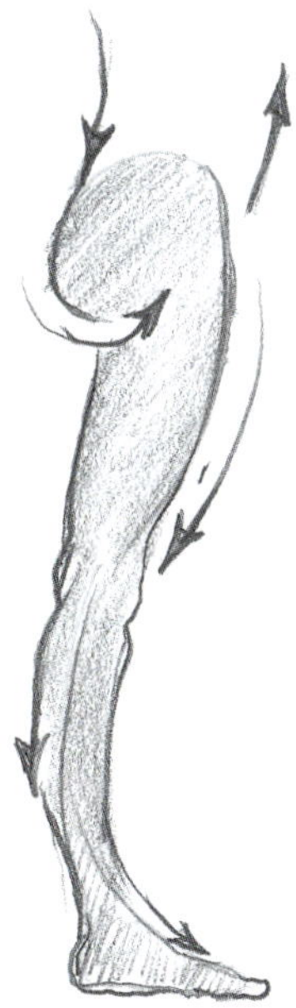

Abbildung 1

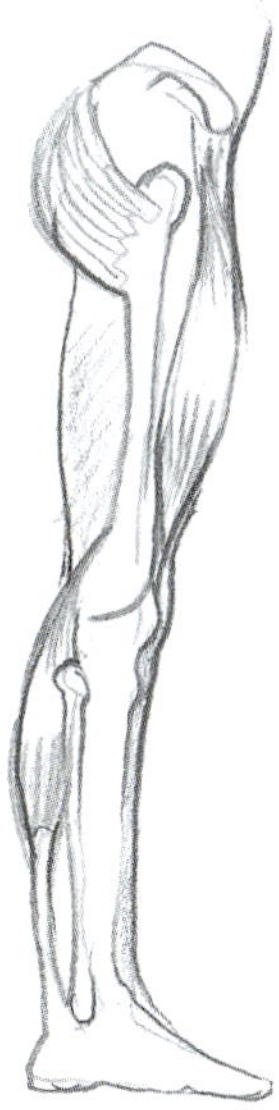

Abbildung 2

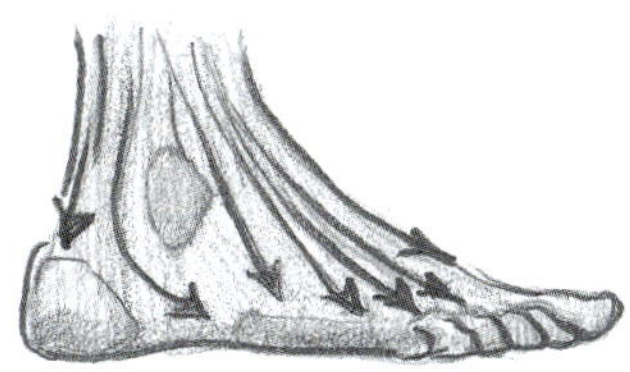

Abbildung 3

HANDFLÄCHE

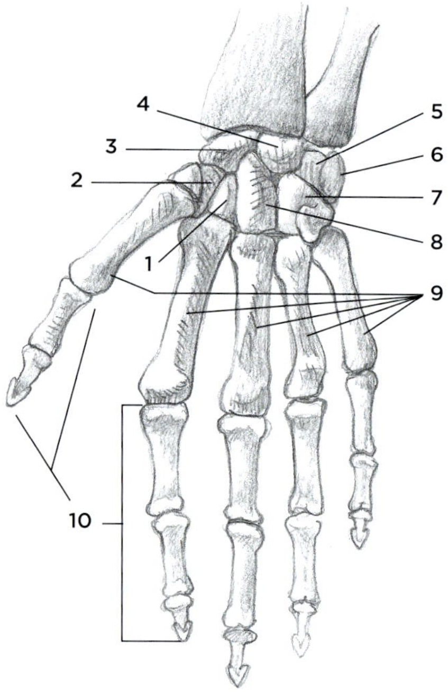

Knochen Die Hand enthält acht Handwurzelknochen *(Carpales)*: *kleines Viereckbein* (1), *großes Viereckbein* (2), *Kahnbein* (3), *Mondbein* (4), *Dreiecksbein* (5), *Erbsenbein* (6), *Hakenbein* (7), und *Kopfbein* (8). Sie enthält außerdem fünf Mittelhandknochen (9) und 14 *Fingerknochen* (10).

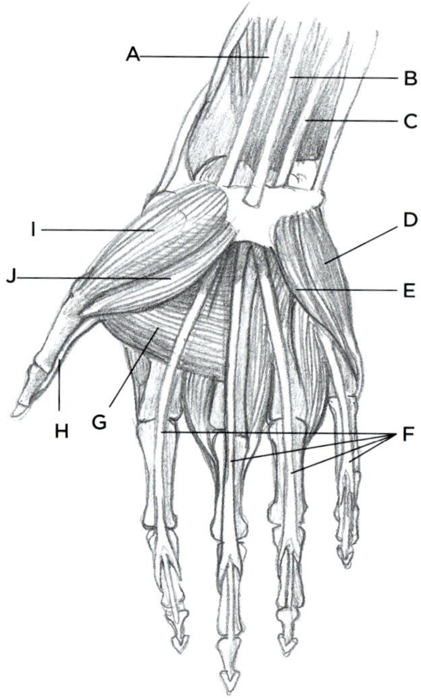

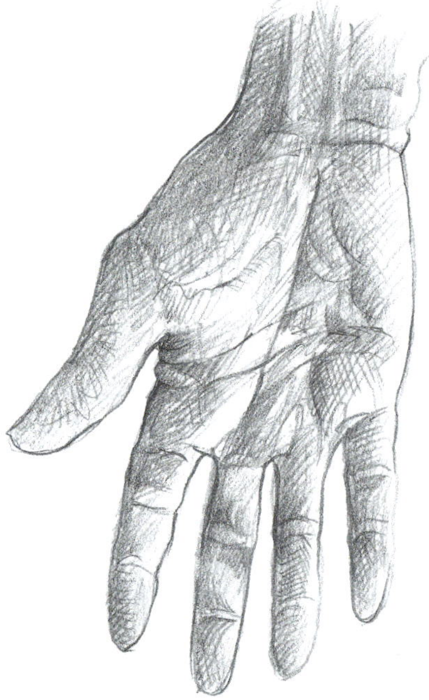

Muskeln Die *Beugesehnen* (A, B, C) der Unterarmmuskeln reichen bis in die Hand. Die tropfenförmigen Muskelmassen, die *Thenar-Eminenz-Abduktoren* des Daumens (I, J) und die *Hypothenar-Eminenz-Abduktoren* (D) und *-Beuger* (E) des kleinen Fingers, werden als »Palmer-Hand-Muskeln« bezeichnet. Der *Adduktor* des Daumens (G) liegt unter den *Beugesehnen* (F). Die sichtbaren Falten der Handfläche entstehen durch die Art und Weise, wie die Haut über dem Fettgewebe und den Muskeln der Hand liegt.

HANDRÜCKEN

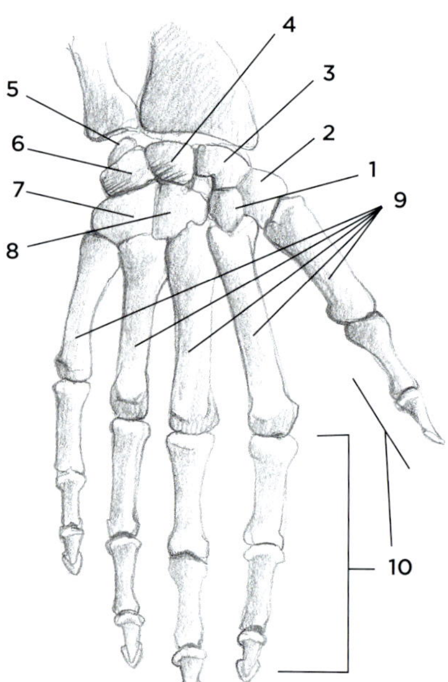

Knochen Am Handrücken sind dieselben Knochen zu sehen, aber die Handwurzelknochen erscheinen konvex statt konkav. Aus diesem Blickwinkel haben die Knochen mehr Einfluss auf die Handform.

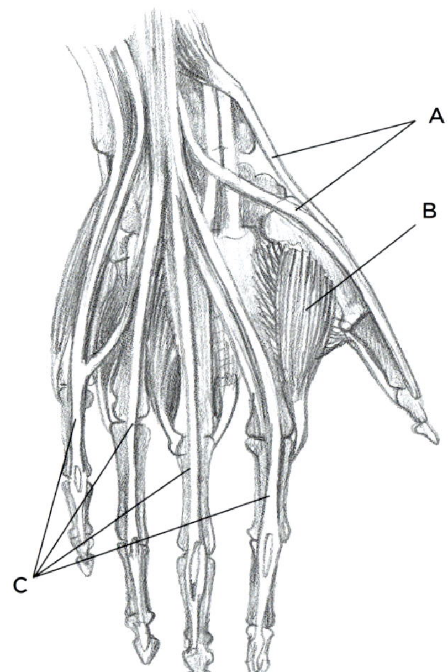

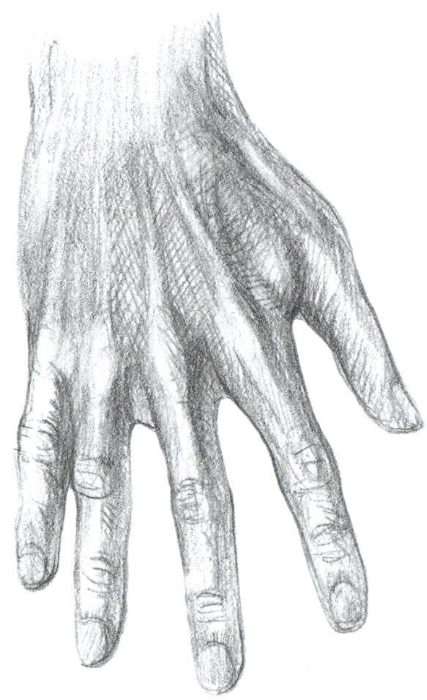

Muskeln Auf der Handinnenfläche sieht man Muskeln und Fettgewebe, auf dem Handrücken Knochen und Sehnen. Die *Strecksehnen* des Daumens (A) und der Finger (C) sind im kontrahierten Zustand sichtbar. Der *erste dorsale interossäre Muskel* (B) ist der größte der vier dorsalen interossären Muskeln und der einzige, der seine Form durch die Hautoberfläche hindurch zeigt. Wenn der Daumen gebeugt wird, erscheint dieser Muskel als wulstige Tropfenform.

FUSS VON OBEN

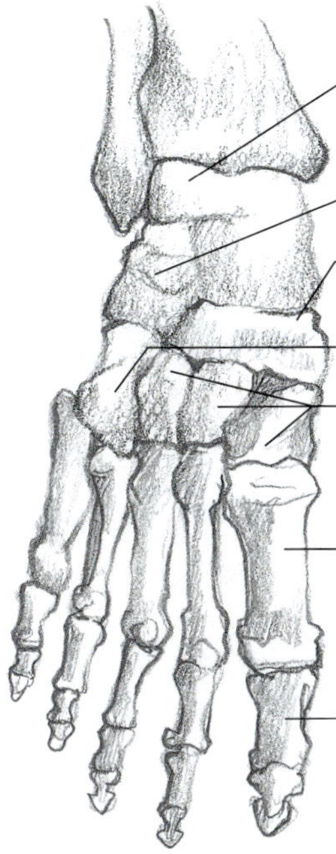

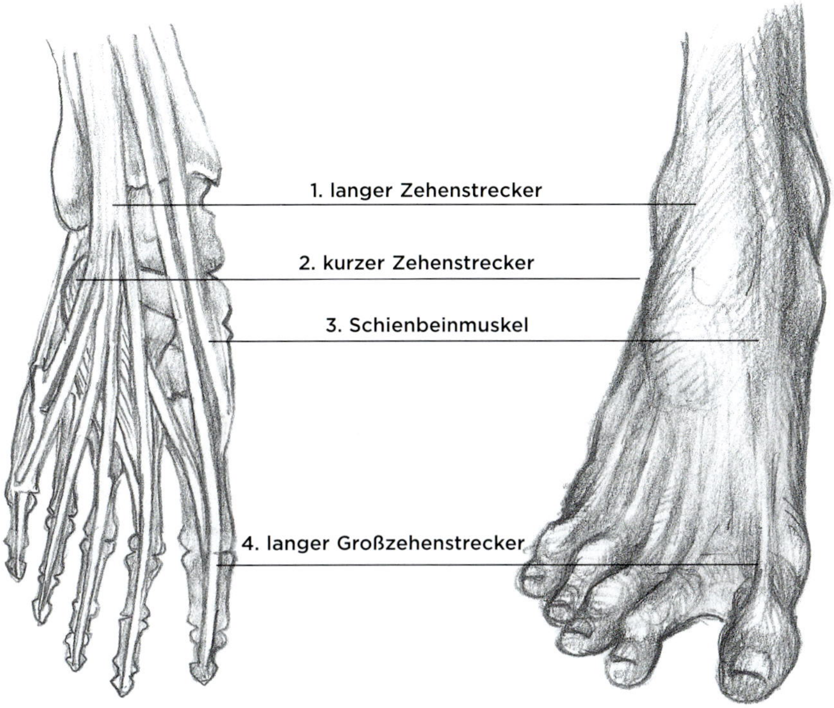

FUSS VON DER SEITE

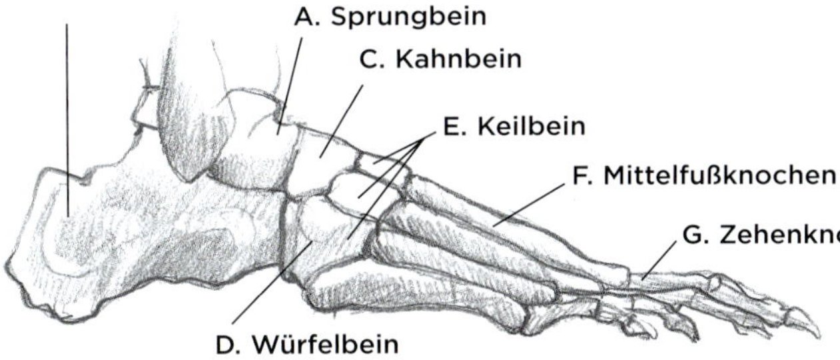

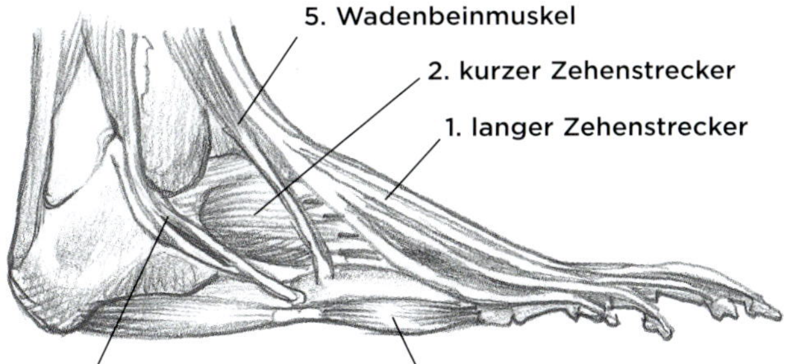

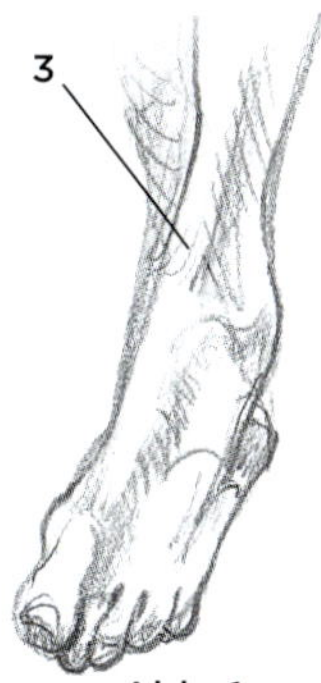

Abb. 1

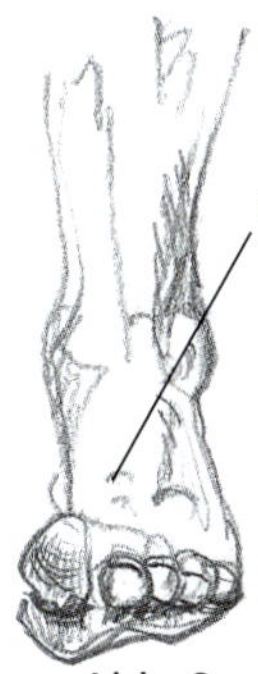

Abb. 2

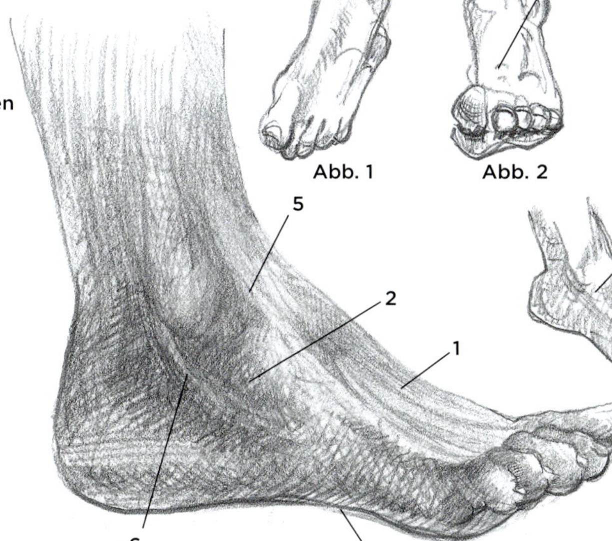

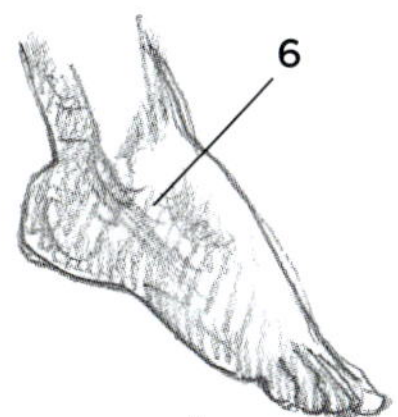

Abb. 3

Wie die Hand besteht auch der Fuß aus drei Teilen: sieben Fußwurzelknochen (A-E), fünf Mittelfußknochen (F) und 14 Zehenknochen (G). Wenn der Fuß nach oben gebeugt ist, sind viele Sehnen sichtbar. Beim Zeichnen des Fußes ist zu beachten, dass der *Schienbeinmuskel* (3) ein deutlicher Orientierungspunkt am umgekehrten Fuß ist (siehe Abbildung 1 oben). In Abbildung 2 wird bei der Dorsalflexion der *Zehenstrecker* (1) sichtbar. In Abbildung 3 sieht man bei Plantarflexion die Sehnen des *Wadenbeins* (6).

ERWACHSENE: KOPF & GESICHT

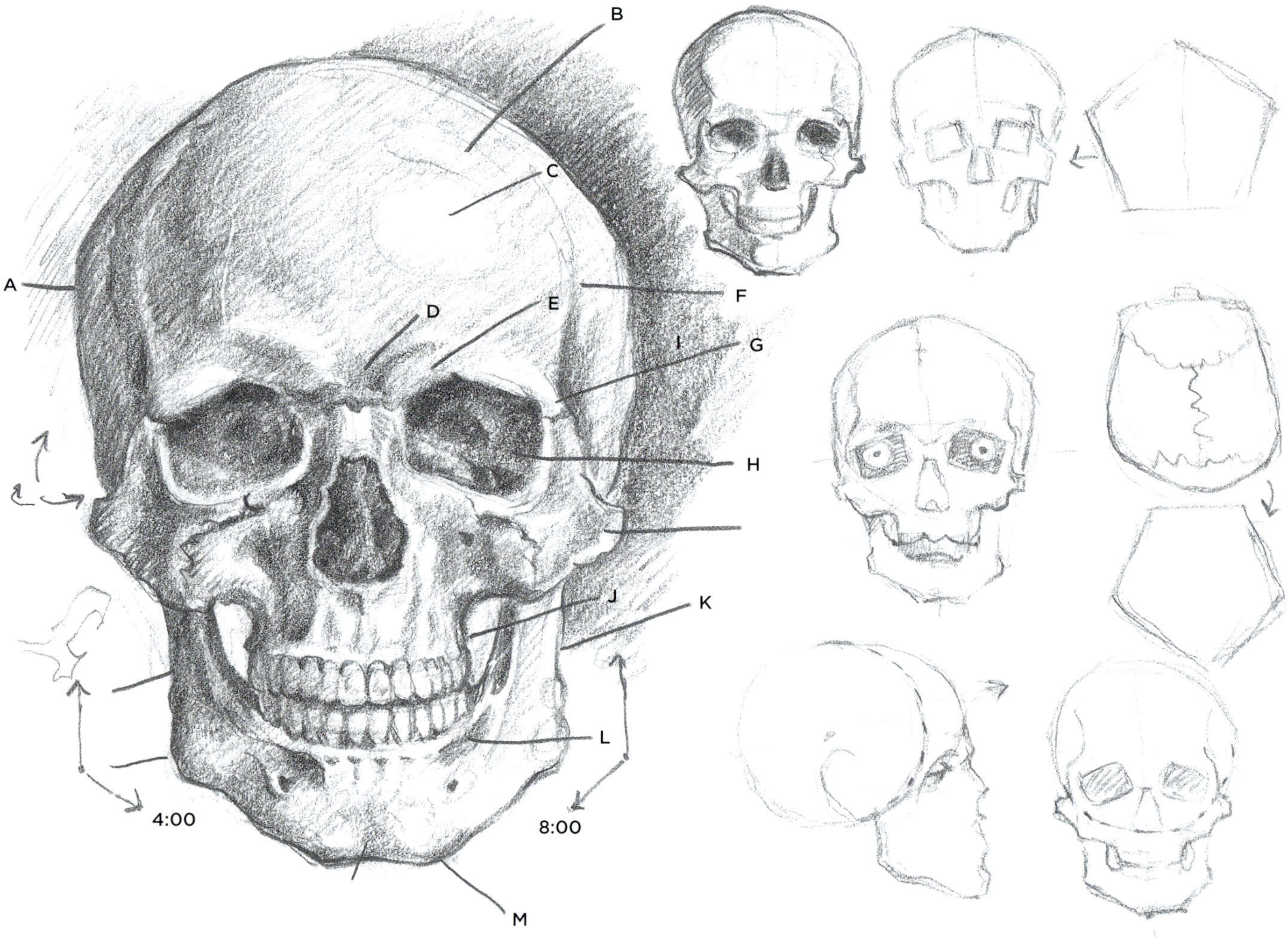

Wer überzeugende Porträts zeichnen will, muss sich vor allem mit der Anatomie des Kopfs eingehend beschäftigen. Empfehlenswert ist die Anschaffung eines Schädels aus Kunststoff, um ihn aus allen Blickwinkeln zu zeichnen. Beginnen Sie mit einer Skizze der Grundform des Schädels, um dann die Formen der wichtigsten Gesichtszüge zu skizzieren und allmählich zu verfeinern (kleine Abbildung oben links). Zu den wichtigsten Schädelknochen, die Zeichnende kennen sollten, gehören *Scheitelbein* (A), *Stirnbein* (B), *Stirnbeinhöcker* (C), *Glabella* (D), *Augenbrauenbogen* (E), *Schläfenbein* (F), *Jochbeinfortsatz* (G), *Augenhöhle* (H), *Jochbein* (I), *Oberkiefer* (J), *Unterkieferast* (K), *Unterkiefer* (L) und *der Kinnvorsprung* (M).

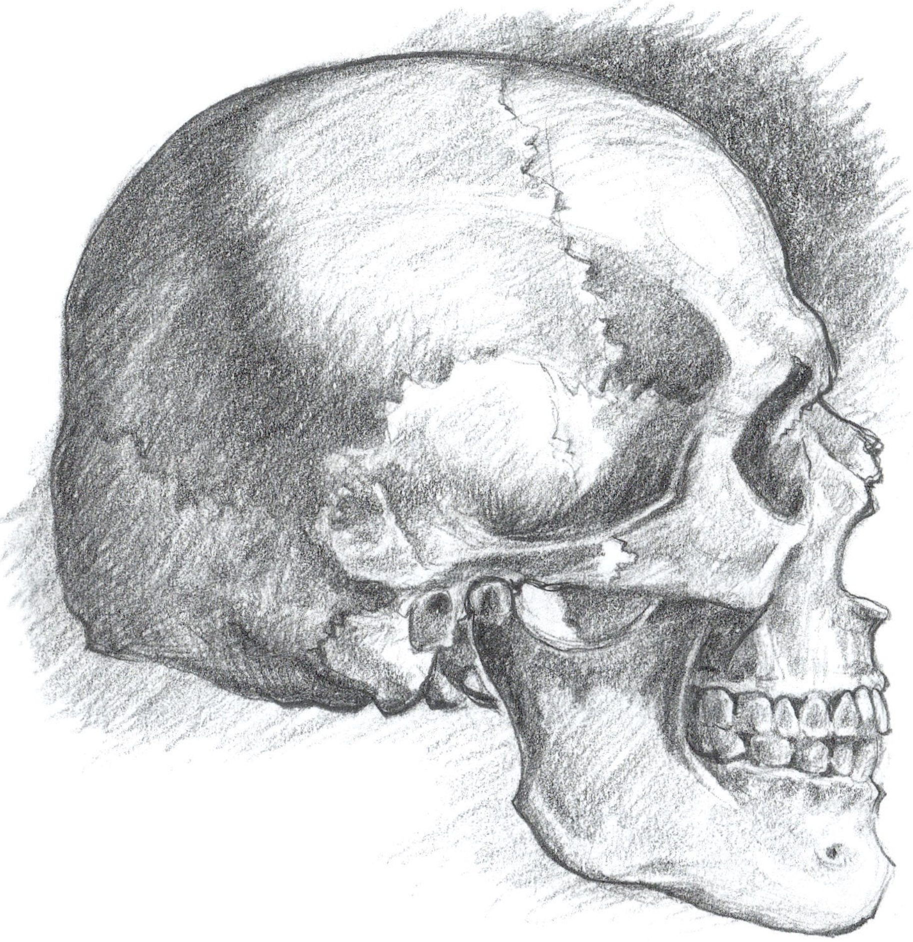

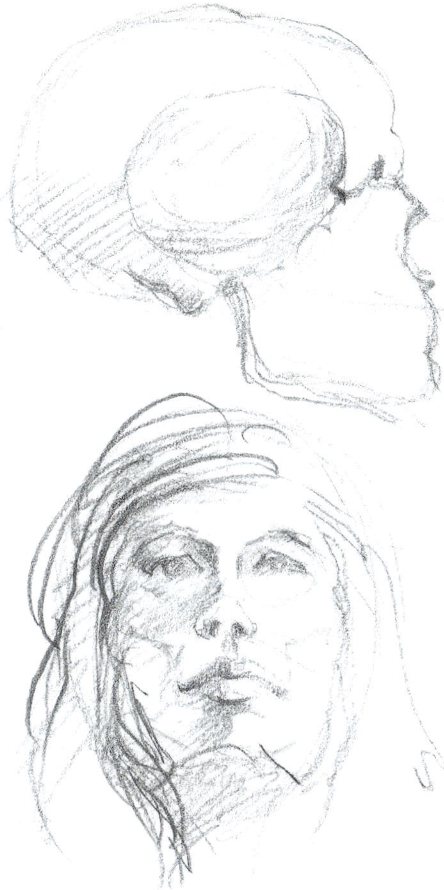

Während Sie Ihr Wissen über die Form des Schädels erweitern, werden Sie allmählich verstehen, wie sich die zugrundeliegenden Strukturen im Verhältnis zueinander verschieben, wenn Sie Ihren Blickwinkel verändern. Wenn Sie ein Schädelmodell haben, üben Sie, es aus verschiedenen Blickwinkeln zu skizzieren. Natürlich können Sie auch mit einem lebenden Modell arbeiten.

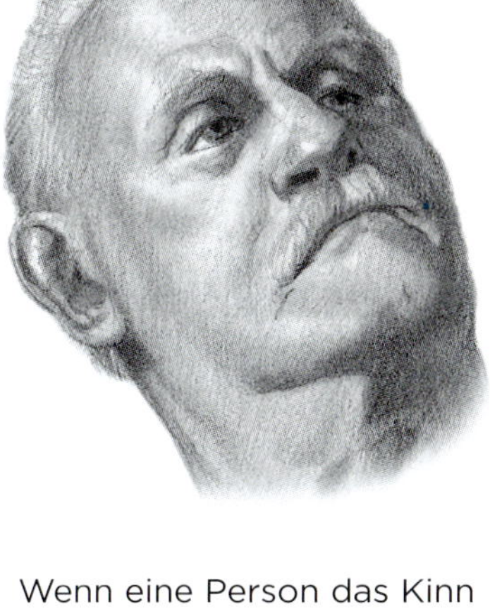

Wenn eine Person das Kinn anhebt, rückt die Nasenspitze viel näher zu den Augen.

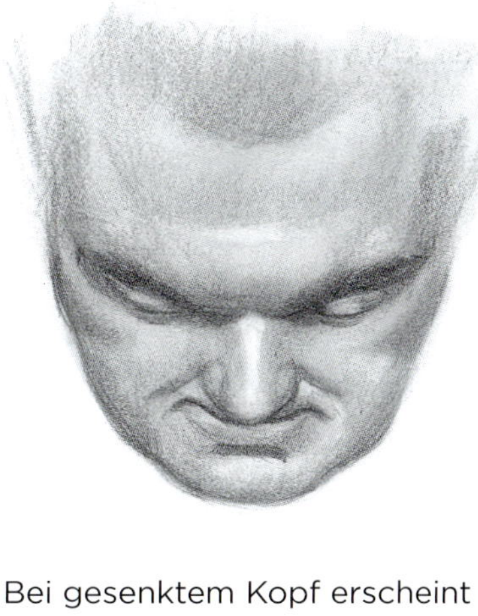

Bei gesenktem Kopf erscheint die Stirn runder und die Augen bilden einen Bogen.

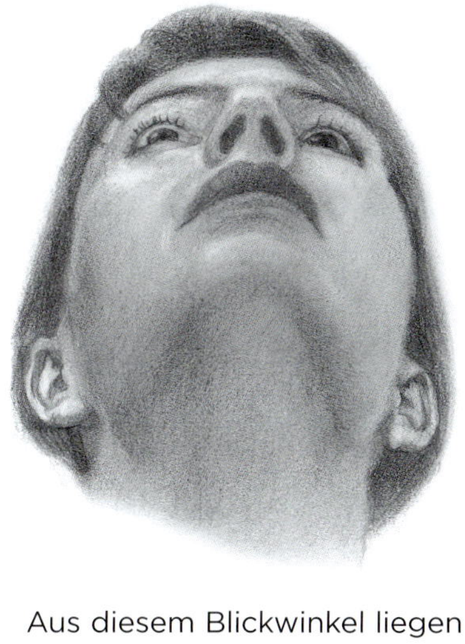

Aus diesem Blickwinkel liegen die äußeren Augenwinkel niedriger als die inneren.

Frontalansicht

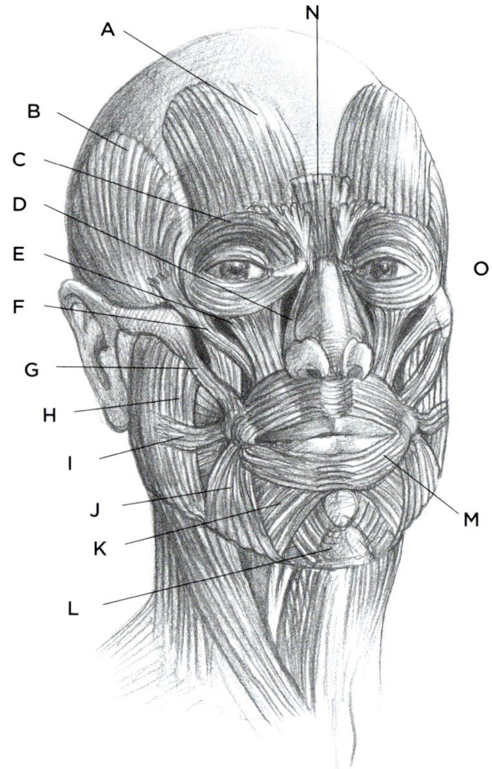

Seitenansicht

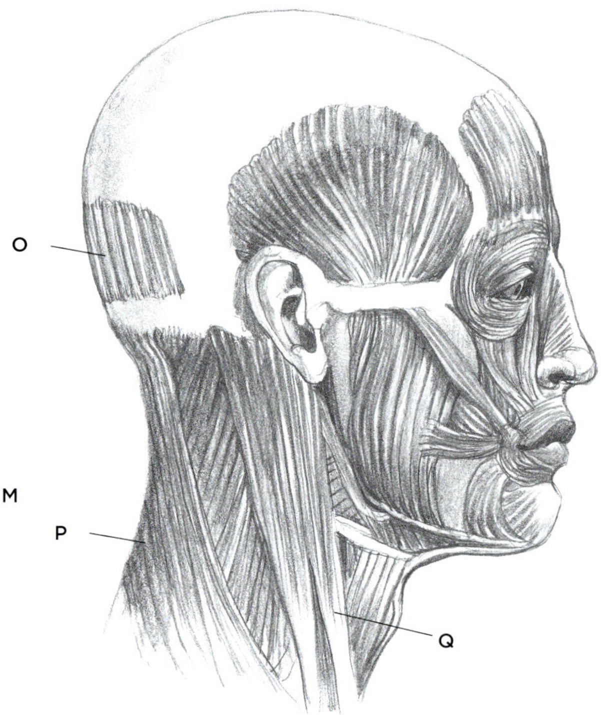

A. Stirnmuskel
B. Schläfenmuskel
C. Augenringmuskel
D. Nasenmuskel
E. Oberlippenheber
F. kleiner Jochbeinmuskel
G. großer Jochbeinmuskel
H. Kaumuskel
I. Lachmuskel
J. Mundwinkelsenker
K. Unterlippensenker
L. Kinnhebermuskel
M. Mundringmuskel
N. schlanker Muskel
O. Hinterhauptsmuskel
P. Trapezmuskel
Q. Kopfnicker

Die meisten Gesichtsmuskeln setzen an Knochen an und münden in andere Gesichtsmuskeln. Sie formen die Oberfläche nicht so direkt wie die Skelettmuskeln, da sie zarter sind und meist von Fettgewebe verdeckt werden. Die sichtbaren Formen des Gesichts entstehen durch mehrere Faktoren: Haut, Fettgewebe, darunterliegender Schädel, Knorpel, Augäpfel und einige Muskeln.

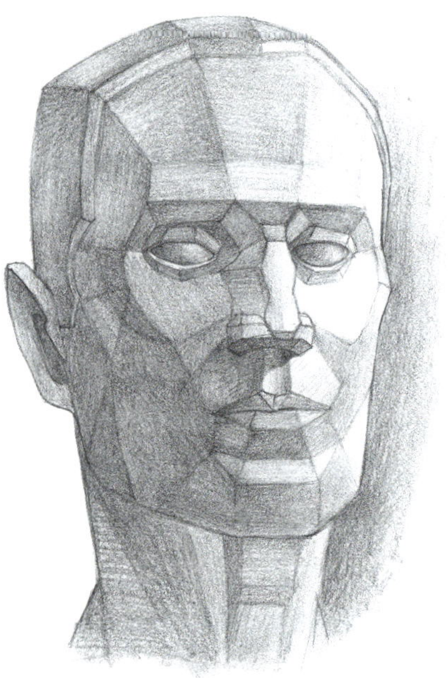

Vereinfachen Wenn sich die Gesichtsmuskeln zusammenziehen, wirken sie sich auf die Form des Fettgewebes, der Haut und anderer Gesichtsmuskeln aus und verursachen so die Falten, Furchen, Grate und Wülste, die verschiedene Gesichtsausdrücke vermitteln. Die Vereinfachung dieser komplexen Formen in leicht erkennbare geometrische Ebenen kann Ihnen bei der richtigen Platzierung von Licht und Schatten helfen. Für geübte Zeichner:innen ist es nicht notwendig, die Ebenen zu skizzieren, aber es ist hilfreich, die Ebenen zu verstehen und sich vorzustellen, wenn komplexe Merkmale und Schattierungen dargestellt werden sollen.

Licht und Schatten visualisieren
In dieser letzten Phase werden geometrische Licht- und Schattenbereiche zu einem realistischen Porträt entwickelt. Am Selbstporträt können Sie üben, die Ebenen des Kopfes aus verschiedenen Blickwinkeln zu erkennen. Verwenden Sie einen Spiegel und konzentrieren Sie sich auf die Platzierung der hellen und dunklen Tonwerte, die die Form Ihres Gesichts erkennbar machen. Denken Sie daran, das zu zeichnen, was Sie wirklich im Spiegel sehen, nicht das, was Sie zu sehen erwarten.

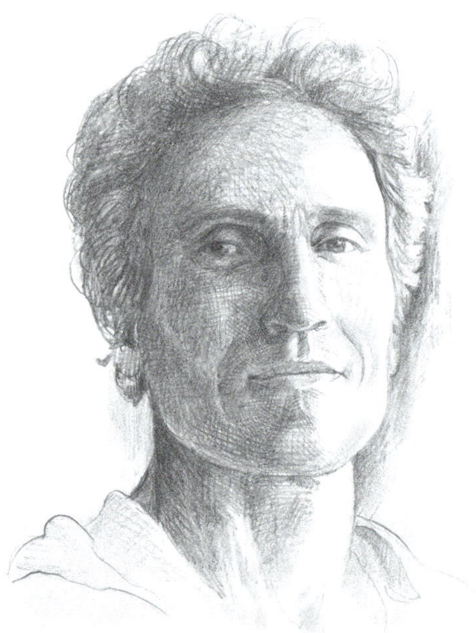

ERWACHSENE: GESICHTSZÜGE

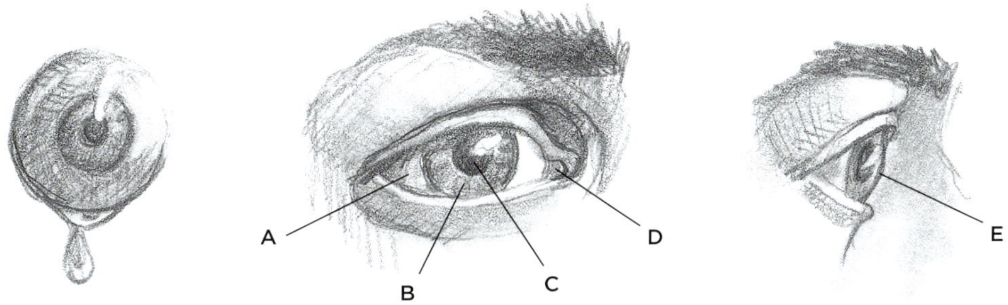

Das Auge Der Augapfel ist eine feuchte Kugel. Wegen der glänzenden Oberfläche sieht man auf der *Hornhaut* (E) meist einen Lichtreflex.

Tipps Die *Sklera* (A) ist das Weiß des Auges. Die *Iris* (B) ist eine farbige Scheibe, die den Lichteinfall in die runde Öffnung der *Pupille* (C) steuert. Die kuppelförmige, transparente *Hornhaut* (E) sitzt über der Iris. Der innere *Canthus* (D) im Augenwinkel ist ein wichtiges Merkmal der Augenform.

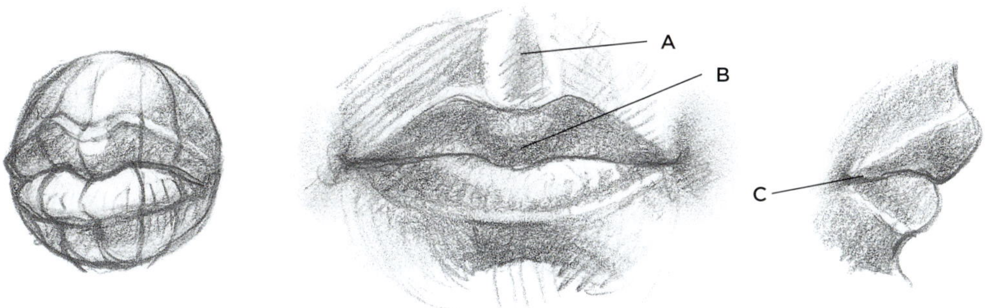

Die Lippen Da sich die Lippen um den Zylinder der Zähne wölben, ist es hilfreich, den Mund zu zeichnen und zu schattieren, als wäre er eine Kugel.

Tipps Die vertikale Furche zwischen Nase und Oberlippe ist das *Philtrum* (A). Das *Tuberkel* (B) der Oberlippe ist eine kleine Wölbung, die von zwei länglichen Formen umgeben ist. Es passt genau in die Mitte der beiden länglichen Formen der Unterlippe. *Nodum* (C) heißt eine ovale Muskelform am Mundwinkel.

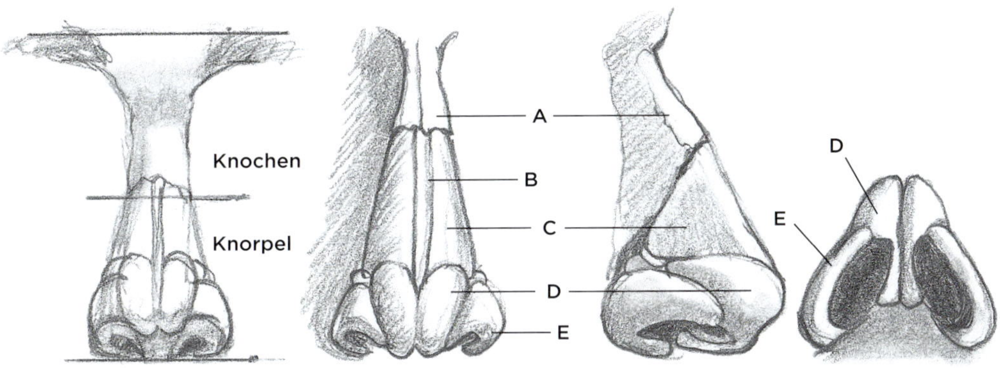

Die Nase Die Nase besteht aus Knochen, Knorpel und Fettgewebe. Auf halbem Weg von den Augenbrauen abwärts geht der Knochen in Knorpel über. .

Tipps Der Nasenrücken wird von zwei *Nasenbeinen* gebildet (A). Der mittlere Teil der Nase besteht aus einem starren *Nasenscheidewandknorpel* (B), der von zwei *Lateralknorpeln* (C) umgeben ist. Der Nasenwulst wird von zwei großen *Nasenflügelknorpeln* (D) gebildet. Zwei Flügel (E) bilden die Nasenlöcher.

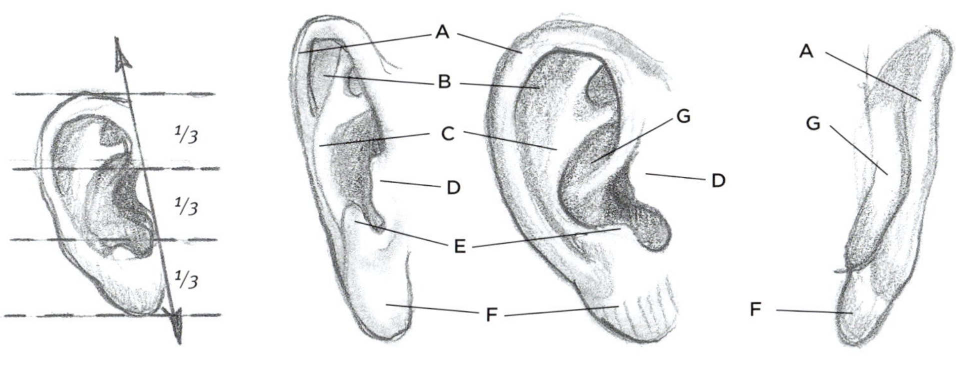

Das Ohr Stellen Sie sich das Ohr als eine schräg stehende, ovale Scheibe vor, die in drei Abschnitte unterteilt ist.

Tipps Die knorpelige *Helix* (A) bildet den Rand des Ohrs. Die *Antihelix* (C) verläuft parallel innerhalb, beide werden durch die *Scapha* (B) getrennt. Der *Tragus* (D) ist ein knorpeliger Vorsprung, der über der Ohrmuschel (*Concha*, G) liegt. Der *Antitragus* (E) befindet sich gegenüber des Tragus und knapp oberhalb des Ohrläppchens (F).

ANATOMIE VON KINDERN

Die Proportionen von Kindern sind anders als die von Erwachsenen. Während sie wachsen, verändern sich die Gesichtszüge und Körperproportionen. Der Kopf von Kleinkindern ist im Verhältnis zum Körper größer, und die Anordnung der Gesichtszüge ändert sich, da das Gesicht mit zunehmendem Alter länger und schmaler wird.

KOPF UND GESICHT

Kleine Kinder haben rundere Gesichter mit größeren Augen, die weiter auseinander liegen. Ihre Gesichtszüge sind auch etwas tiefer im Gesicht positioniert; die Augenbrauen beginnen beispielsweise auf der Mittellinie, wo sich bei einem Teenager oder Erwachsenen die Augen befinden würden. Wenn ein Kind älter wird, verlängert sich die Gesichtsform, wodurch sich die Proportionen verändern.

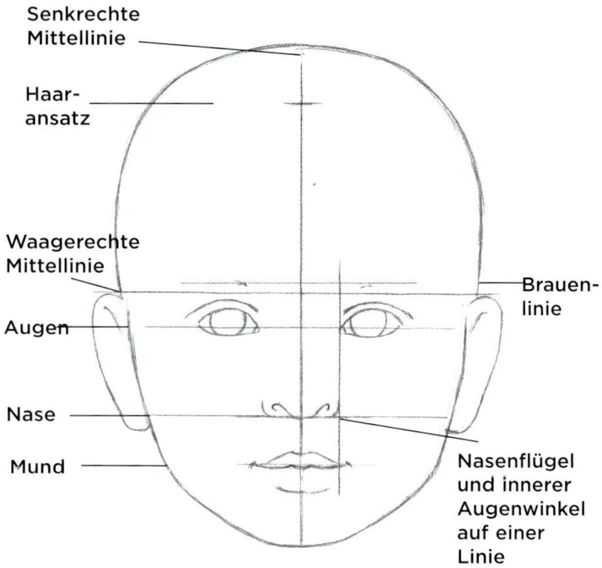

Positionen der Gesichtszüge
Anhand der Anordnung der Gesichtszüge kann man schätzen, dass das Kind etwa fünf oder sechs Jahre alt ist. Das Gesicht hat sich so weit verlängert, dass die Brauenlinie mit den Spitzen der Ohren eine Linie bildet, was zeigt, dass das Kind kein Baby mehr ist. Die Augen stehen jedoch weiter auseinander, was auf die Jugend hindeutet. Der Mund ist immer noch relativ nah am Kinn, was ebenfalls auf sein junges Alter schließen lässt.

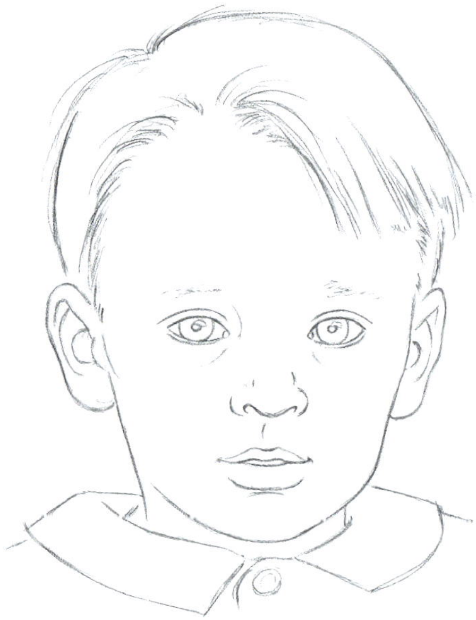

Veränderungen mit dem Alter

Verwenden Sie Hilfslinien, um den Bereich von der horizontalen Mittellinie bis zum Kinn in gleiche Abschnitte zu unterteilen. Anhand dieser Linien können Sie leichter bestimmen, wo die Gesichtszüge platziert werden sollen.

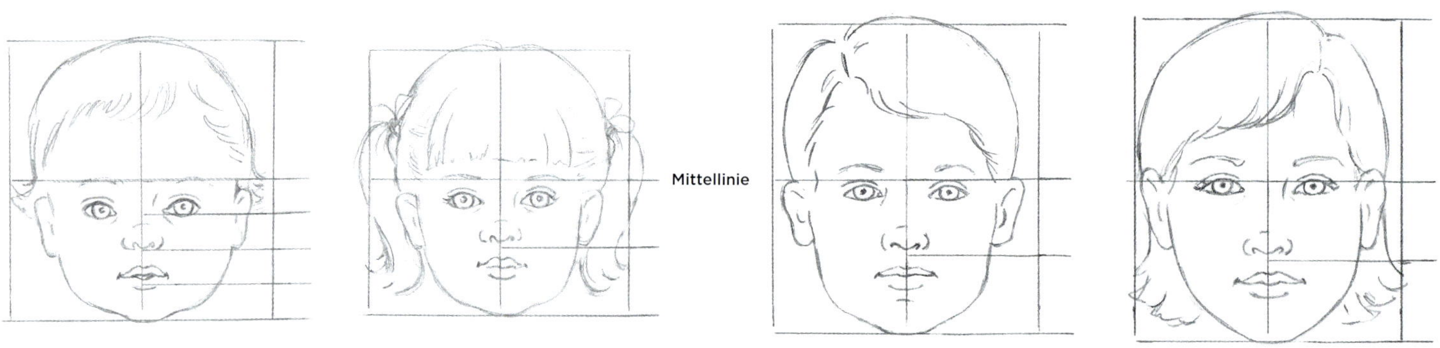

Baby — Kleinkind — Kind — Teenager

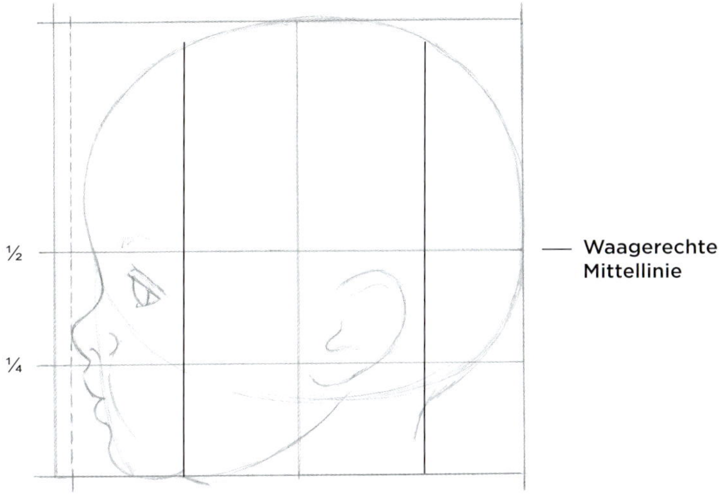

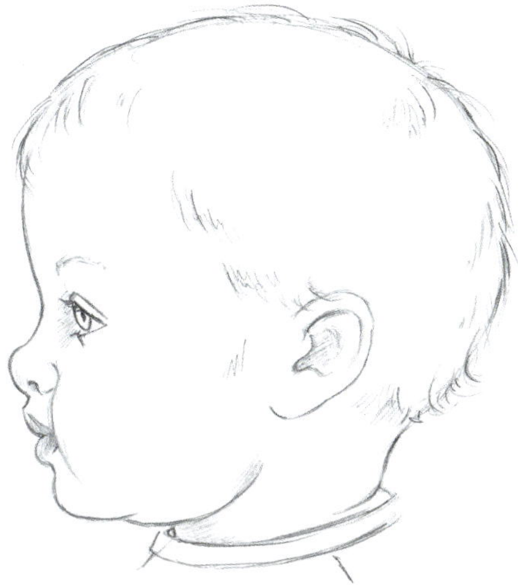

Ein Baby im Profil zeichnen Das Profil eines Babys ist deutlich rund. Junge Menschen haben in der Regel eine größere, stärker vorspringende Stirn als Erwachsene. Auch die Nasen von Kindern sind in der Regel kleiner und runder. Die Form des Babykopfs im Profil passt in ein Quadrat. Skizzieren Sie die große Schädelmasse als Kreis, und fügen Sie dann die Gesichtszüge ein. Die Augenbrauenlinie liegt auf der waagerechten Mittellinie, während die Nasenpartie etwa ein Viertel des Gesichtes ausmacht.

Helle Augenbrauen und spärliches Haar sind ein Hinweis auf das Babyalter. Ältere Kinder haben dichtere Haare.

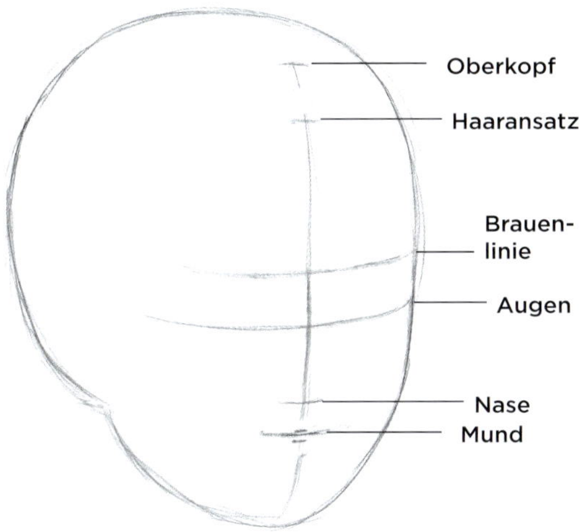

Halbprofil Im Halbprofil verschieben sich die Gesichtszüge leicht. Obwohl die Gesichtszüge eines Babys anders auf dem Kopf platziert sind als die eines älteren Kindes, verschieben sich die Gesichtslinien in ähnlicher Weise und folgen der Richtung, in der sich der Kopf dreht. Platzieren Sie die Gesichtszüge entsprechend den Hilfslinien. Auch die Frisur und die Kleidung – einschließlich der Accessoires – können etwas über das Alter des Kinds aussagen.

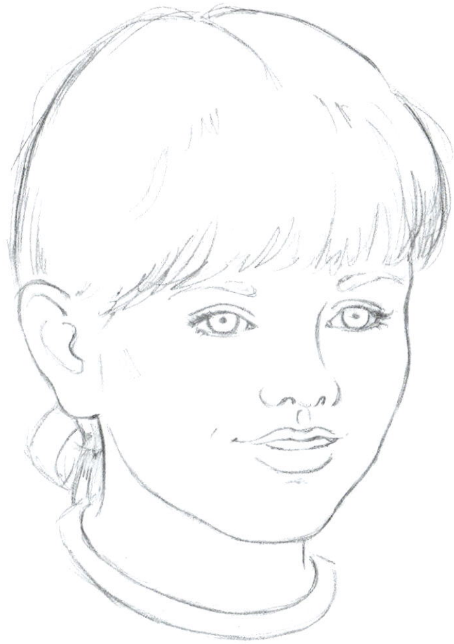

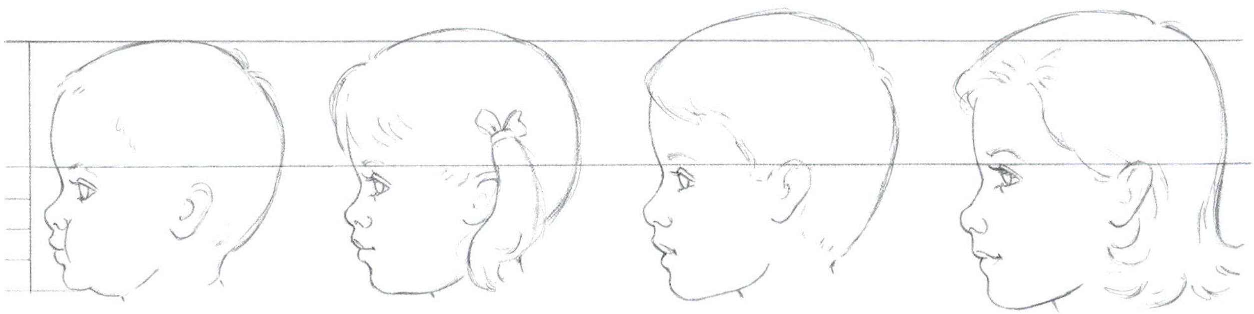

Veränderungen im Profil

Mit zunehmendem Alter verändert sich das Profil eines Kinds erheblich. Der Kopf wird in jeder Phase länglicher. Die Spitze der Augenbraue des Babys liegt auf Höhe der Unterseite der Augenbraue des Kleinkindes, der Mitte zwischen Augenbraue und Augenlid des Jungen und der Spitze des Augenlids des Mädchens im Teenageralter.

KÖRPERPROPORTIONEN

Die Köpfe und Körper von Kindern unterscheiden sich von denen Erwachsener sowohl in der Größe als auch in den Proportionen, also der relativen Größe der Körperteile zueinander. Genaue Proportionen sind wichtig, um in einer Zeichnung Aussagen über das Alter einer Figur zu machen. Die folgenden Abbildungen zeigen, wie man die Größe des Kopfes als Maßeinheit für das Zeichnen von Kindern verschiedener Altersstufen verwenden kann. Wenn Sie mit einem Modell arbeiten, messen Sie einmal nach, wie viele Köpfe die tatsächliche Körpergröße des Kinds ausmachen.

Zuerst die Haltung des Kinds grob als Strichmännchen skizzieren. Verwenden Sie einfache Formen wie Kreise, Ovale und Rechtecke, um den Körper darzustellen. Dann allmählich die Körperformen und die Kleidung genauer ausarbeiten.

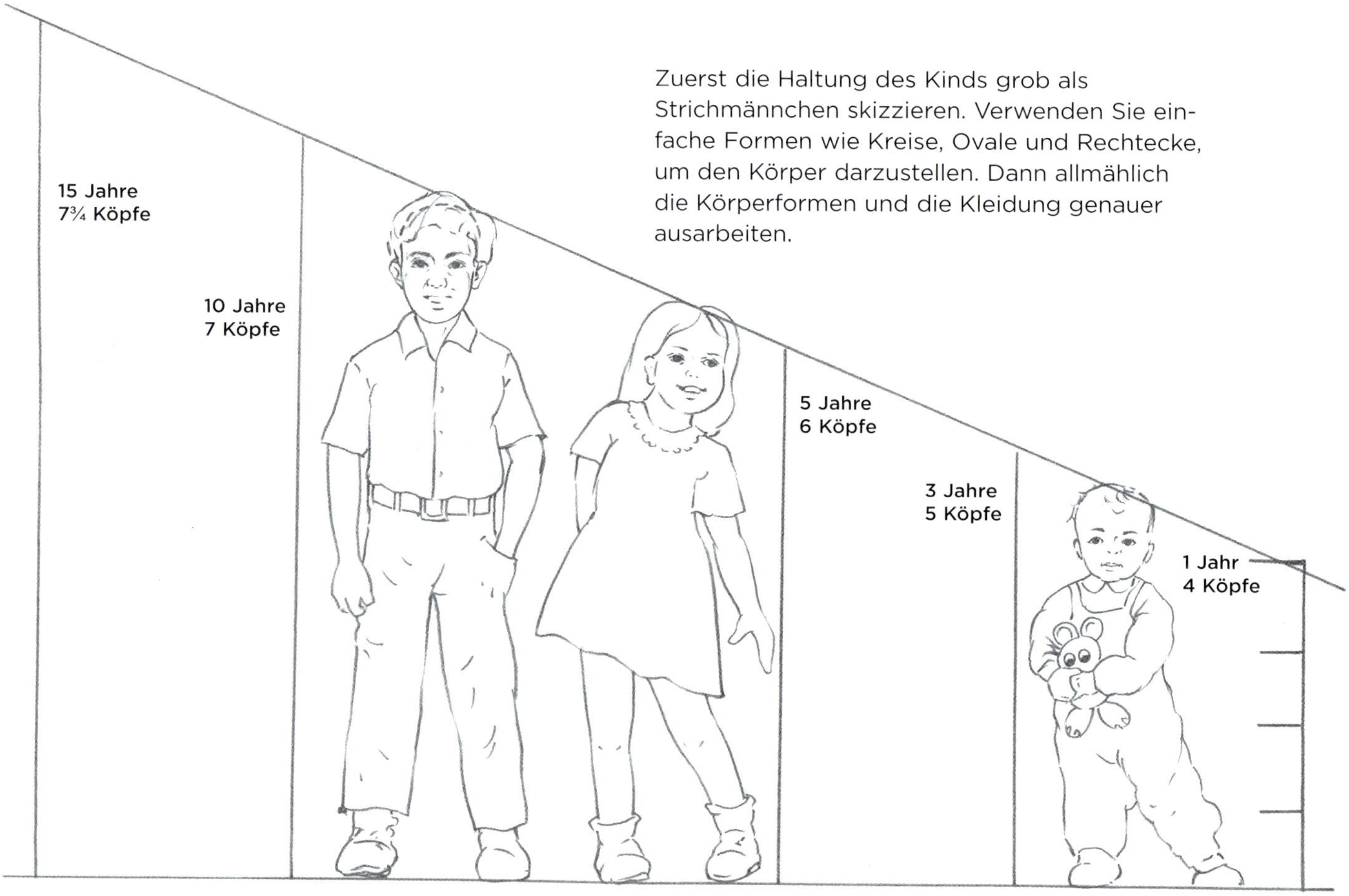

Es macht Spaß, Kinder zu zeichnen, aber da sie selten lange stillsitzen, ist die Verwendung von Fotos meist praktischer.

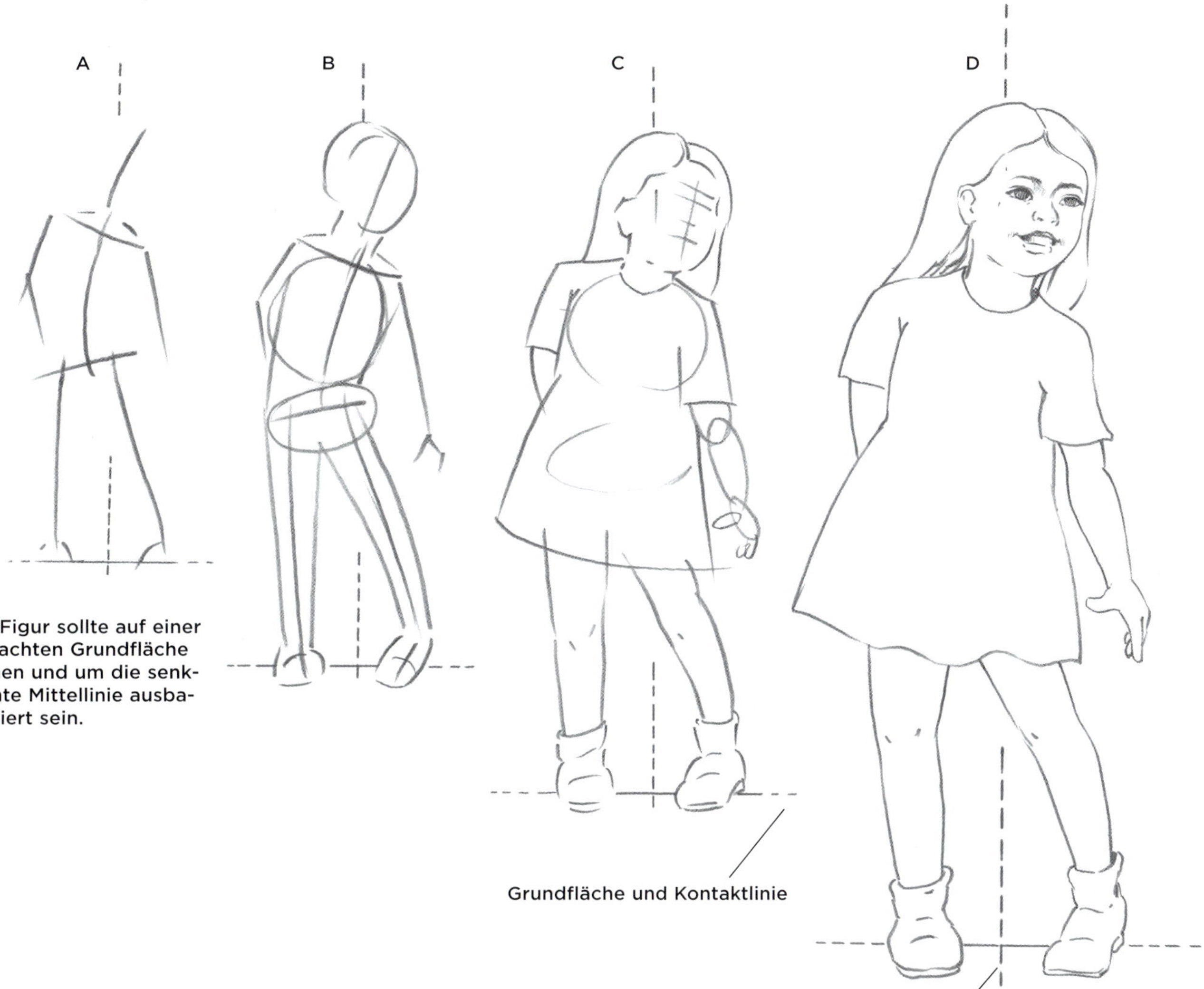

Die Figur sollte auf einer gedachten Grundfläche stehen und um die senkrechte Mittellinie ausbalanciert sein.

Kinder stehen oft etwas breitbeinig. Damit Ihr jugendliches Motiv nicht aus dem Gleichgewicht gerät, empfiehlt es sich, die Figur um ihren Schwerpunkt herum aufzubauen.

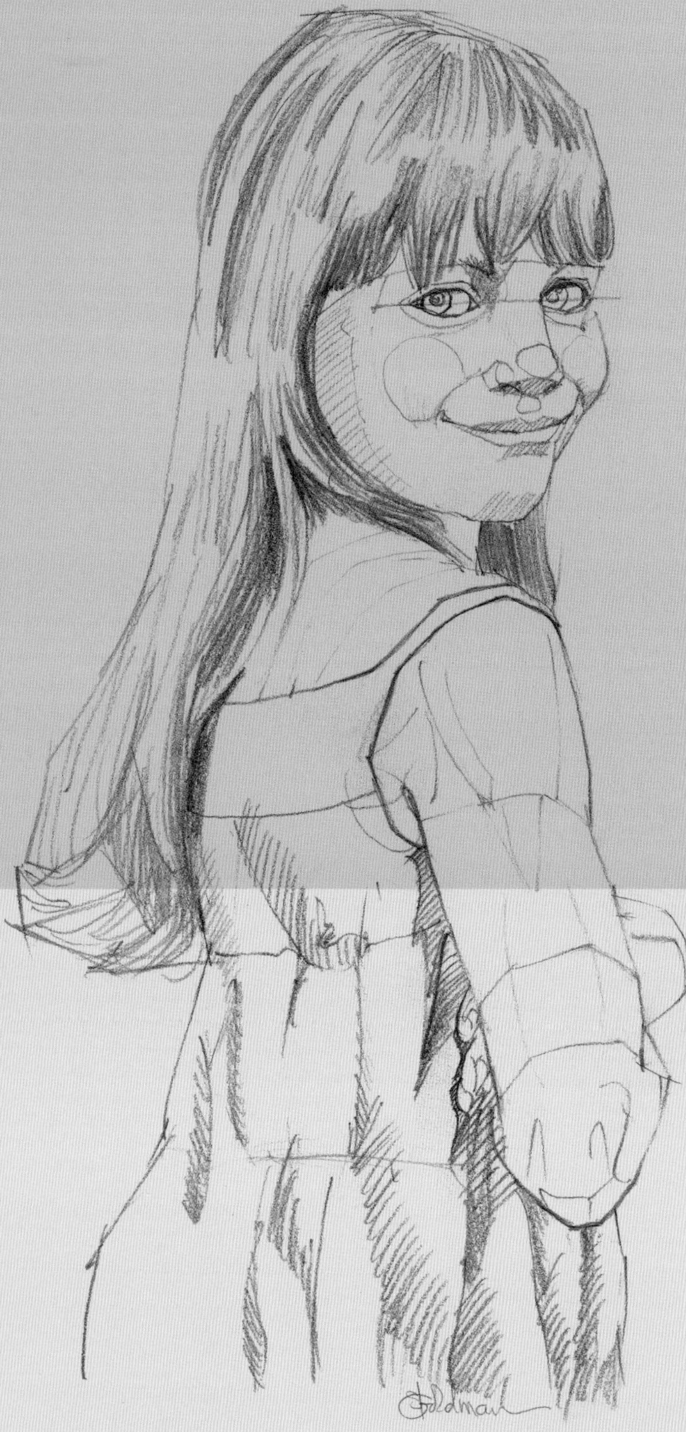

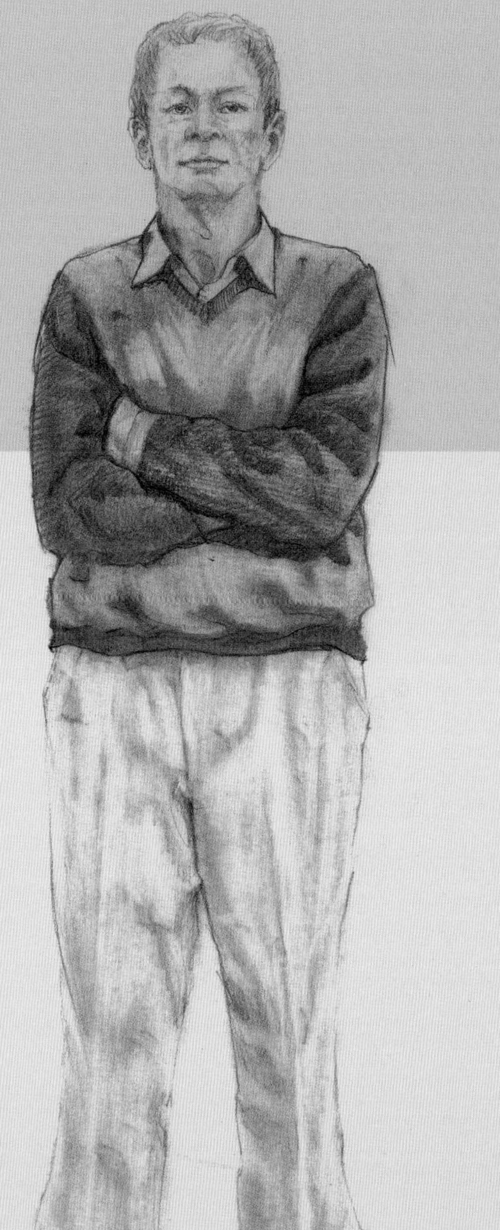

Kapitel 2

EINFACHE POSEN

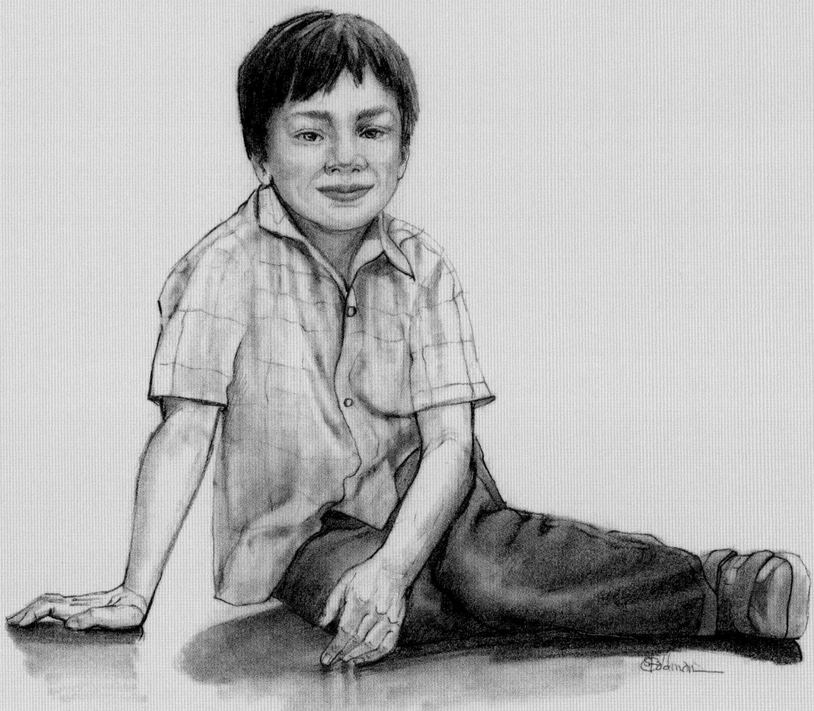

STEHENDE POSEN

Beim Zeichnen jeder Pose muss der Schwerpunkt des Körpers berücksichtigt werden. Achten Sie beim Betrachten der Beispiele in diesem Kapitel besonders auf die subtilen Verschiebungen und Veränderungen der Statur. Wenn man nicht weiß, wo der Schwerpunkt liegt, kann man ihn unbeabsichtigt verschieben. Dann wirkt die Figur, als sei sie aus dem Gleichgewicht geraten.

BREITER STAND

1

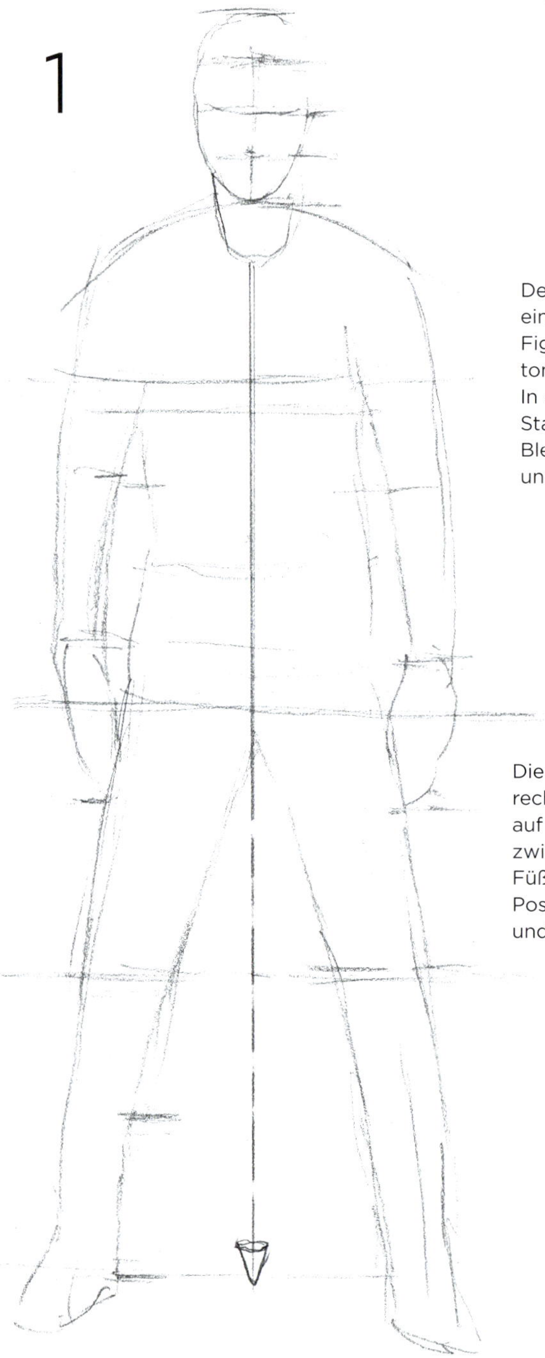

Der mittlere Teil einer stehenden Figur ist ihr anatomisches Zentrum. In diesem frühen Stadium sollten alle Bleistiftstriche zart und gerade sein.

Die beiden waagerechten Hilfslinien auf halber Strecke zwischen Kopf und Füßen zeigen die Position von Brust und Knien an.

2

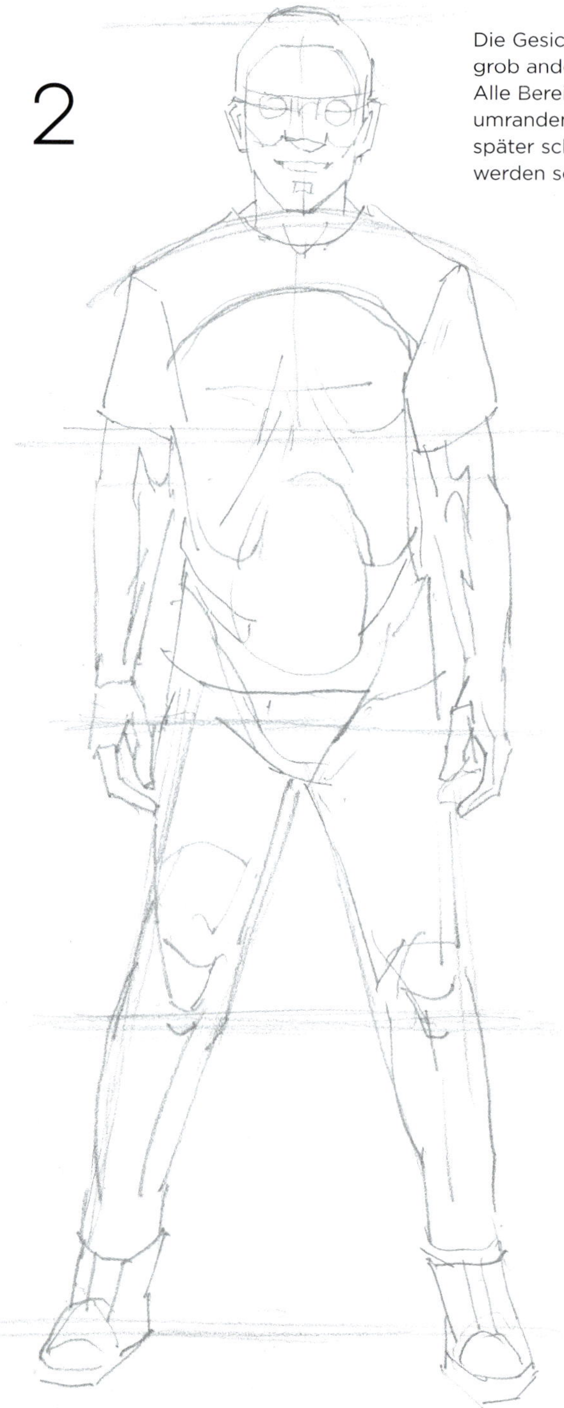

Die Gesichtszüge grob andeuten. Alle Bereiche umranden, die später schattiert werden sollen.

3

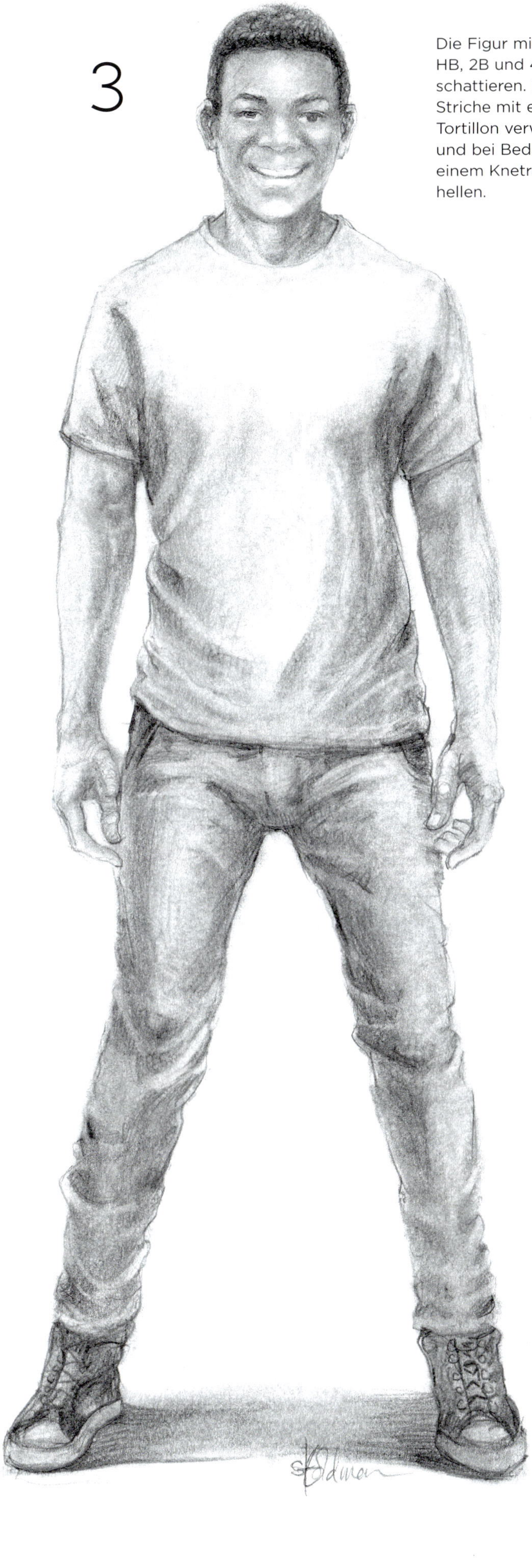

Die Figur mit Bleistiften HB, 2B und 4B zart schattieren. Dann die Striche mit einem Tortillon verwischen und bei Bedarf mit einem Knetradierer aufhellen.

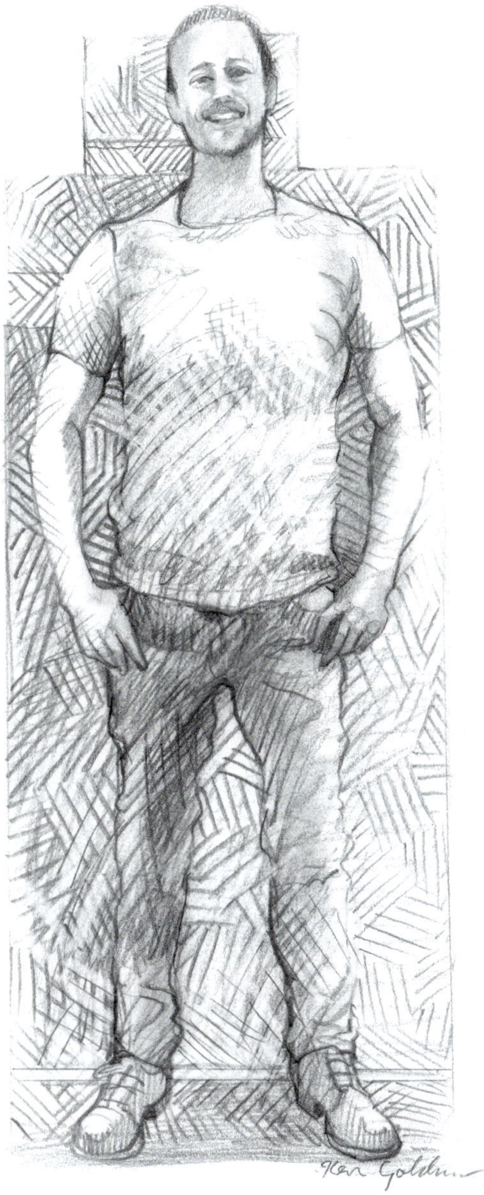

Diese Pose ähnelt dem Hauptbeispiel, am Anfang sind aber weniger Striche notwendig. Durch Texturen und helle und dunkle Linien im Hintergrund wirkt die Zeichnung lebendig. Achten Sie auf die Veränderung der Haltung, wenn die Person ihre Daumen in die vorderen Hosentaschen steckt.

Zweidimensionale Formen wirken durch Schattierungen dreidimensional. Die Tonwerte modellieren die Anatomie und zeigen den Lichteinfall auf die Figur. Denken Sie nicht zu viel nach. Statt Beine und Rippen zu betrachten, denken Sie an die kleineren Formen, die durch Licht und Schatten entstehen, und fügen Sie einen Tonwert nach dem anderen ins Bild ein.

HÄNDE AUF DEN HÜFTEN

1

Beginnen Sie die erste Skizze der Figur mit einer Lotlinie. also einer Senkrechten, die durch den Schwerpunkt verläuft. Sie beginnt in der Halsgrube.

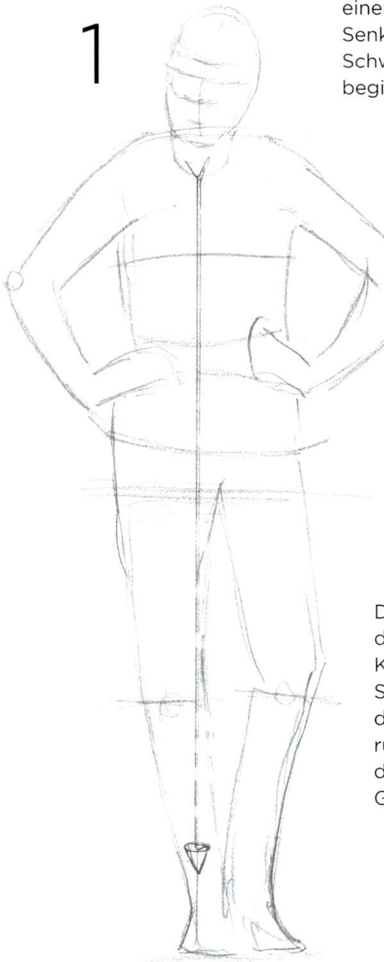

Die Lotlinie endet direkt über dem Knöchel des Standbeins, auf dem das Gewicht ruht. So bleibt die Figur im Gleichgewicht.

2

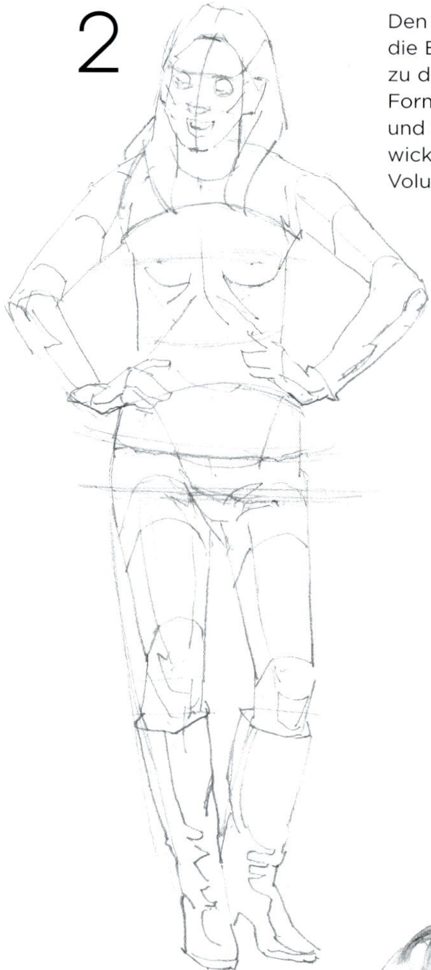

Den Kopf, die Arme und die Beine aus Umrissen zu dimensionalen Formen wie Quadern und Zylindern entwickeln, um der Figur Volumen zu verleihen.

3

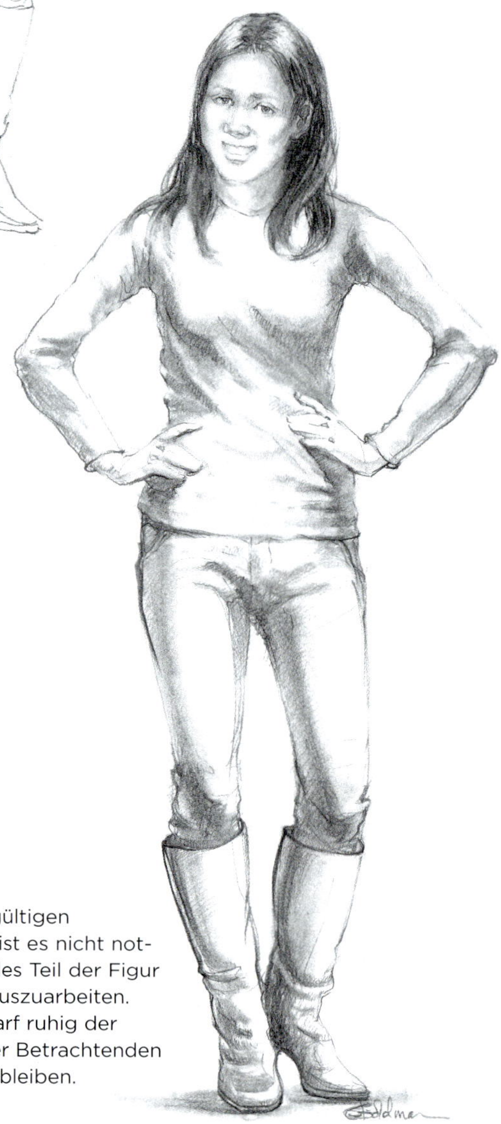

In der endgültigen Zeichnung ist es nicht notwendig, jedes Teil der Figur detailliert auszuarbeiten. Manches darf ruhig der Fantasie der Betrachtenden überlassen bleiben.

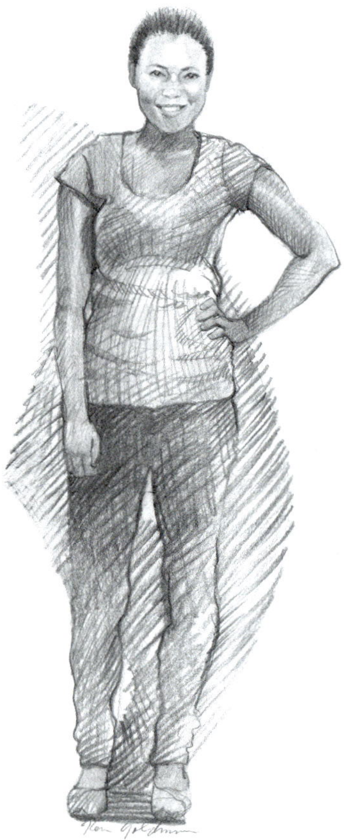

Eie statische Haltung wirkt dynamischer, wenn eine Hand auf der Hüfte ruht.

VERSCHRÄNKTE ARME

1

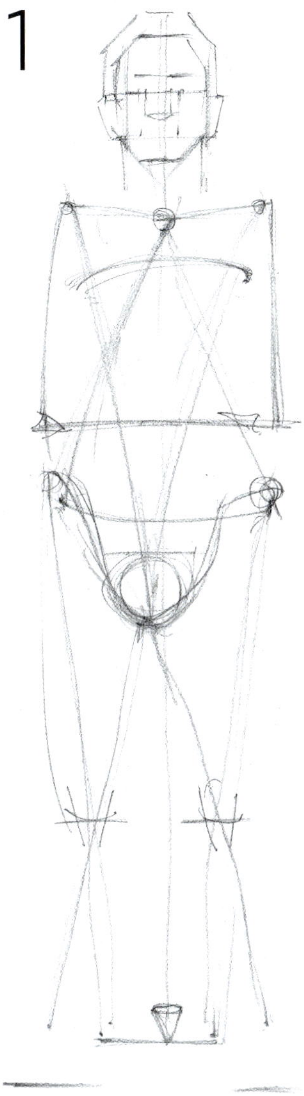

Für eine Haltung dieser Art skizzieren Sie zunächst leicht eine kastenförmige Form für die Arme. Konstruieren Sie zwei gegenüberliegende Dreiecke für den Rumpf und markieren Sie die Position der Schultern, des Schrittes und der Knie. Auch die Positionen der Gesichtszüge sollten bereits grob festgelegt werden.

2

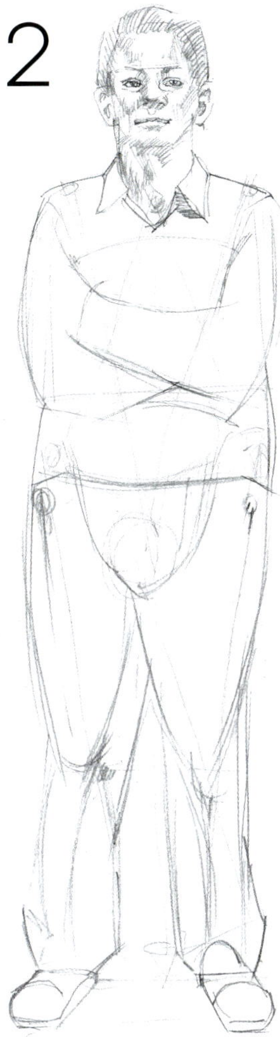

Konzentrieren Sie sich darauf, die richtigen Winkel zu finden und mit zarten Strichen zu skizzieren. Es sind gar nicht so viele Striche nötig, um einen Mann mit verschränkten Armen zu Papier zu bringen.

3

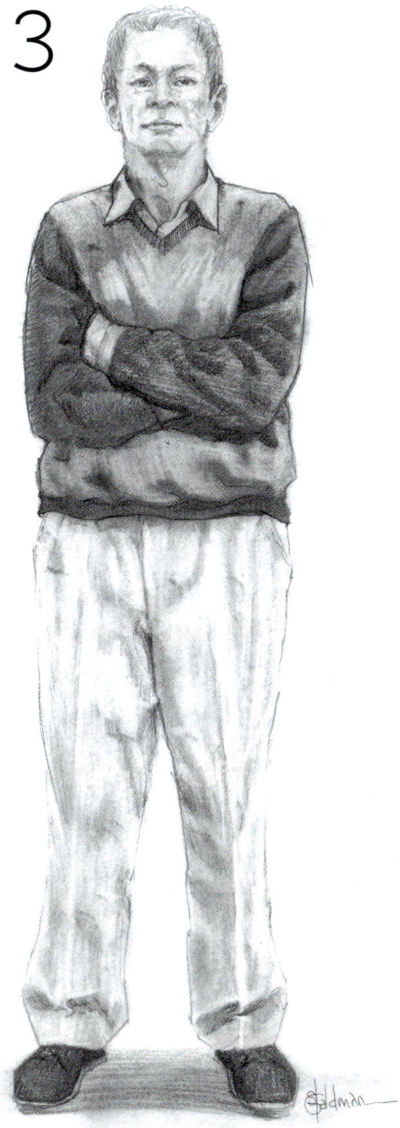

Obwohl die ersten Konstruktionslinien während der Ausarbeitung verdeckt werden, sollten Sie sich bewusst machen, wie wichtig diese vorherigen Striche für die Proportionen von Rumpf, Schritt und Knien waren. Alle Details beruhen letztlich auf einer soliden Grundkonstruktion.

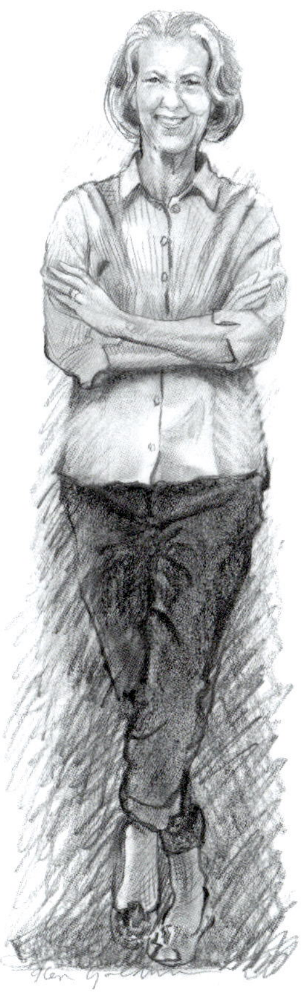

Um mehr Aufmerksamkeit auf den Oberkörper zu lenken, schraffieren Sie die Hose und deren Hintergrund dunkler. Die Haltung der Beine muss trotzdem erkennbar bleiben.

BLICK ÜBER DIE SCHULTER

1

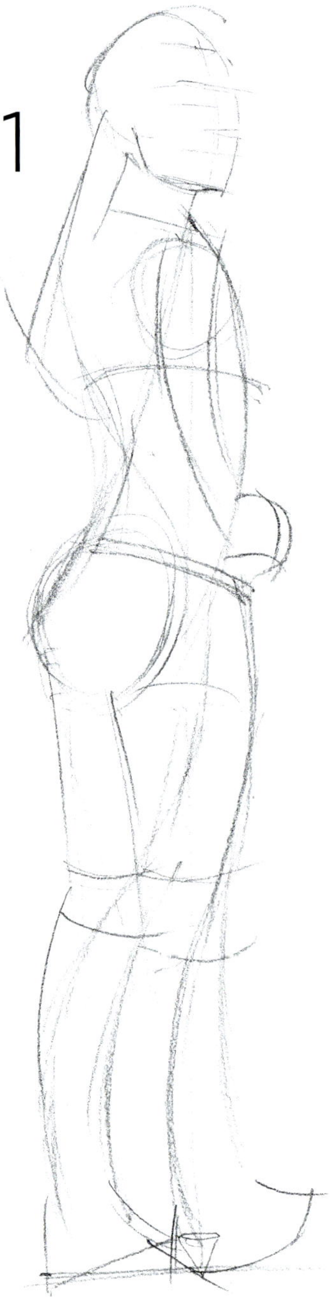

In dieser Haltung sind Arm und Schuhe der Figur perspektivisch verkürzt. Achten Sie beim Zeichnen vor allem auf den negativen Raum, der sie umgibt.

2

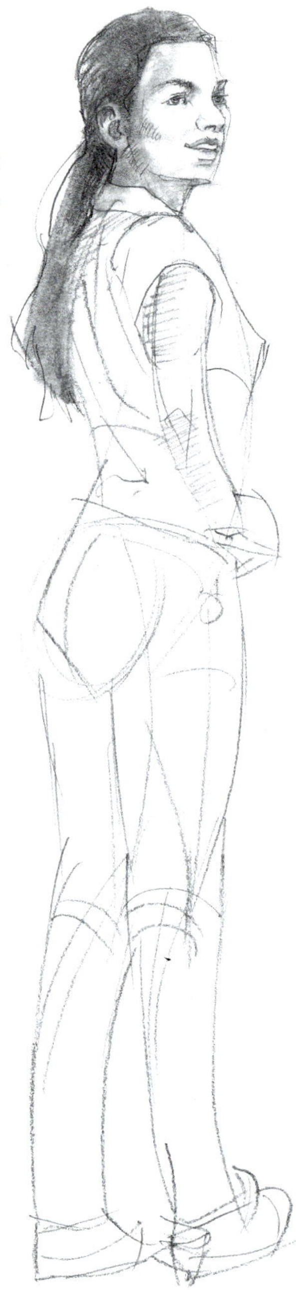

Nachdem die Figur sorgfältig vorgezeichnet wurde, arbeiten Sie zuerst den Kopf aus. Die dunklen Farbtöne in den Haaren und Augen bestimmen die Tonwerteskala für den Rest der Zeichnung.

3

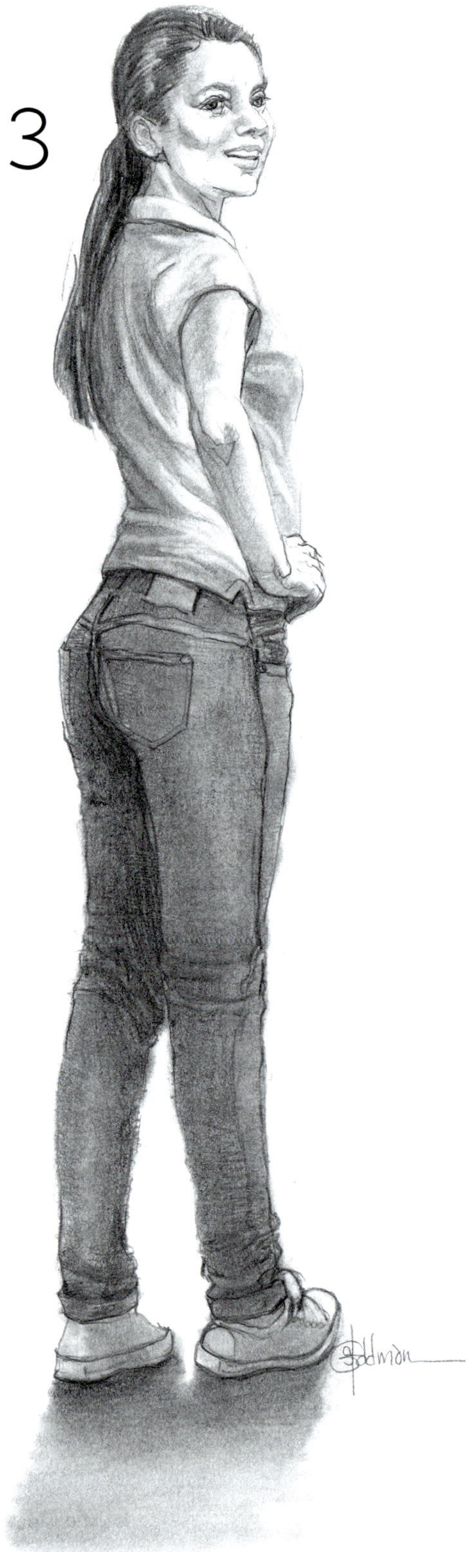

Wenn Sie die negativen Formen zu Beginn genau zeichnen, lassen sie sich später durch Details und Schattierungen in glaubwürdige dreidimensionale Formen verwandeln.

SEITENANSICHT

1

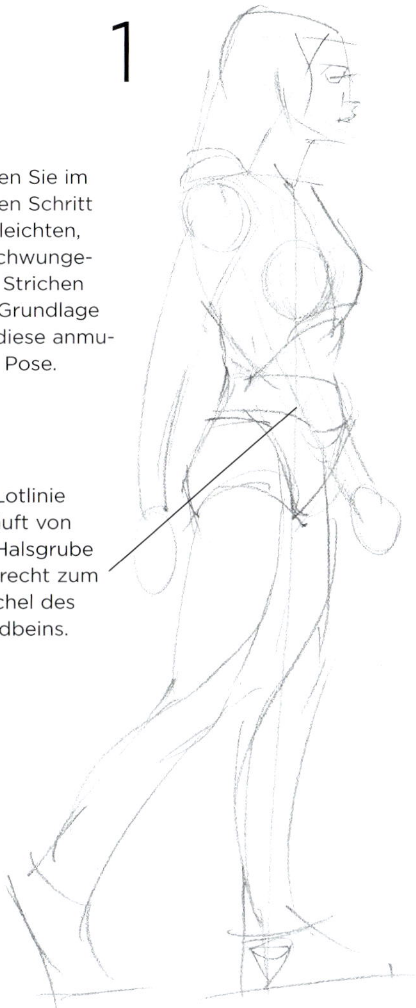

Legen Sie im ersten Schritt mit leichten, geschwungenen Strichen die Grundlage für diese anmutige Pose.

Die Lotlinie verläuft von der Halsgrube senkrecht zum Knöchel des Standbeins.

2

Arbeiten Sie zuerst den Kopf aus. Der Körper folgt danach.

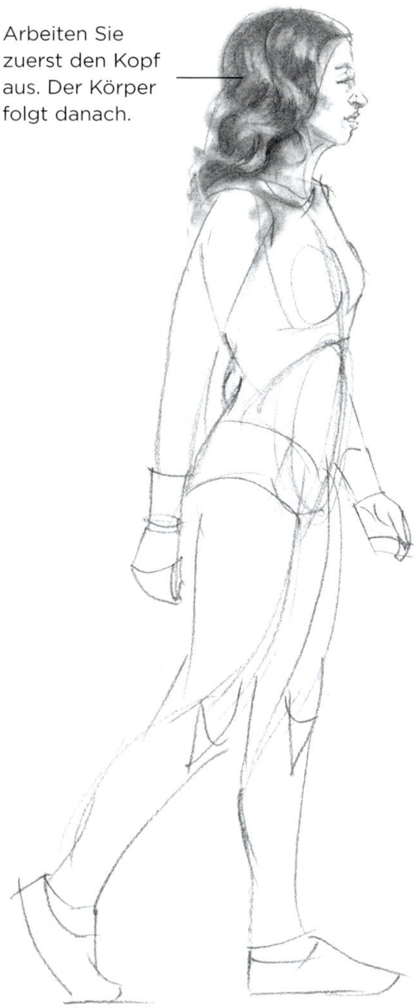

Sobald Sie sich über die Kopfgröße im Klaren sind, wird der Kopf zum Maßstab für alle weiteren Körpermaße.

3

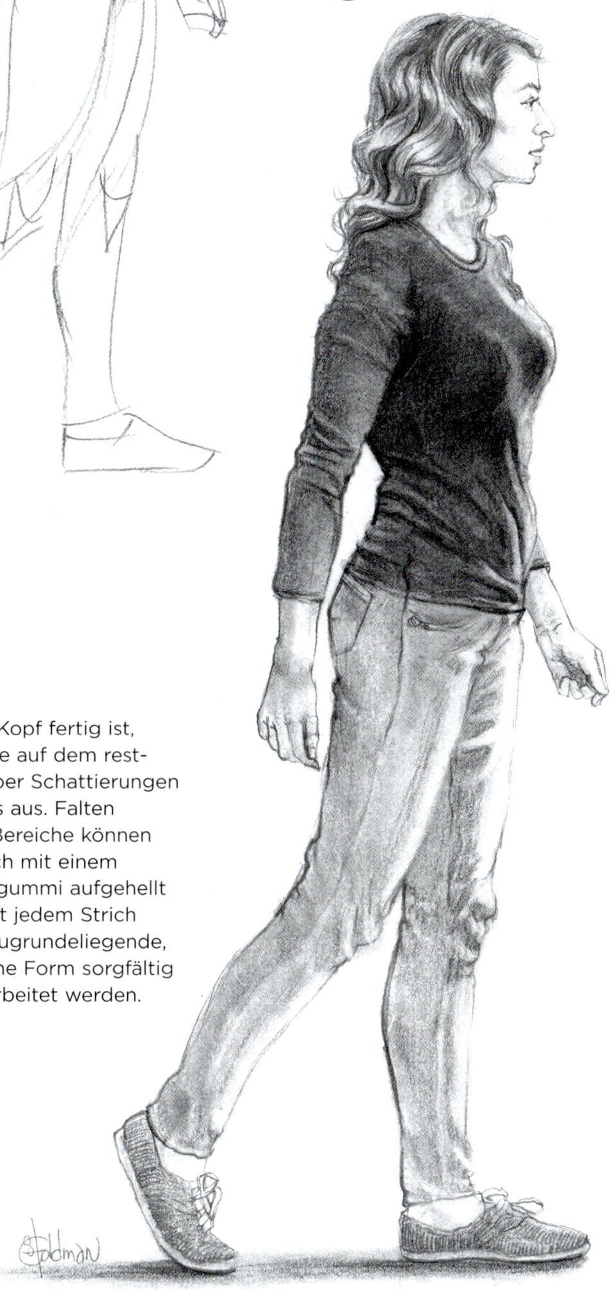

Wenn der Kopf fertig ist, arbeiten Sie auf dem restlichen Körper Schattierungen und Details aus. Falten und helle Bereiche können nachträglich mit einem Knetradiergummi aufgehellt werden. Mit jedem Strich muss die zugrundeliegende, anatomische Form sorgfältig herausgearbeitet werden.

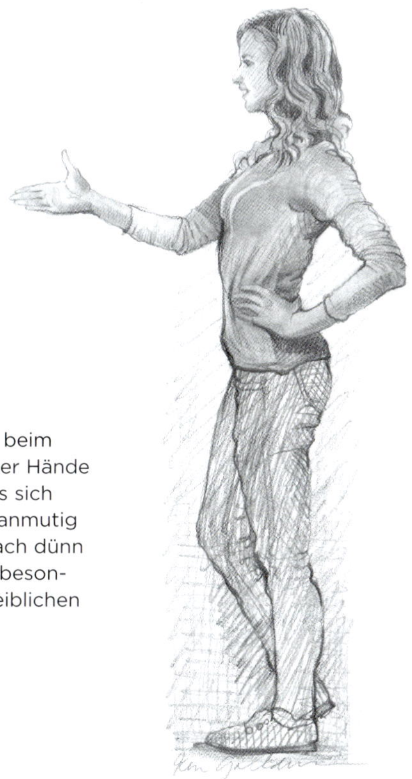

Achten Sie beim Zeichnen der Hände darauf, dass sich die Finger anmutig von dick nach dünn verjüngen, besonders bei weiblichen Figuren.

VORGEBEUGT

1

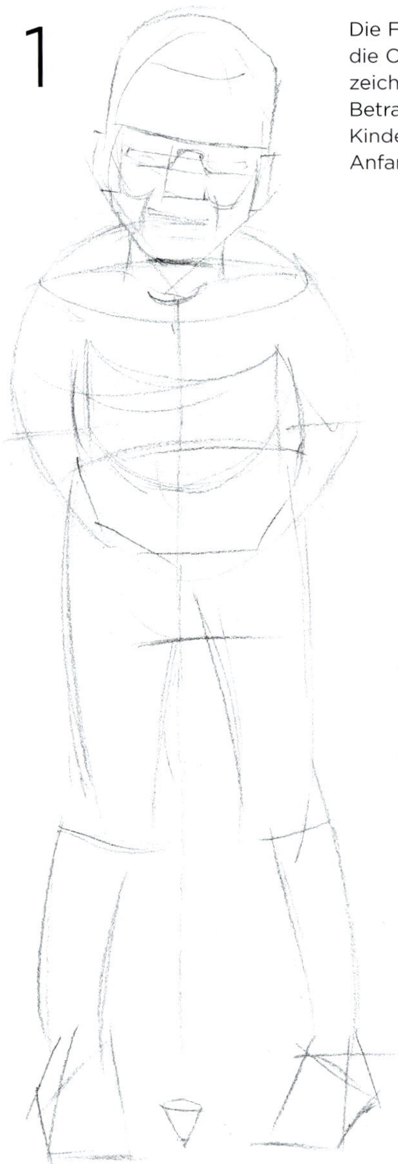

Die Füße als dreieckige Keile und die Oberseite der Schultern als Oval zeichnen. Da die Augenhöhe des Betrachters höher ist als die des Kindes, muss die Perspektive von Anfang an stimmen.

2

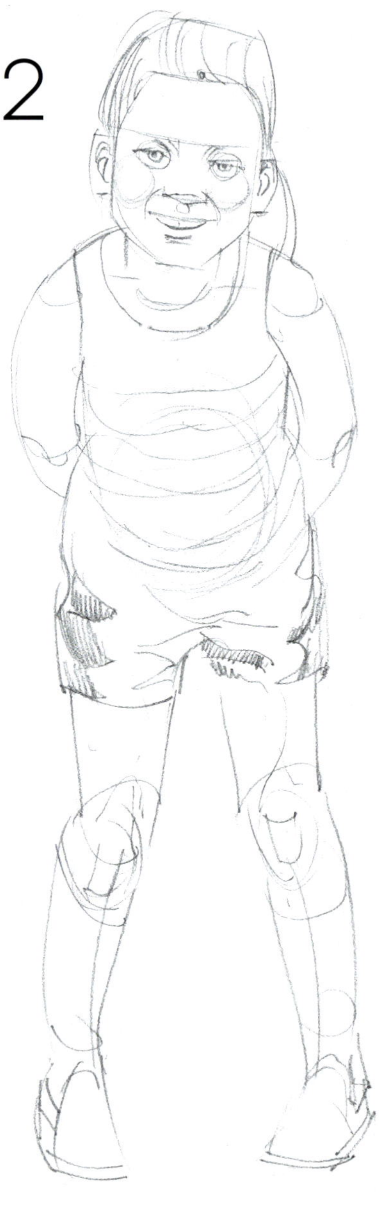

Augen, Wangen und Mund zuerst als Kreise auf den Konstruktionslinien skizzieren.

3

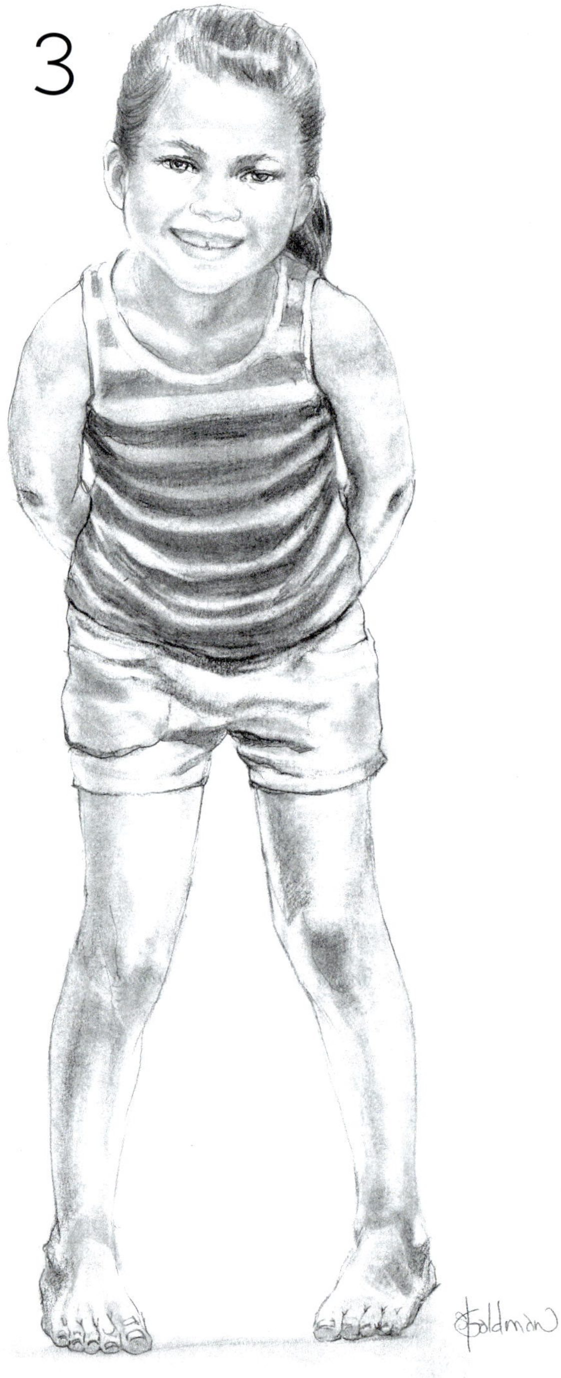

Verwenden Sie einen 2B-Bleistift, einen Radiergummi und einen Tortillon, um aus den Kreisen detailliert Augen, Wangen, Nase und Mund zu entwickeln. Achten Sie darauf, wie die gekrümmt erscheinenden Streifen auf dem Shirt den Eindruck der Vogelperspektive verstärken.

EIN SCHRITT VORWÄRTS

1

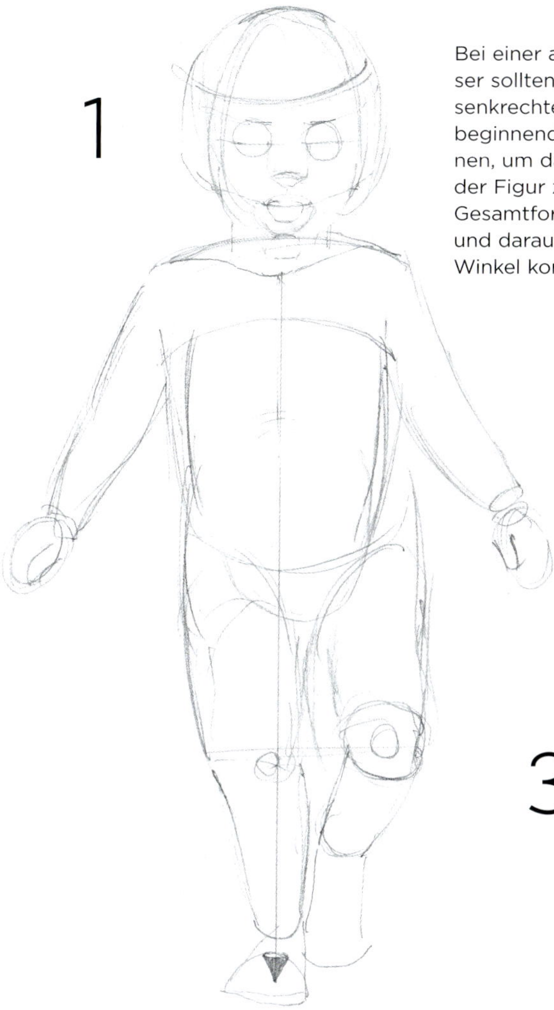

Bei einer aktiven Pose wie dieser sollten Sie zunächst eine senkrechte, an der Halsgrube beginnende Lotlinie zeichnen, um das Gleichgewicht der Figur zu finden. Dann die Gesamtform zart skizzieren und darauf achten, dass alle Winkel korrekt sind.

2

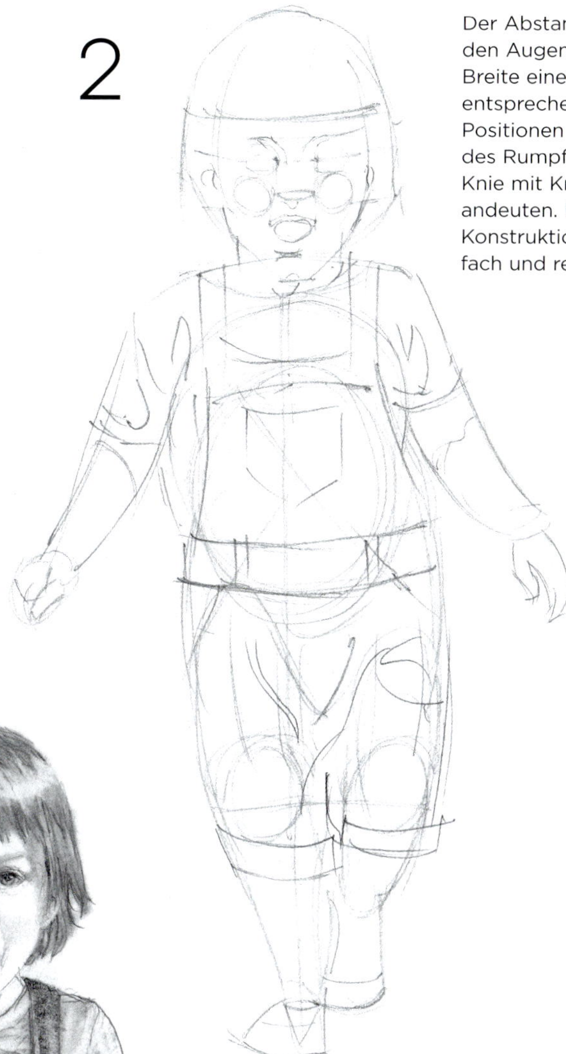

Der Abstand zwischen den Augen sollte der Breite eines Auges entsprechen. Die Positionen der Wangen, des Rumpfs und der Knie mit Kreisen leicht andeuten. Noch sind alle Konstruktionslinien einfach und relativ gerade.

3

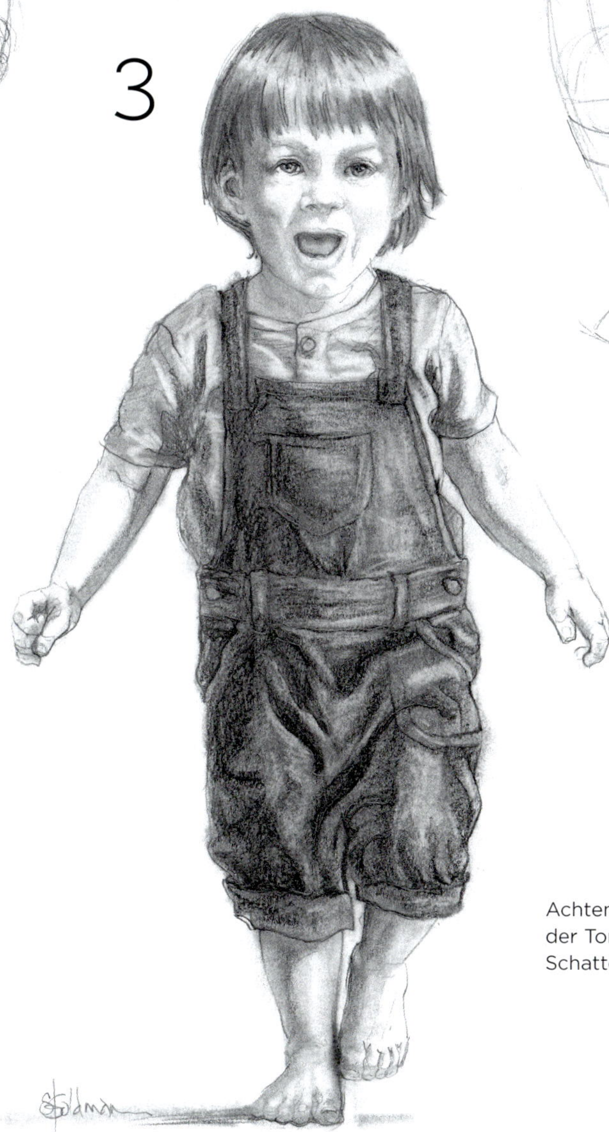

Achten Sie bei der Ausarbeitung der Tonwerte genau auf die Schatten und Lichter.

ENTSPANNTE HALTUNGEN

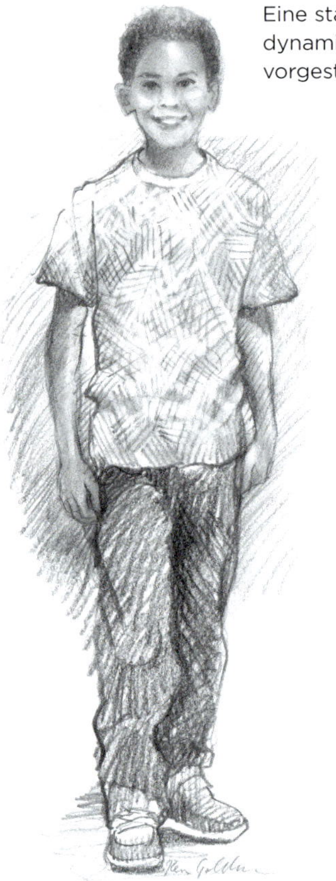

Eine statische Pose wirkt schon dynamischer, wenn nur ein Fuß vorgestellt wird.

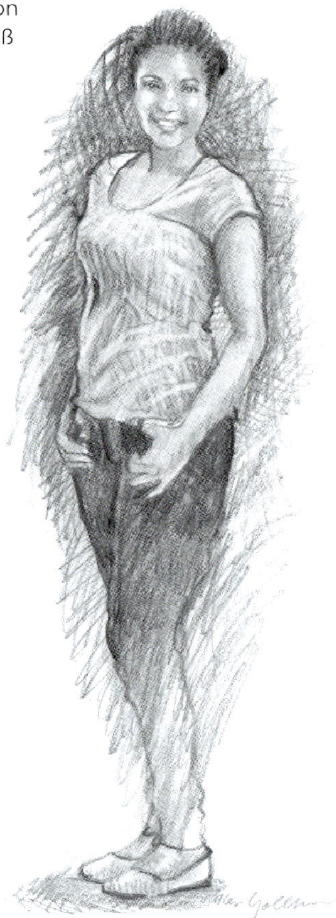

Das Lächeln dieses Modells ist es wert, hervorgehoben zu werden. Wenn ihr dunkles Haar mit dem Hintergrund verschmilzt, kommt ihr Lächeln besser zur Geltung.

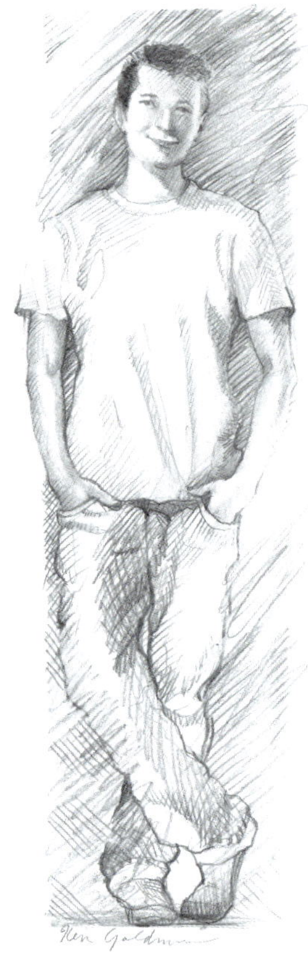

Diese lässige Haltung wirkt interessanter durch die verschiedenen Strichrichtungen und die doppelte Kontur des hinteren Beins.

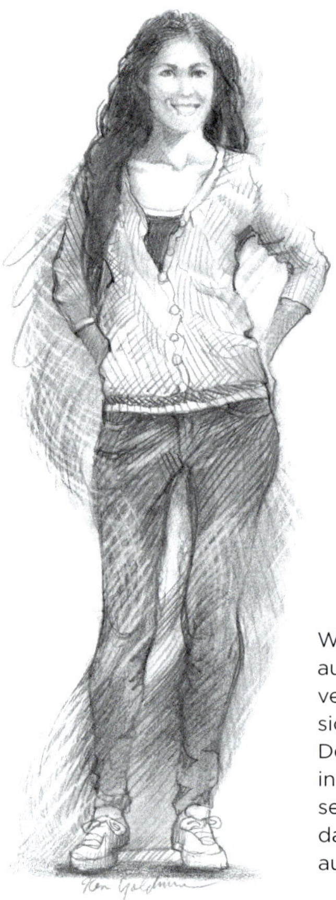

Wenn das Gewicht auf das linke Bein verlagert wird, hebt sich die linke Hüfte. Der Rumpf neigt sich in die entgegengesetzte Richtung, um das Gleichgewicht aufrechtzuerhalten.

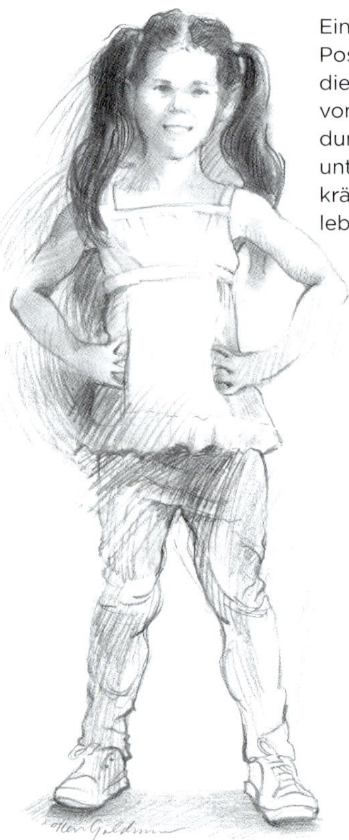

Eine statische Pose wirkt durch die Verwendung von hellen und dunklen Linien mit unterschiedlichen, kräftigen Strichen lebendiger.

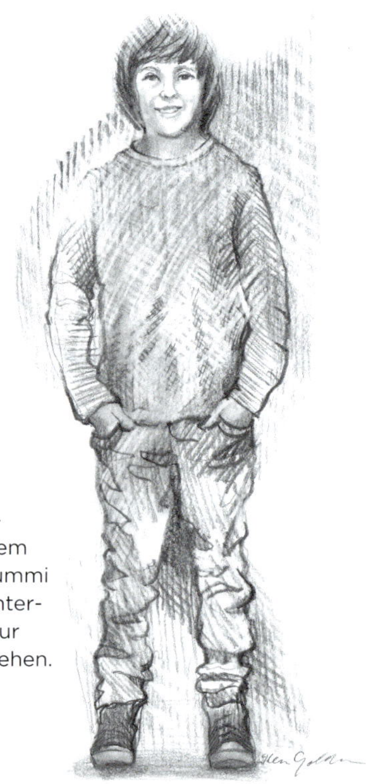

Hier sorgen schräge Striche mit einem Kunststoffradiergummi dafür, dass der Hintergrund und die Figur interessanter aussehen.

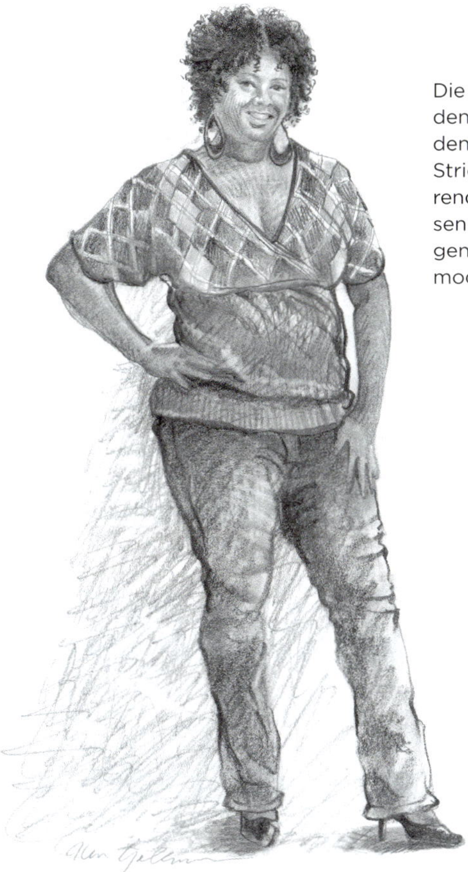

Die Strichrichtung sollte den Formen folgen. Auf den Wangen verlaufen die Striche senkrecht. während Rumpf und Brust mit senkrechten und schrägen Radiergummistrichen modelliert werden.

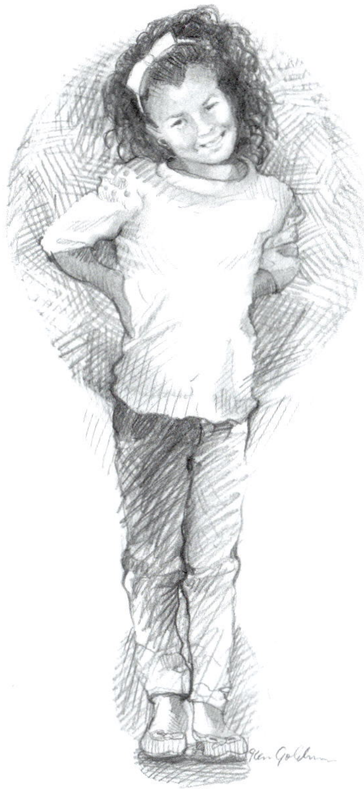

Durch die Neigung des Kopfs wirkt dieses Mädchen selbstbewusst und etwas frech. Der kreisförmig schraffierte Hintergrund betont ihre gerade, aufrechte Haltung.

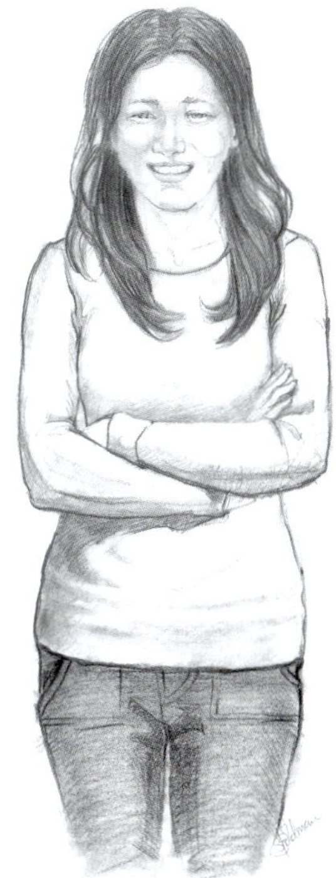

Hier gibt es starke Schlagschatten unter den Armen. Grundsätzlich werden Schlagschatten zu den Rändern hin immer heller und weicher.

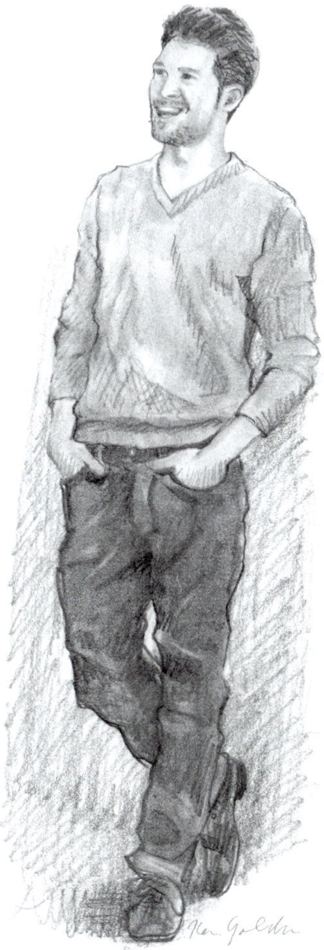

Eine große Bandbreite heller und dunkler Tonwerte sorgt für visuelle Spannung.

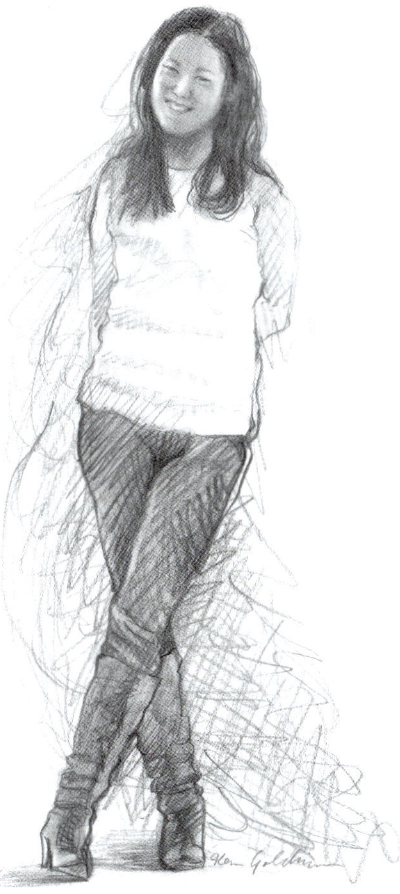

Die gekreuzten Beine und der extreme Kontrast zwischen dem dunklen Haar und dem weißen Shirt des Modells geben diesem Motiv seine besondere Dynamik.

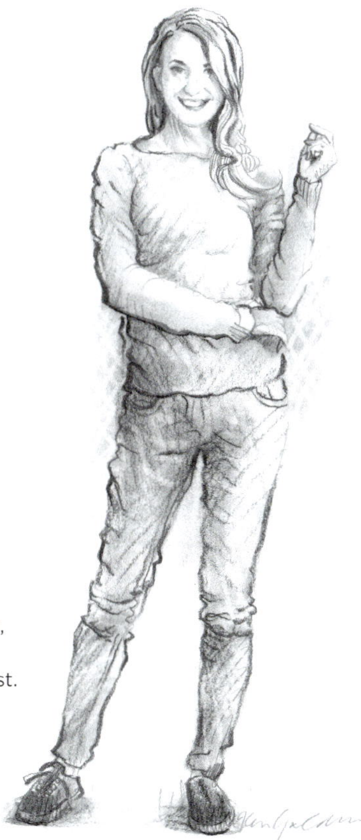

Diese Pose ist interessant, weil jeder Arm und jedes Bein anders positioniert ist. Verschiedene Arten von Bleistiftstrichen schaffen zusätzlich Abwechslung.

SITZENDE POSEN

Der Kopf wird meist durch Hilfslinien in Drittel geteilt – vom Kinn bis zur Nase, von der Nase bis zur Augenbraue und von der Augenbraue bis zum Haaransatz. Die Augen liegen etwa in der Mitte zwischen Oberkopf und Kinnspitze. Senkrechte Lotlinien führen von den Seiten des Kopfs zu den Händen, und auf Kniehöhe wird eine weitere Hilfslinie gezogen.

AUF DEM BODEN

1

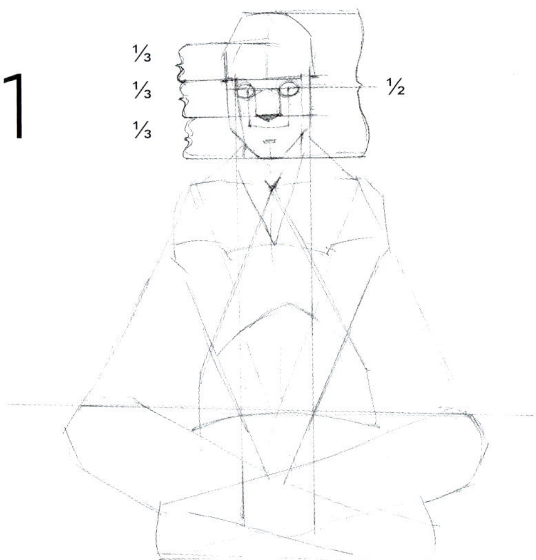

2

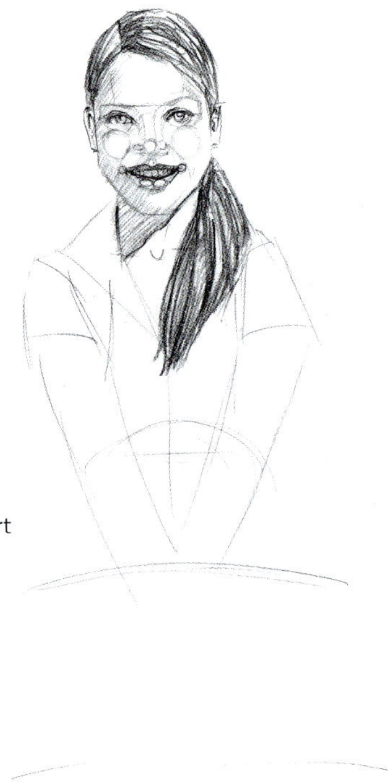

Zuerst den Kopf ausarbeiten. Wenn seine Proportionen festgelegt sind, kann er als Richtmaß verwendet werden, damit der Rest des Körpers natürlich und gut proportioniert aussieht.

3

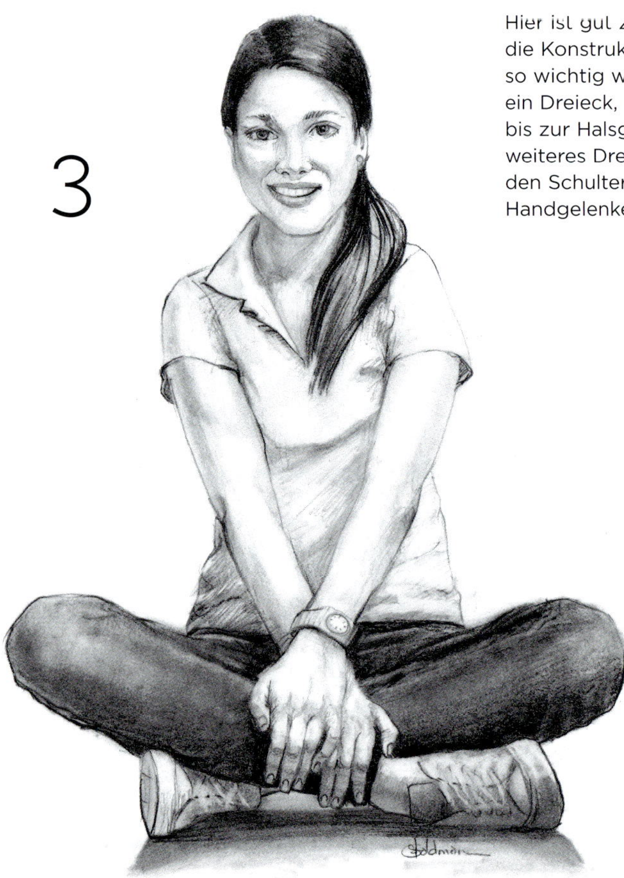

Hier ist gut zu erkennen, warum die Konstruktion im ersten Schritt so wichtig war. Die Arme bilden ein Dreieck, das vom Shirtsaum bis zur Halsgrube reicht. Ein weiteres Dreieck verläuft von den Schultern zu den inneren Handgelenken.

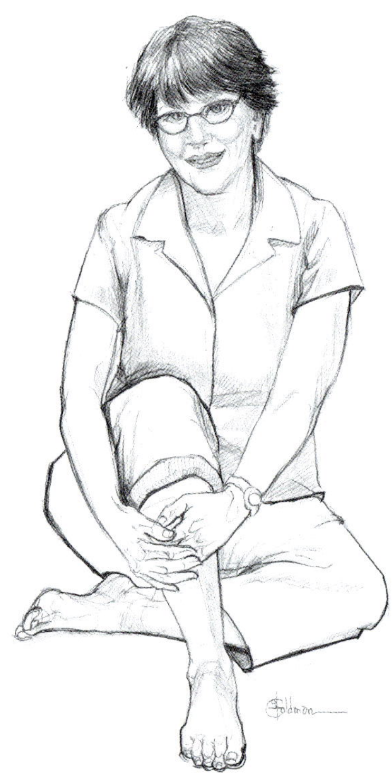

Die Zeichnung wirkt ansprechender, wenn Sie Stärken und Tonwerte der Striche variieren.

AUF EINER BANK

1

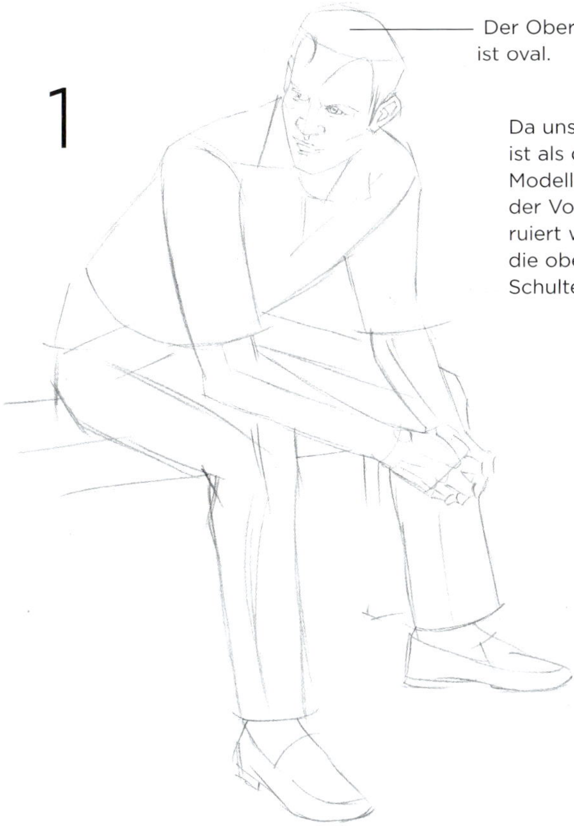

Der Oberkopf ist oval.

Da unsere Augenhöhe höher ist als die des sitzenden Modells, muss der Körper in der Vogelperspektive konstruiert werden. Hier sehen Sie die oberen Ebenen von Kopf, Schultern, Armen und Beinen.

2

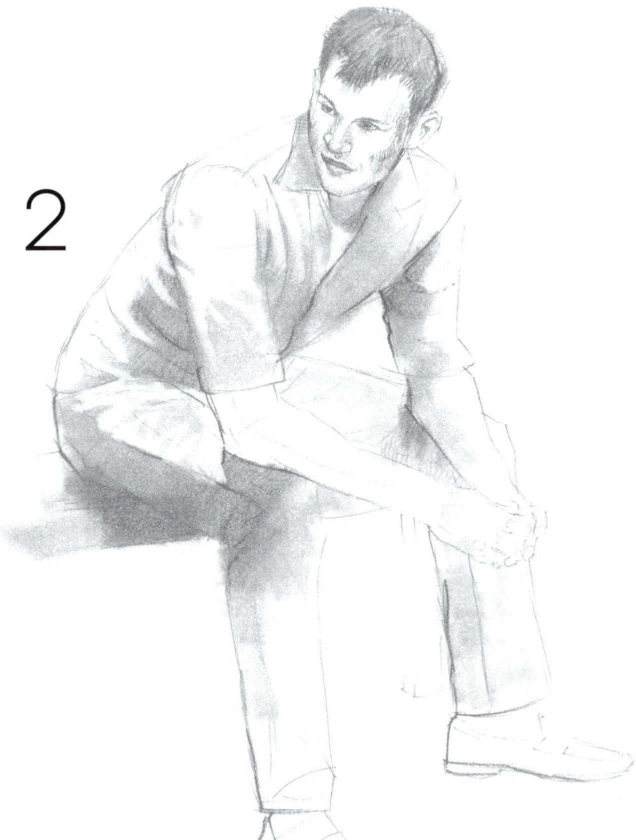

Große Schattenbereiche nicht in kleine, separate Flächen aufteilen. Der Kopf, die Vorderseite des Rumpfs und die Unterseite der Beine sollten als eine zusammenhängende Masse behandelt werden. Nach dem Schraffieren mit einem Tortillon weich verwischen.

3

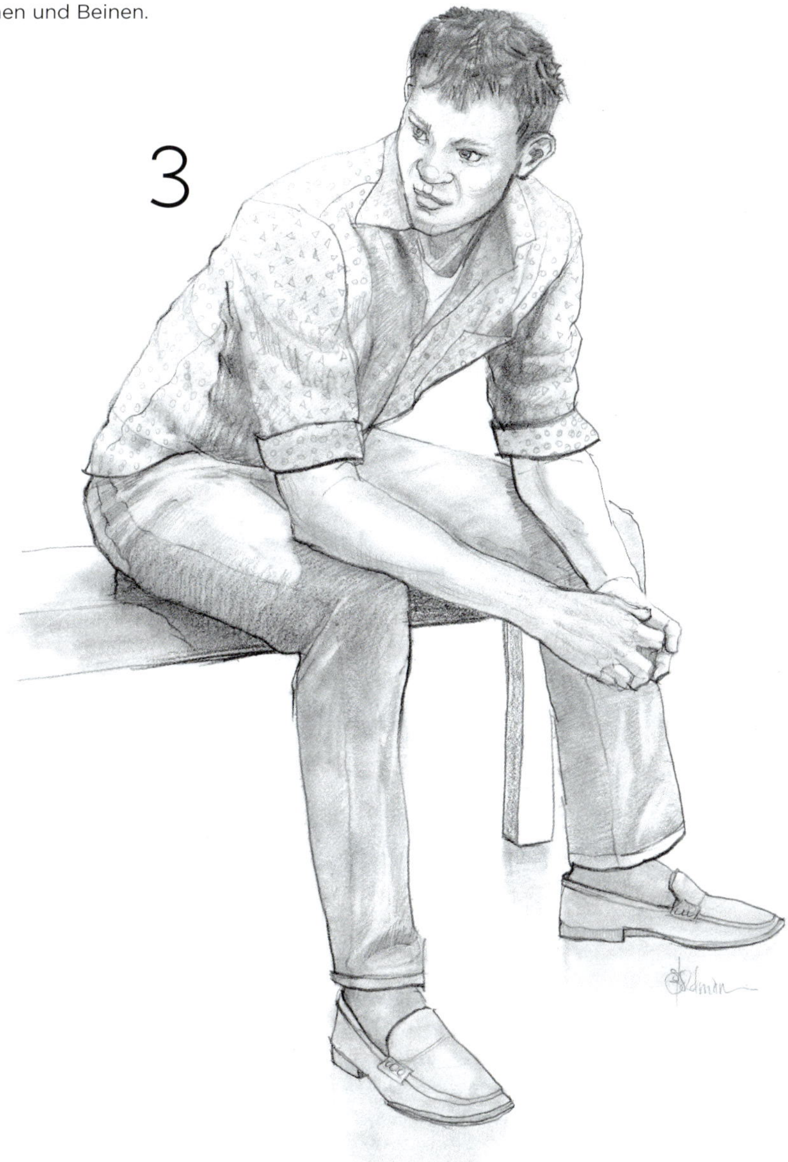

Wegen der perspektivischen Verkürzung des Kopfs liegen die Gesichtszüge auf einer gedachten, gekrümmten Konstruktionslinie. Die Unterlippe sieht voller aus, die Nase wirkt länger und die Stirn erscheint größer. Auch die Ohren liegen höher als die Brauenlinie.

AUF EINEM HOCKER

1

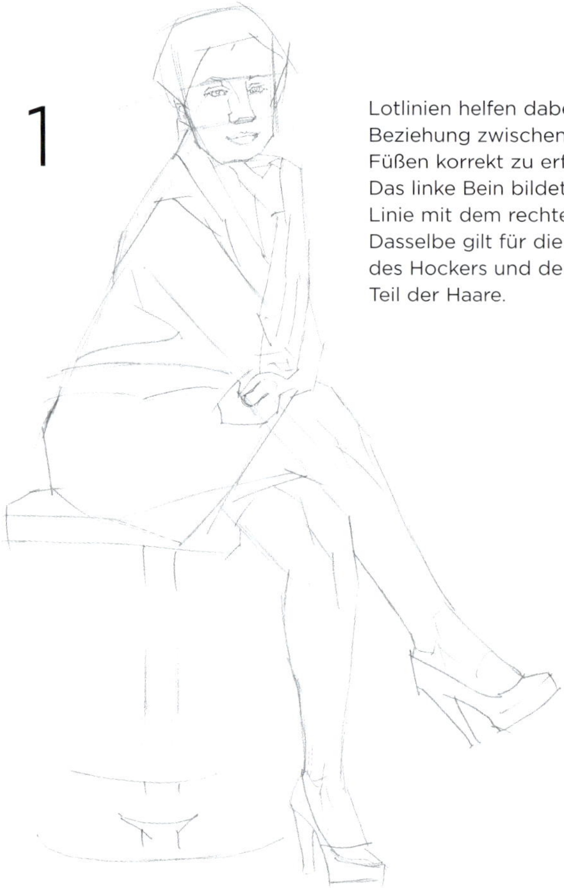

Lotlinien helfen dabei, die Beziehung zwischen Kopf und Füßen korrekt zu erfassen. Das linke Bein bildet eine Linie mit dem rechtem Arm. Dasselbe gilt für die Stange des Hockers und den hinteren Teil der Haare.

2

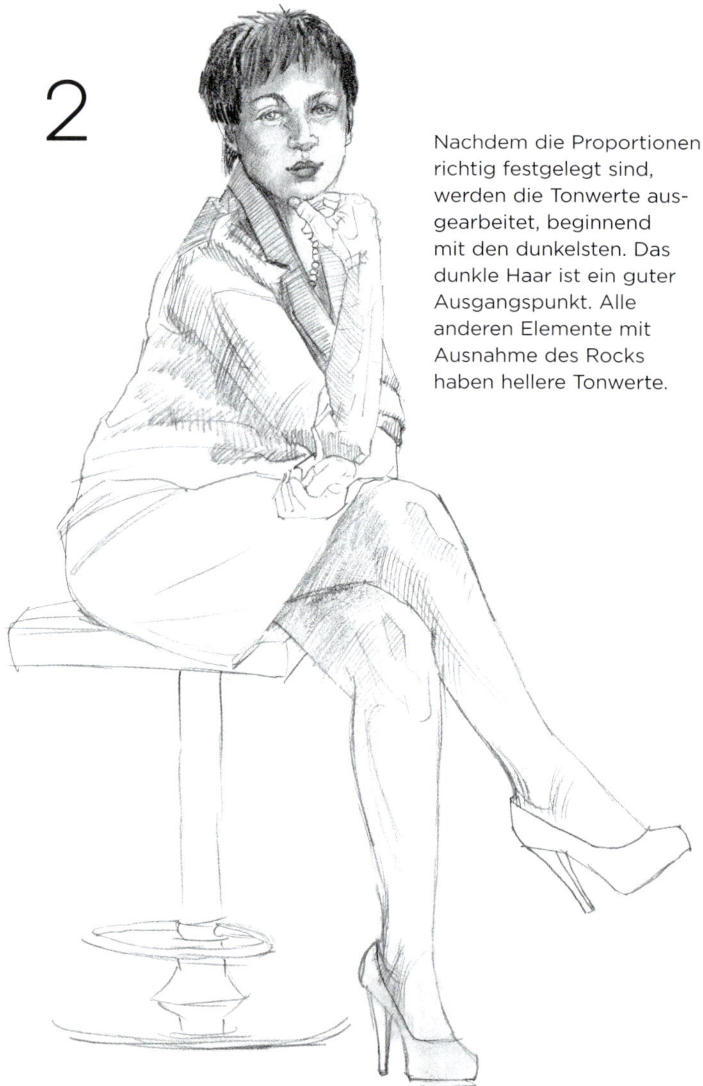

Nachdem die Proportionen richtig festgelegt sind, werden die Tonwerte ausgearbeitet, beginnend mit den dunkelsten. Das dunkle Haar ist ein guter Ausgangspunkt. Alle anderen Elemente mit Ausnahme des Rocks haben hellere Tonwerte.

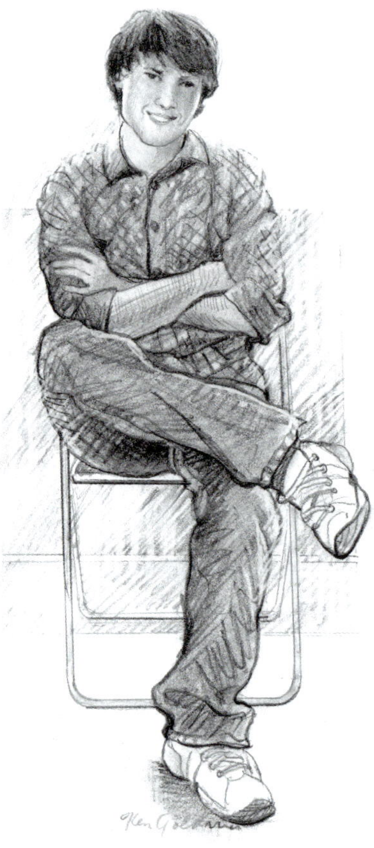

Von seinem geneigten Kopf und den verschränkten Armen bis hin zu den gekreuzten Beinen und den lockeren Hosenfalten wirkt alles an der Pose dieses jungen Mannes lässig und entspannt.

3

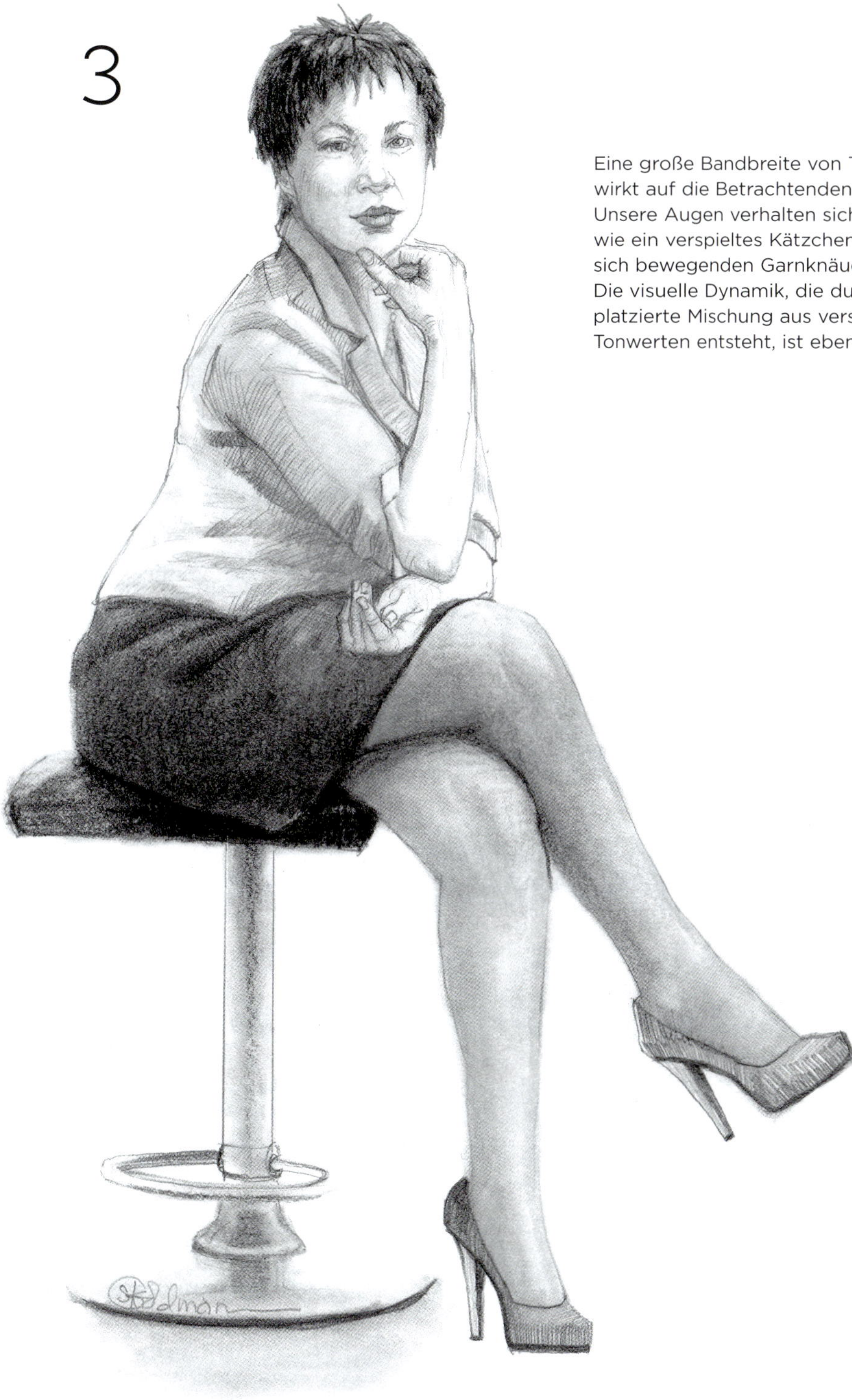

Eine große Bandbreite von Tonwerten wirkt auf die Betrachtenden ansprechend. Unsere Augen verhalten sich ähnlich wie ein verspieltes Kätzchen, das einem sich bewegenden Garnknäuel nachjagt. Die visuelle Dynamik, die durch eine gut platzierte Mischung aus verschiedenen Tonwerten entsteht, ist ebenso anregend.

HAND AUF DEM BODEN

1

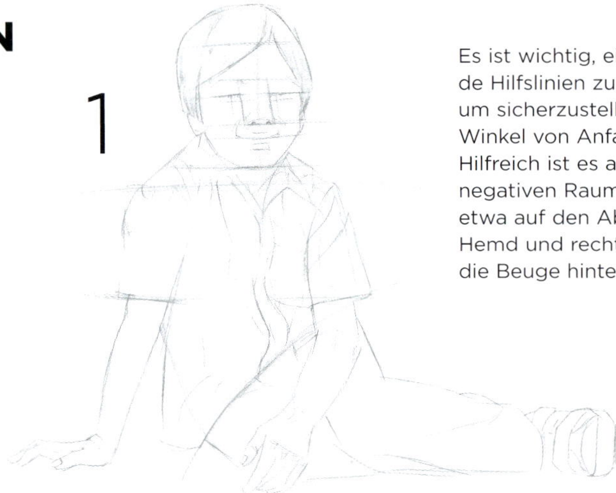

Es ist wichtig, einfache, gerade Hilfslinien zu verwenden, um sicherzustellen, dass alle Winkel von Anfang an stimmen. Hilfreich ist es auch, auf den negativen Raum zu achten, etwa auf den Abstand zwischen Hemd und rechtem Arm oder die Beuge hinter dem Knie.

2

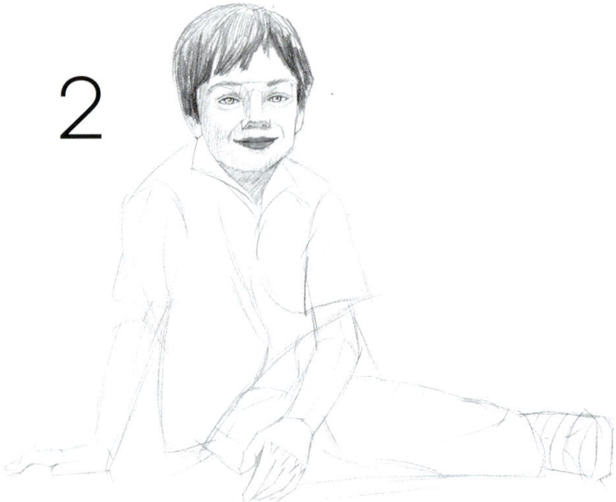

Als Nächstes mit dem Abdunkeln der Haare, der Augen, der Lippen, der Nasenunterseite, der Seite des Kopfs und des Halses beginnen. Die Elemente nicht zu stark ausarbeiten. Noch geht es darum, genaue Beziehungen zwischen den Merkmalen herzustellen.

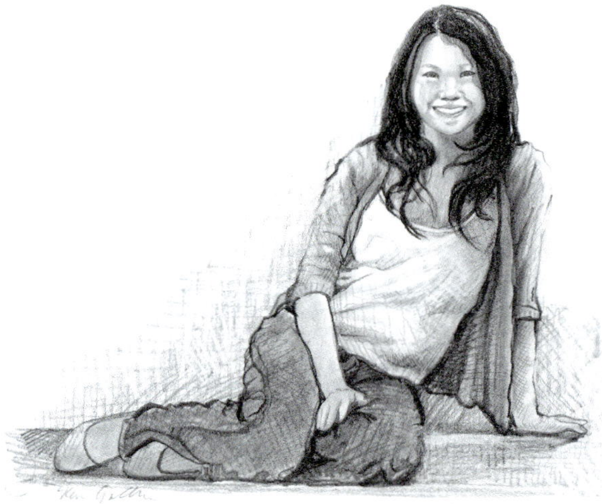

Alle dynamischen Posen beinhalten sowohl aktive als auch passive Elemente. Hier wird die rechte Seite des Rumpfs aktiv gestaucht, während die linke Seite passiv gestreckt ist.

3

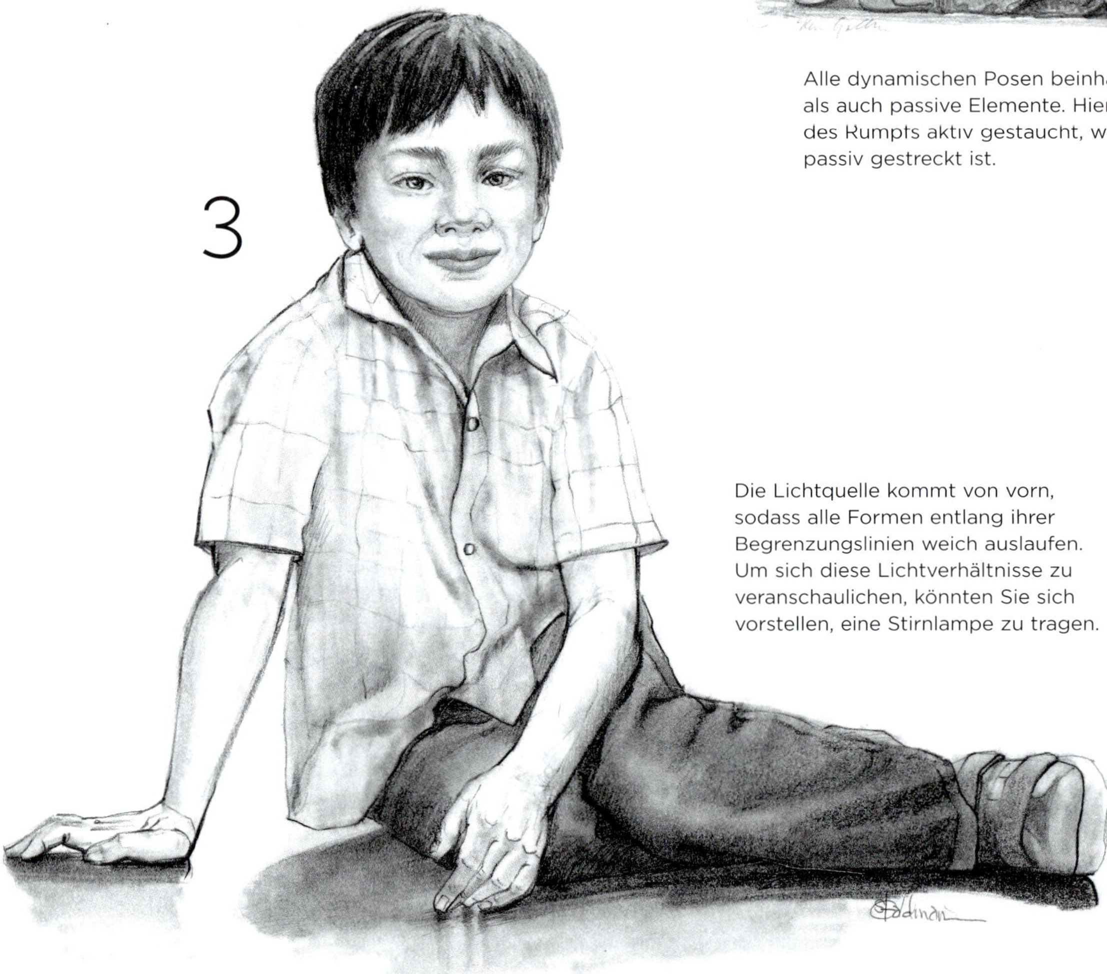

Die Lichtquelle kommt von vorn, sodass alle Formen entlang ihrer Begrenzungslinien weich auslaufen. Um sich diese Lichtverhältnisse zu veranschaulichen, könnten Sie sich vorstellen, eine Stirnlampe zu tragen.

Achten Sie beim Vorzeichnen dieser Figur besonders auf die drei wichtigen Negativformen zwischen den Beinen, dem Arm und dem Bein sowie zwischen dem Unterkörper und dem hinteren Arm.

1

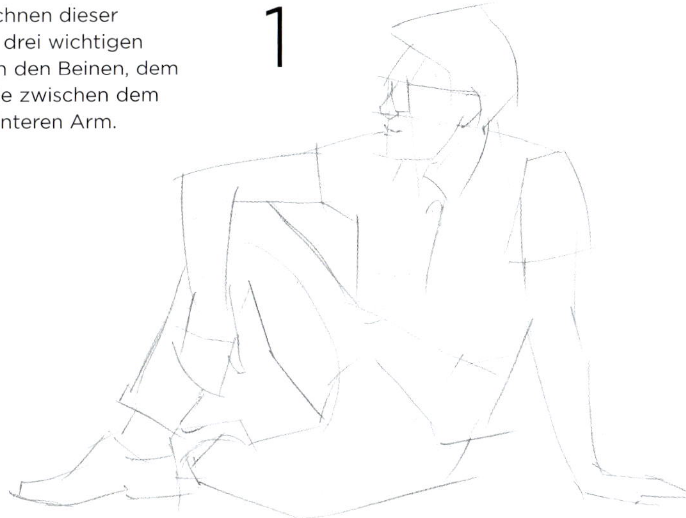

2

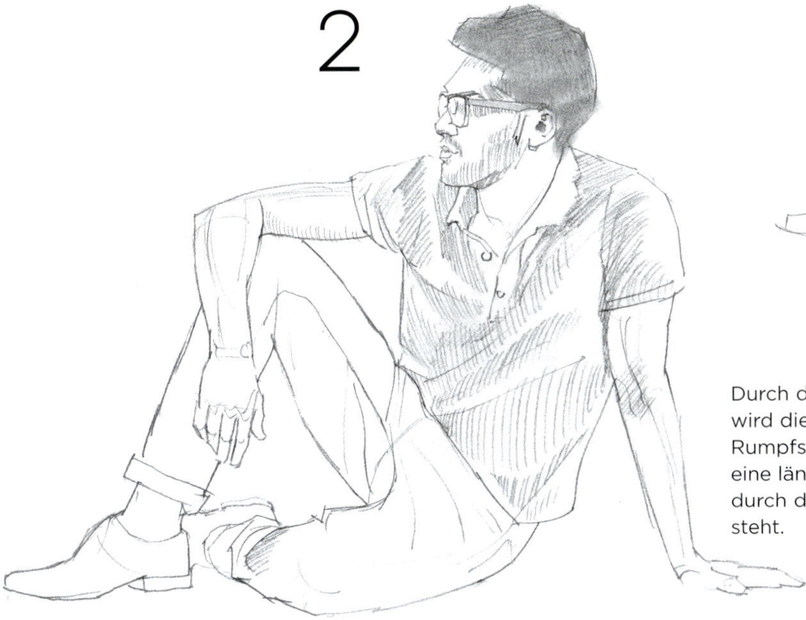

Durch die überlappenden Falten des Shirts wird die zugrundeliegende Struktur des Rumpfs erkennbar. Bei der Hose unterstreicht eine längliche Hauptfalte die Spannung, die durch das hochgezogene Bein im Stoff entsteht.

3

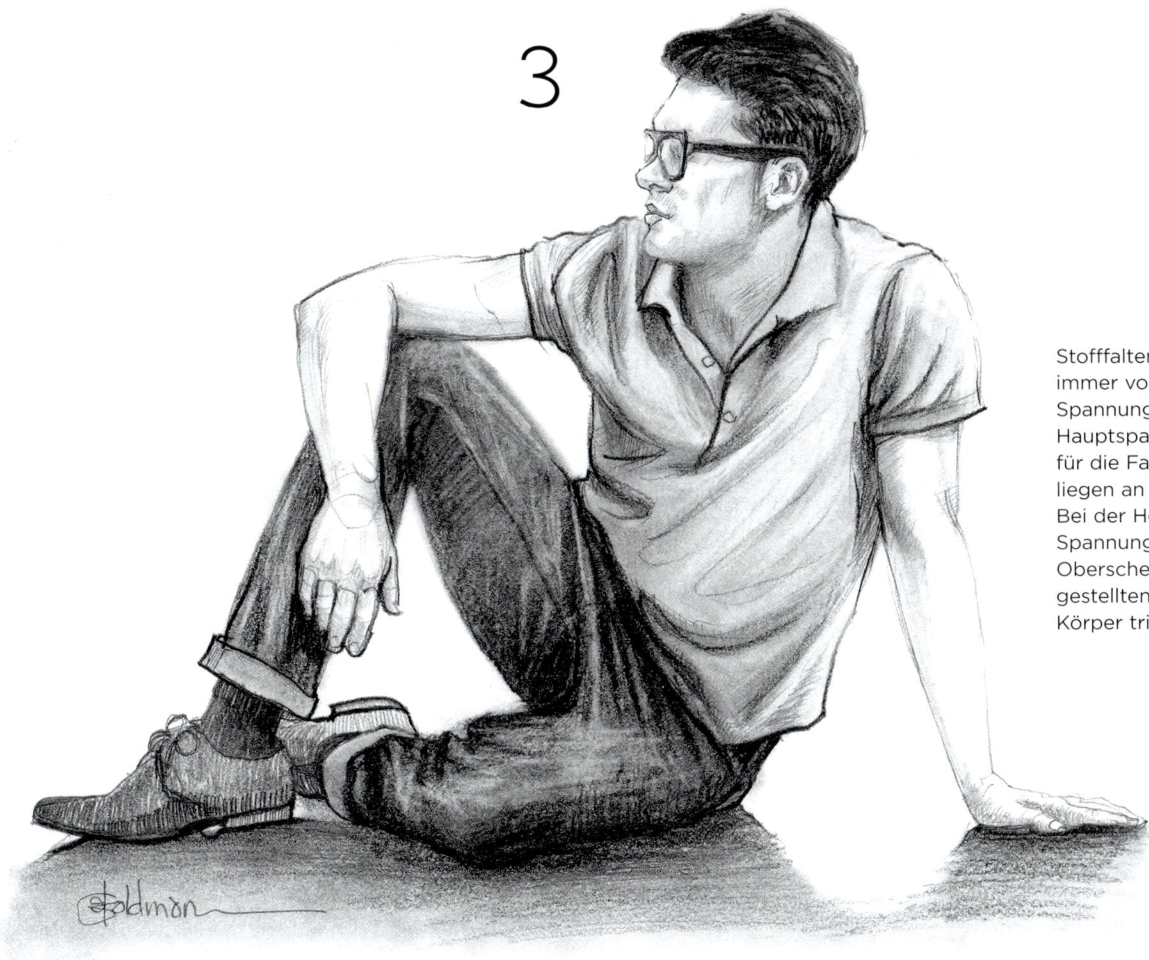

Stofffalten gehen immer von einem Spannungspunkt aus. Die Hauptspannungspunkte für die Falten des Hemds liegen an beiden Schultern. Bei der Hose entsteht die Spannung dort, wo der Oberschenkel des hochgestellten Beins auf den Körper trifft.

SITZENDE KINDER

Diese Pose gewinnt ihren Reiz vor allem durch ansprechende Formen, gute Tonwerte – und durch das niedliche Gesicht! Kleine Details wie die Blumen in ihrem Haar, auf ihrer Hose und auf ihren Schuhen machen die Komposition auch visuell ansprechend.

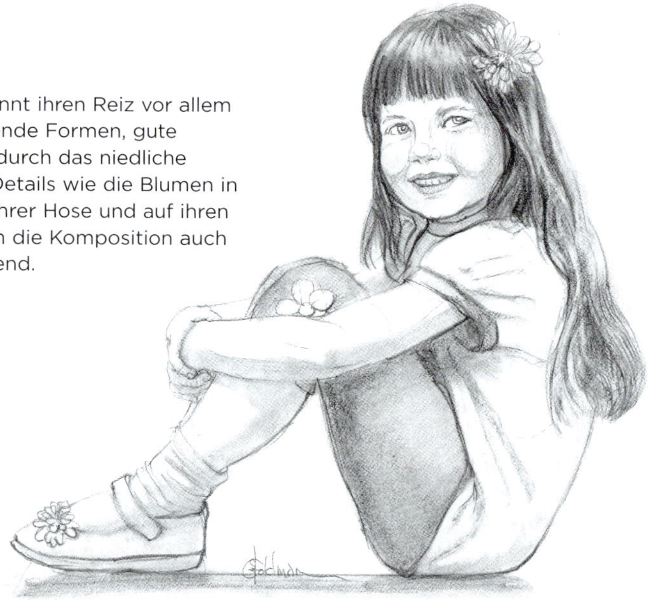

Diese Pose mit leicht geneigtem Kopf und zu den Knien vorgestreckten Armen ist eine gelungene Komposition. Ansatzweise ist zu erkennen, dass die erste Skizze aus geometrischen Grundformen wie Zylindern und Ovalen aufgebaut wurde.

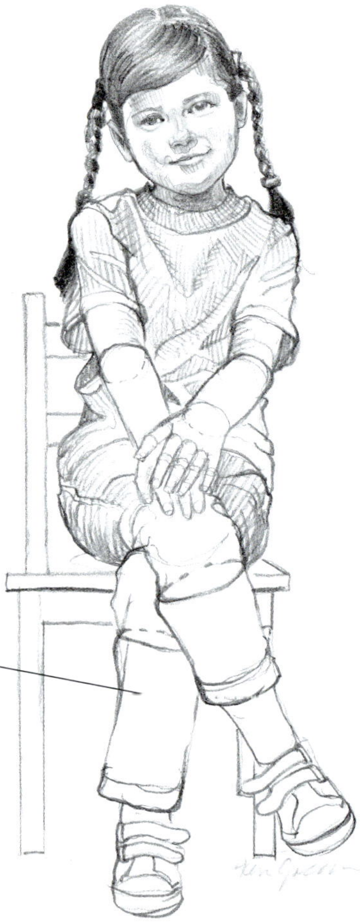

Die perspektivische Verkürzung von Armen, Fingern und Beinen wird bereits im ersten Schritt der Zeichnung festgelegt. Sie gelingt leichter, wenn man die Körperteile auf geometrische Grundformen reduziert.

Das Gewicht, das auf dem Arm des jungen Mädchens lastet, erzeugt eine interessante Dynamik zwischen dem geschwungenen Körper und dem entgegengesetzt geneigten Kopf.

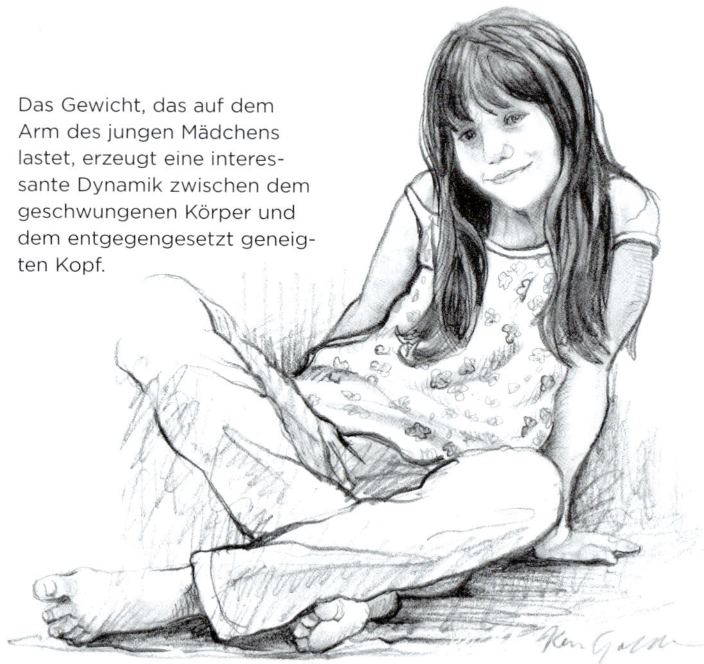

Haare zeichnen

Hell und wellig
Eine Bleistiftspitze über Schleifpapier reiben und das Grafitpulver verwenden, um einen hellen Grauton zu Papier zu bringen. Mit einem Tortillon verwischen. Fügen Sie lange, fließende Linien hinzu, die den weichen Wellen des Haares folgen. Halten Sie die Strähnen im Vordergrund sehr hell, um die Farbe des Haares zu betonen..

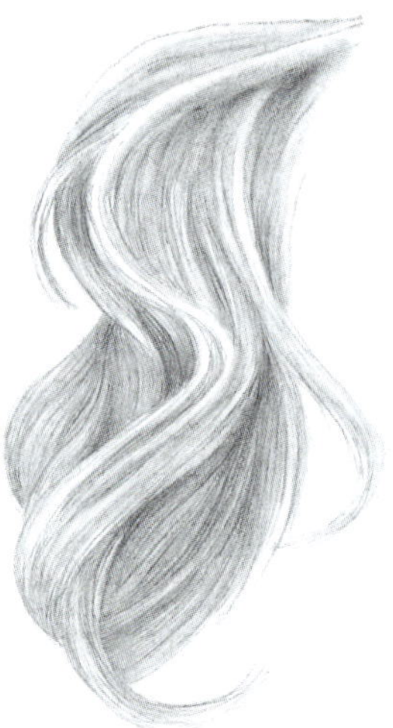

Dunkel und wellig
Zuerst die wichtigsten, geschwungenen Haarformen zeichnen, dann etwas Grafitpulver auf das Papier geben und mit der Spitze eines 2B-Bleistifts Wellenlinien ziehen. Einen Bleistift 4B für die dunkelsten Tonwerte verwenden, zum Aufhellen der im Licht liegenden Strähnen einen Knetradiergummi verwenden.

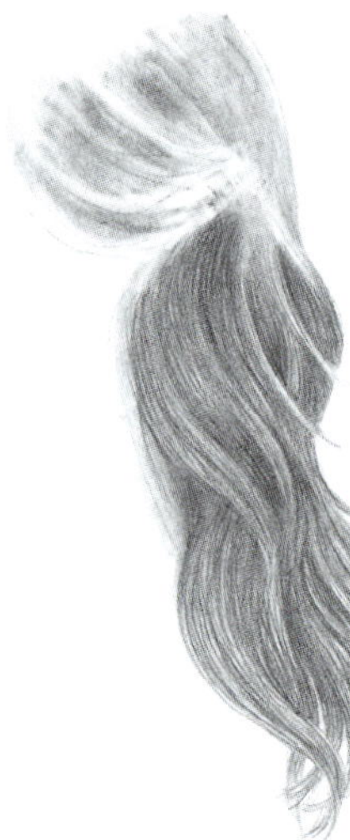

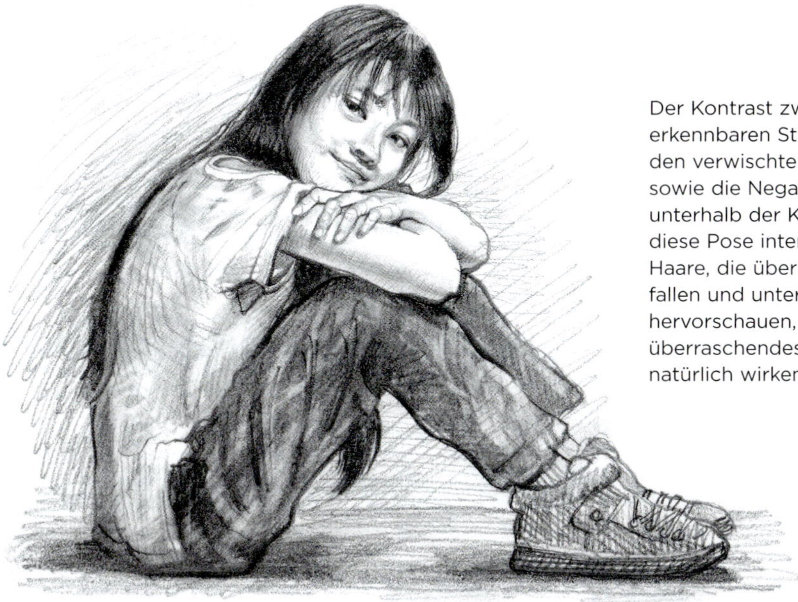

Der Kontrast zwischen erkennbaren Strichen und den verwischten Bereichen sowie die Negativform unterhalb der Knie machen diese Pose interessant. Die Haare, die über die Schulter fallen und unter den Beinen hervorschauen, sind ein überraschendes, zugleich natürlich wirkendes Detail.

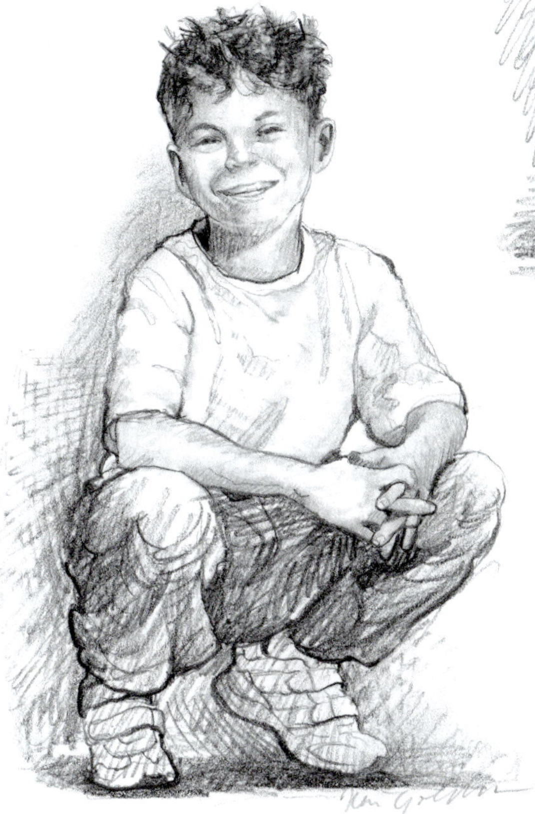

Beim Lächeln oder Lachen werden die Wangenmuskeln hochgezogen und der untere Teil der Augen wird nach oben geschoben. Daher kommt der Ausdruck »lachende Augen«.

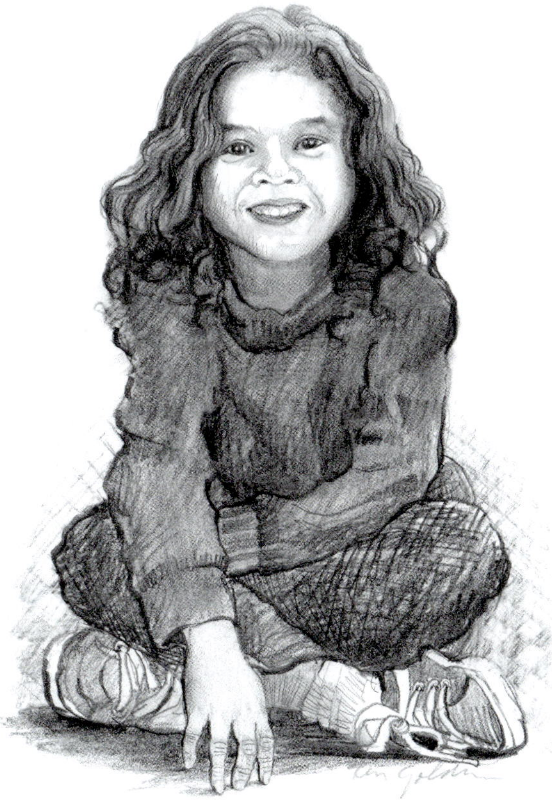

Diese Pose strahlt Begeisterung und Zugewandtheit aus. Sie lehnt sich nach vorne und berührt mit ihrer Hand den Boden. Vielleicht wurde das Mädchen gerade beim Spielen unterbrochen.

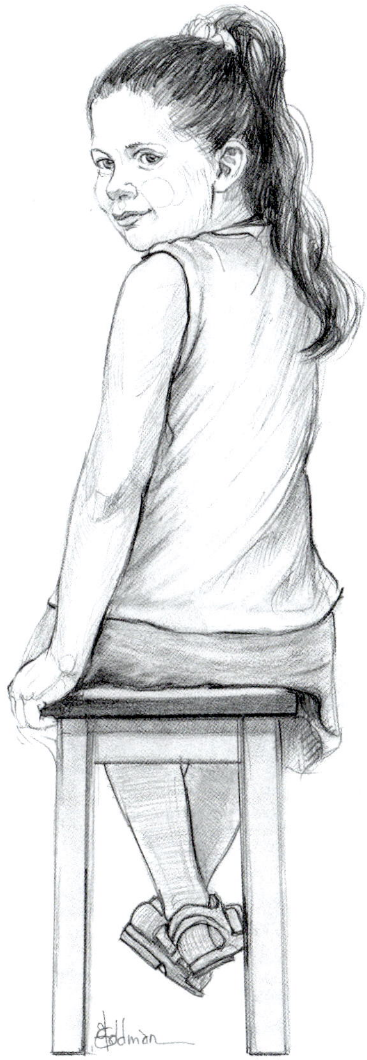

Im Halbprofil liegt der hintere innere Augenwinkel hinter der Nase versteckt, und die Lippen wirken runder.

HÄNDE IM GESICHT

Das Gesicht, das auf eine oder beide Hände gestützt ist, gilt seit langer Zeit als Ausdruck verschiedener Emotionen – von Gleichgültigkeit über Traurigkeit bis hin zu Schalk und Freude.

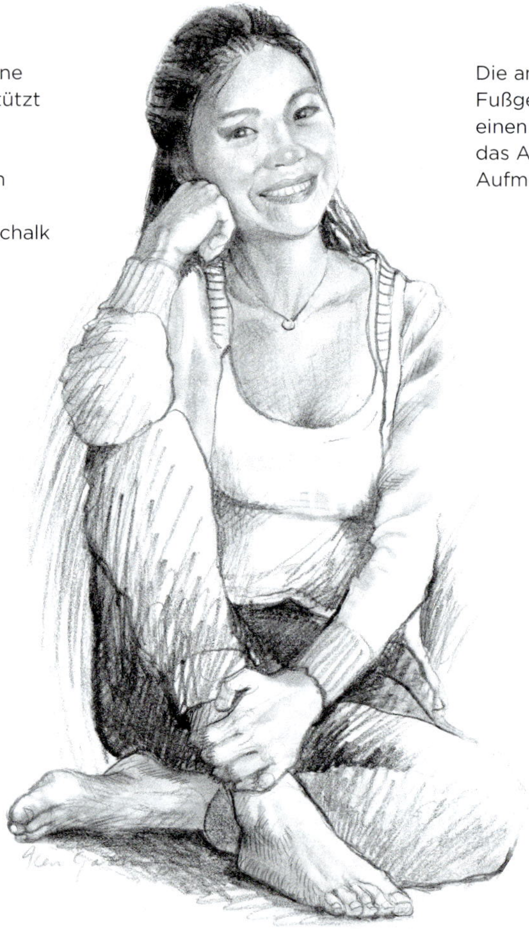

Die andere Hand liegt auf dem Fußgelenk. So bilden beide Arme einen angedeuteten Kreis, der das Auge lenkt und dadurch die Aufmerksamkeit fesselt.

Die Füße wurden aus kastenartigen Grundformen konstruiert. Es ist wesentlich einfacher, die Extremitäten auf diese Weise aufzubauen und danach die Details auszuarbeiten.

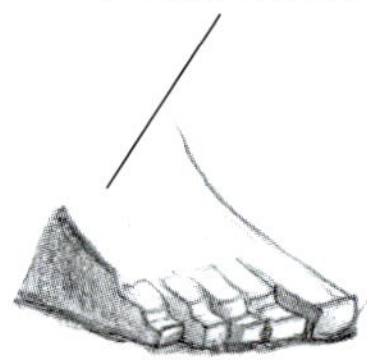

Diese Pose – und das verschmitzte Lächeln auf dem Gesicht des Mädchens – wecken Interesse.

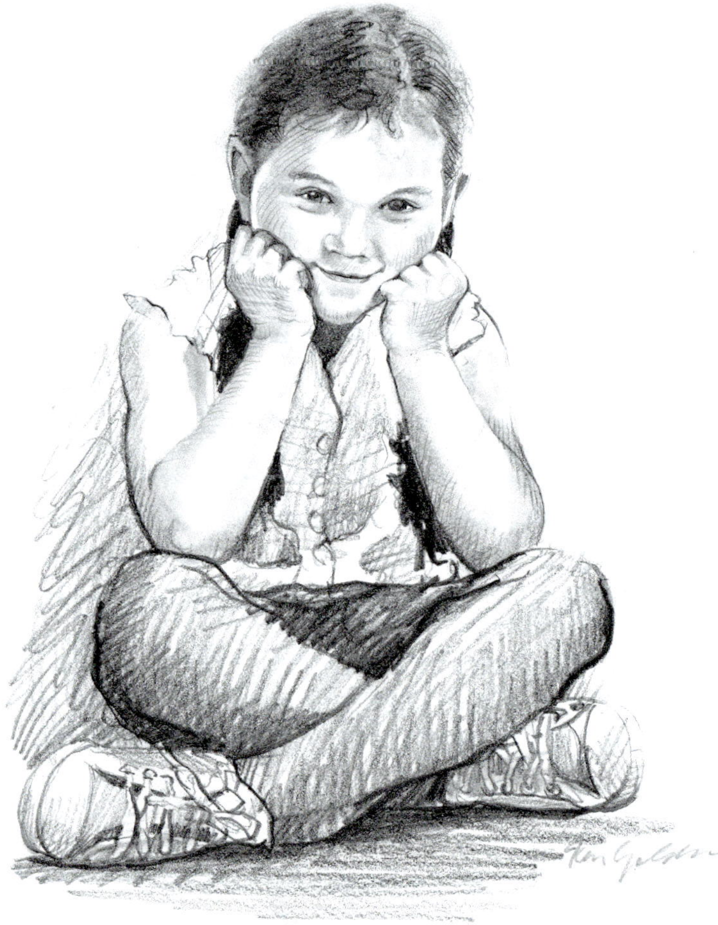

Wenn ein Mund leicht geöffnet ist, sollte seine Wölbung durch Schatten an den Seiten erkennbar gemacht werden.

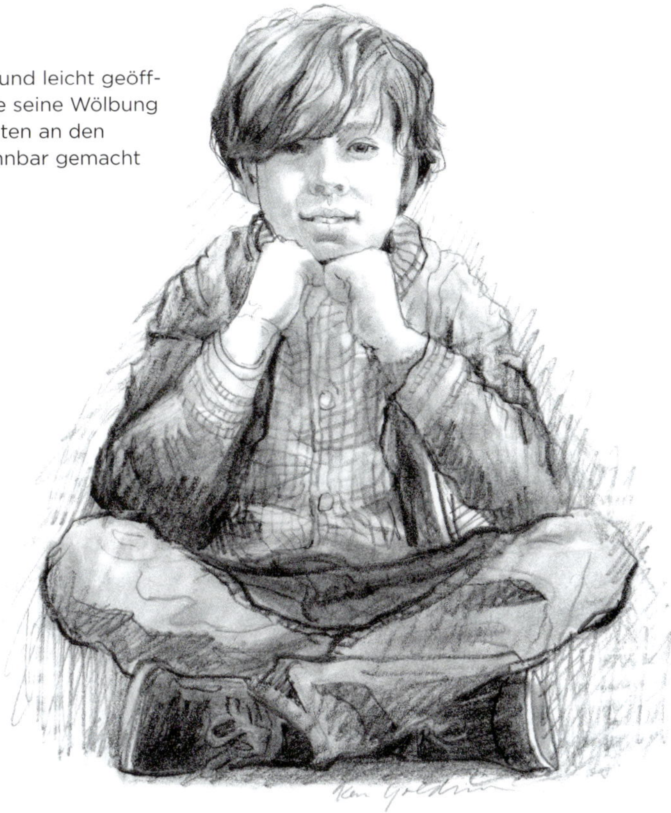

Manchmal bringt ein Gestaltungselement wie dieser Kreis das Gesicht erst richtig zur Geltung, indem es die umliegenden negativen Bereiche hervorhebt.

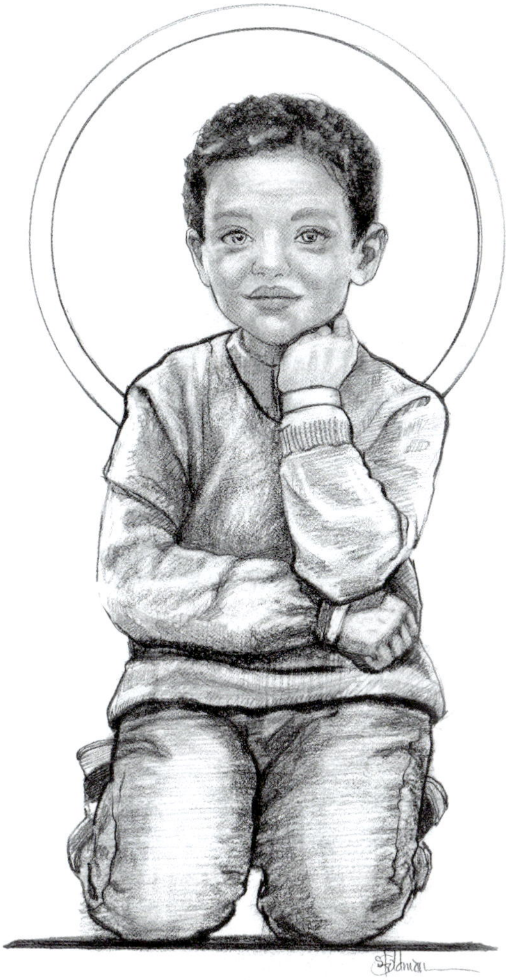

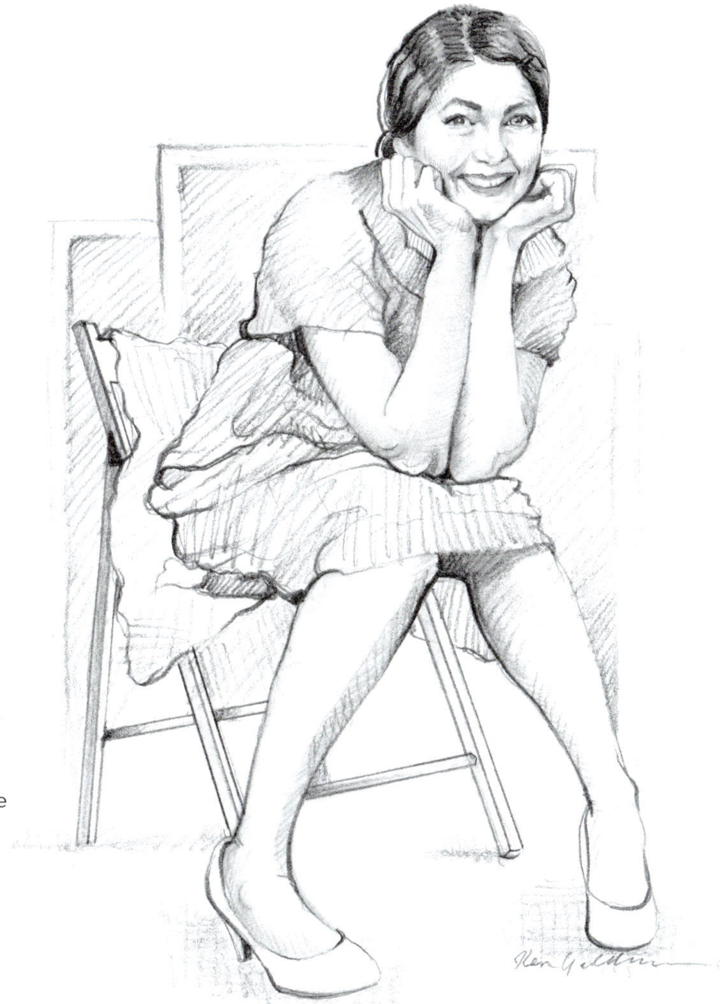

Diese Pose hat etwas Charmantes und spielerisch Schüchternes an sich. Vielleicht ist es der in die Hände gestützte Kopf, vielleicht auch die liebenswerte, nach innen gedrehte Position ihrer Füße?

ANGELEHNT UND LIEGEND

Bei liegenden Figuren muss fast immer die perspektivische Verkürzung beachtet werden. Sie wirkt sich auf alle Elemente aus, die nicht parallel zur Bildebene liegen. So ist beispielsweise eine stehende Figur, bei der die Arme gerade neben dem Körper hängen, vollkommen vertikal. Sobald der Arm jedoch zum Betrachter hin angehoben wird, verläuft er nicht mehr parallel zur Bildebene. Die Hand wirkt größer, während der Arm kürzer wirkt. Dieses Phänomen muss zeichnerisch erfasst werden.

In der perspektivischen Verkürzung beruht die Darstellung der räumlichen Tiefe nicht nur auf den Größenunterschieden, sondern auch auf der Verwendung sich überschneidender Formen. Der linke Fuß in dieser Zeichnung ist am größten, aber es ist keine Frage, welcher Fuß vorne ist.

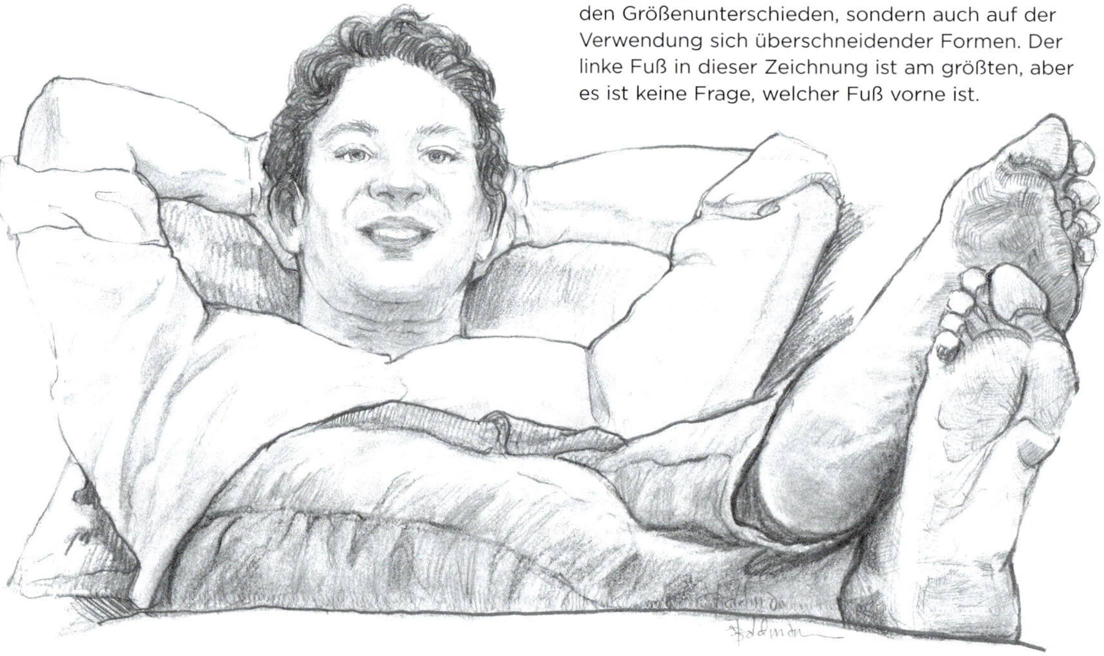

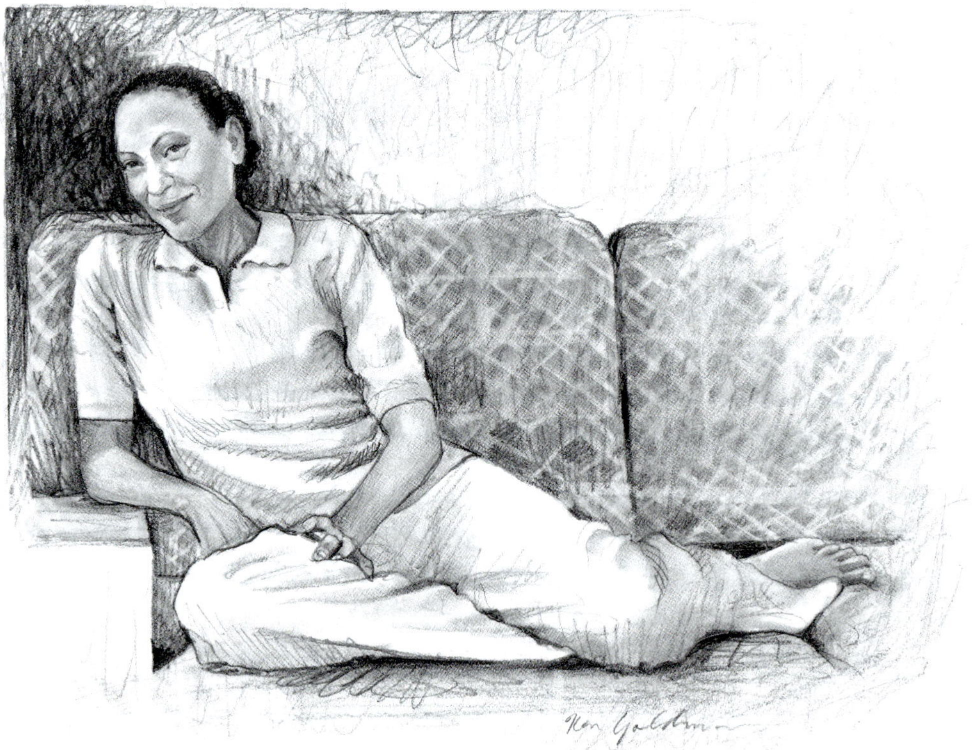

Diese Zeichnung basiert auf einem relativ kontrastarmen Foto, wurde aber durch die unterschiedliche Ausgestaltung der Konturen interessanter gemacht. Das Gesicht hat harte, klare Konturen, während die Umrisse von Haaren und Sofa weicher sind.

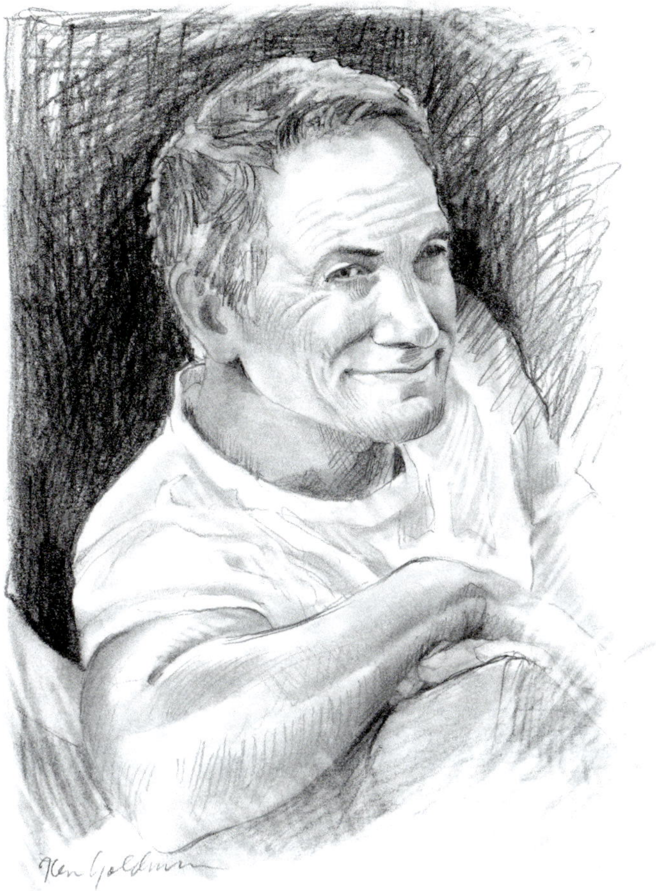

Interessant wirkt diese Pose vor allem durch den entspannten Gesichtsausdruck des Mannes, der die lässige Haltung seiner Arme und seines Oberkörpers widerspiegelt. Die Fältchen im Gesicht lassen sich am besten durch eine Beleuchtung von oben, durch kleine, halb zylindrische Formen und eine subtile Schattierung darstellen.

Die Figur wurde mit kräftigen, dunklen Strichen gezeichnet, der Hintergrund dagegen mit hellen, skizzenhaften Strichen. Dadurch wird klar, was das wichtigste Element der Zeichnung ist.

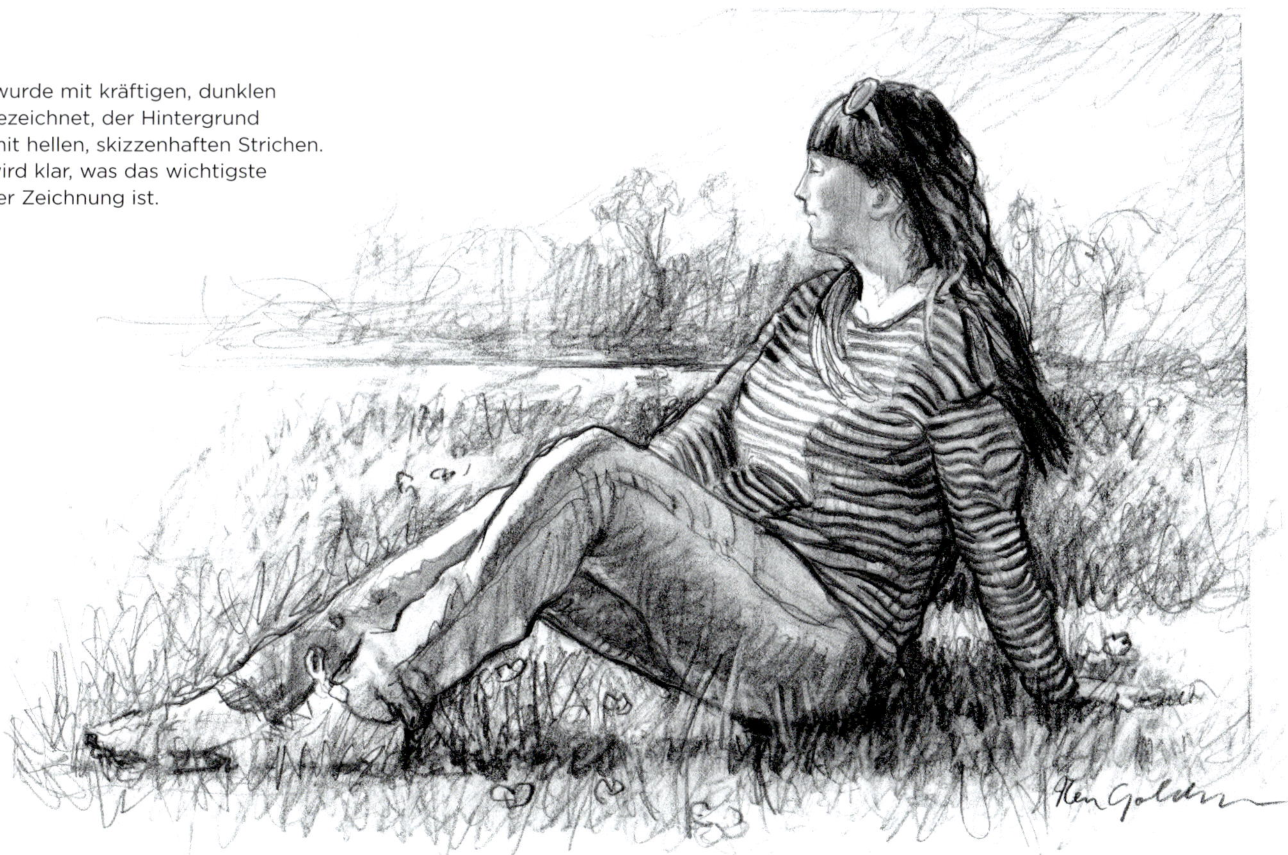

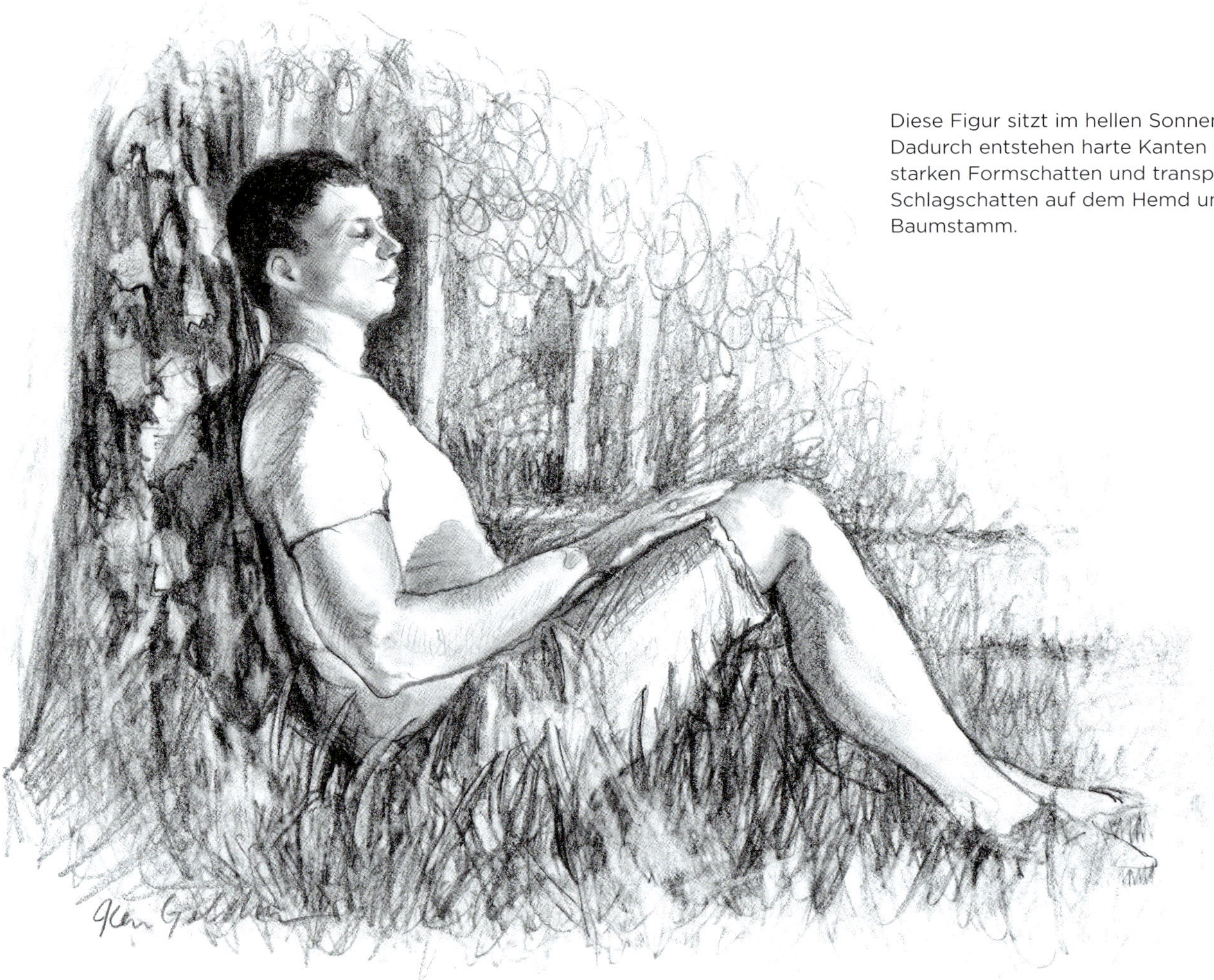

Diese Figur sitzt im hellen Sonnenlicht. Dadurch entstehen harte Kanten mit starken Formschatten und transparente Schlagschatten auf dem Hemd und dem Baumstamm.

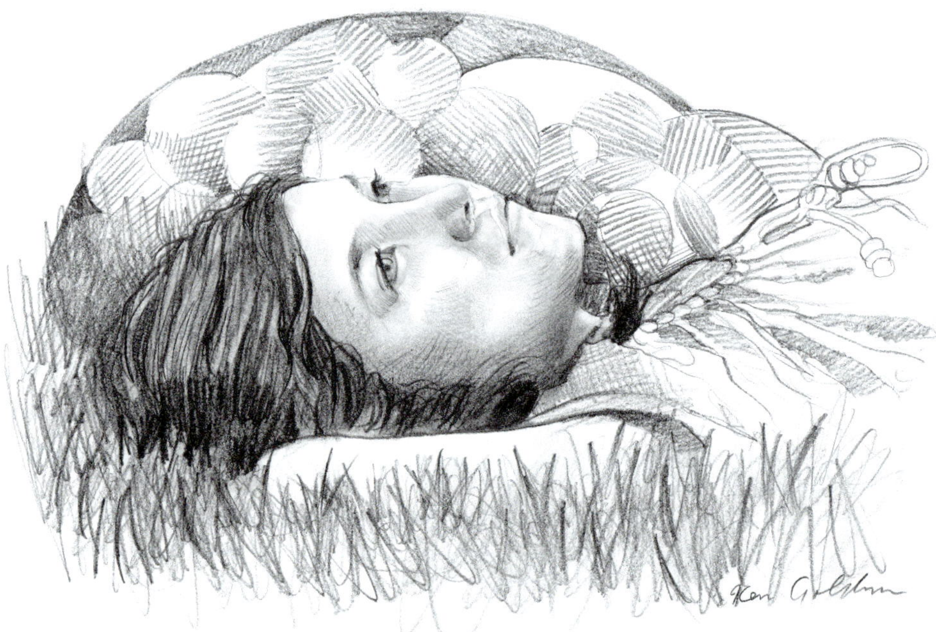

Der träumerische Ausdruck dieser Figur wird durch die abstrakten Kreisformen im Hintergrund ergänzt, die durch Schraffuren interessant strukturiert sind.

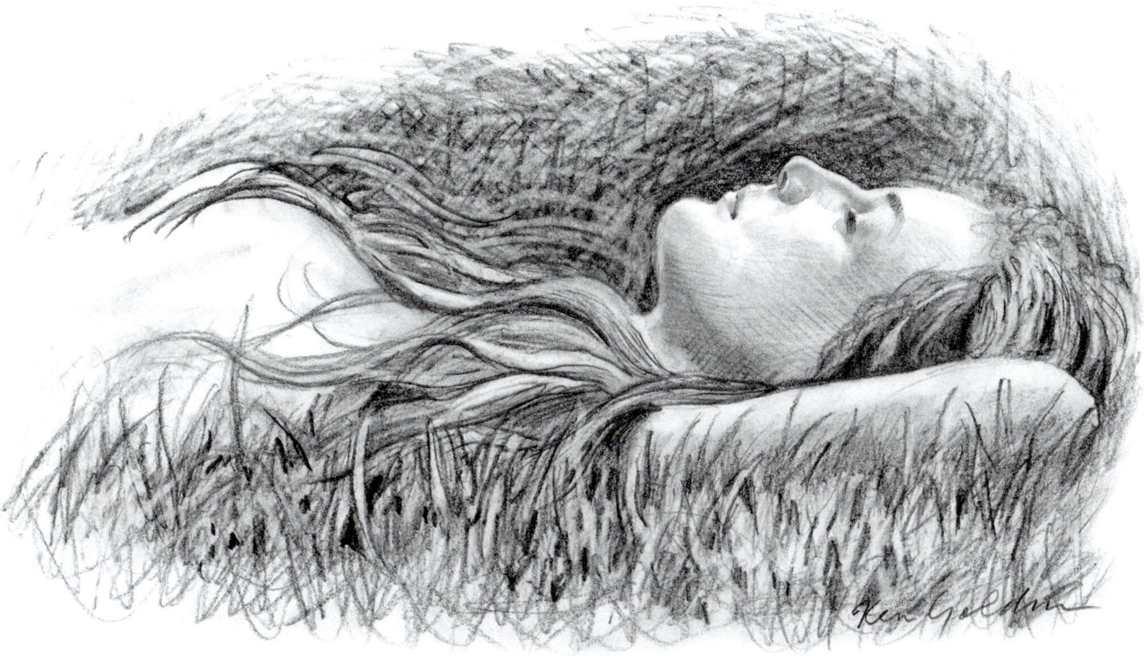

Das Gesicht wurde mit Bleistift fein schattiert und mit einen Tortillon verwischt. Alle anderen Strukturen der Zeichnung entstanden mit Hilfe eines Vinyl-Radiergummis.

Schöne Negativformen umgeben die gesamte Figur. Vom Bein zum Kopf verläuft eine dynamische Diagonale. Vielseitige und kontrastreiche Tonwerte erhöhen den visuellen Reiz dieser Zeichnung.

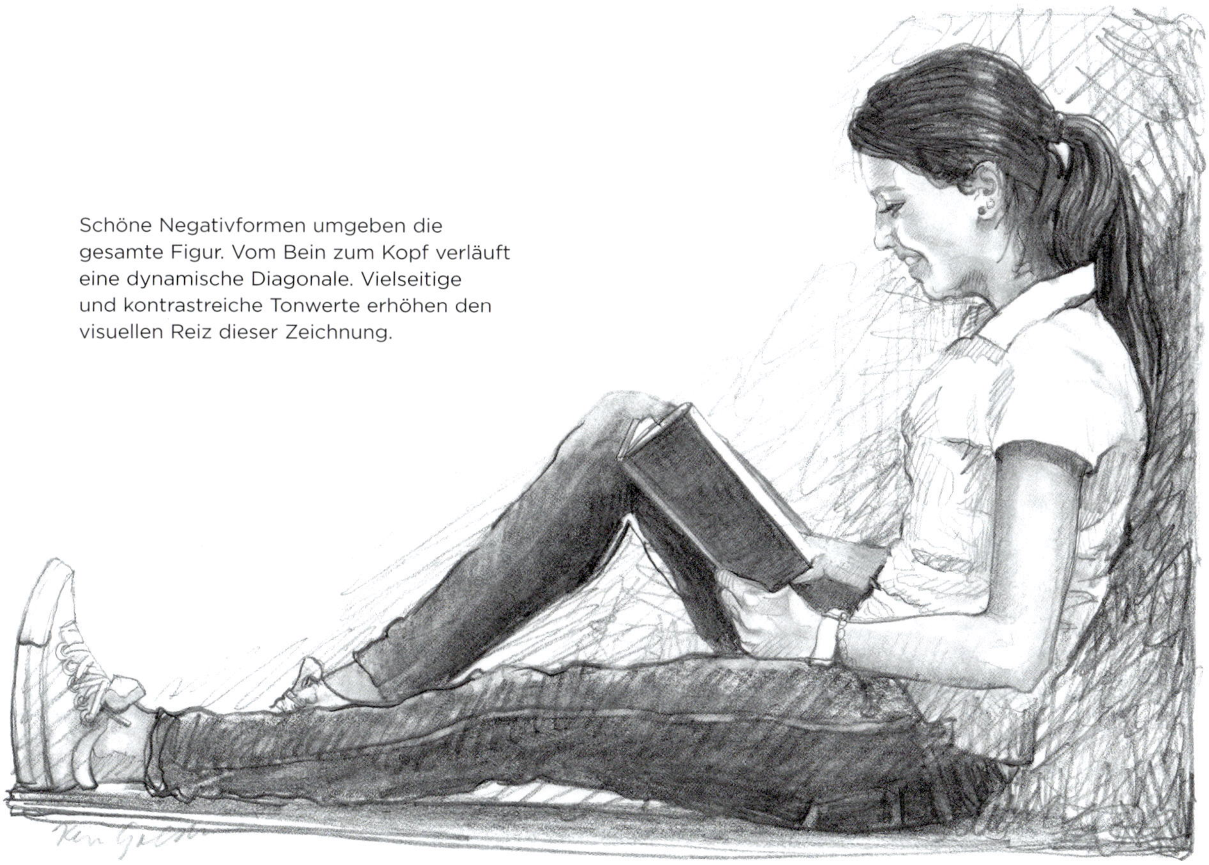

AUF DEM BAUCH

1

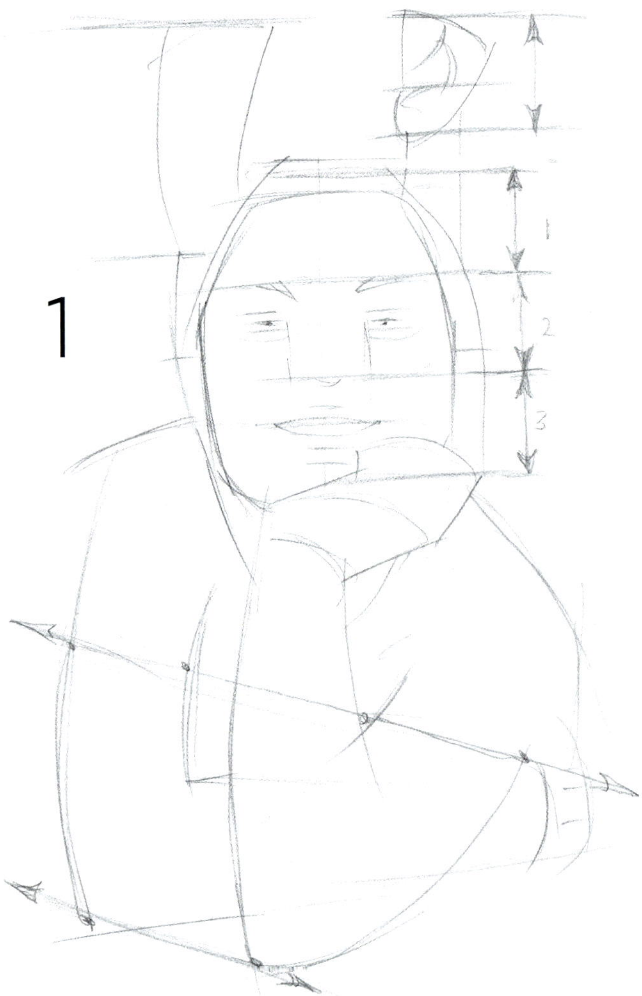

Bei diesem Motiv ist es wichtig, die Proportionen von Kopf und Füßen korrekt zu erfassen. Grundsätzlich ist es beim Zeichnen hilfreich, auf Achsen und Parallelen im Motiv zu achten, wie hier auf die Linien von Ärmel zu Ärmel und Ellbogen zu Ellbogen.

2

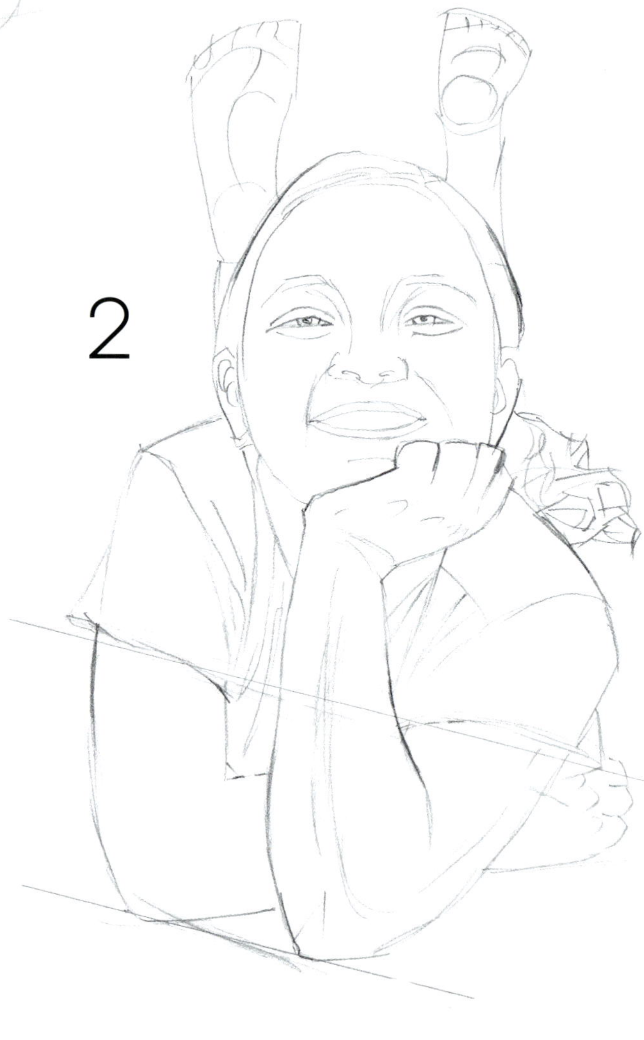

Aus der groben Skizze werden nun die Umrisse der einzelnen Formen entwickelt. In diesem Stadium ist es wichtig, noch nicht über Volumina und optimale Maße nachzudenken, da dies von der Genauigkeit ablenken würde.

3

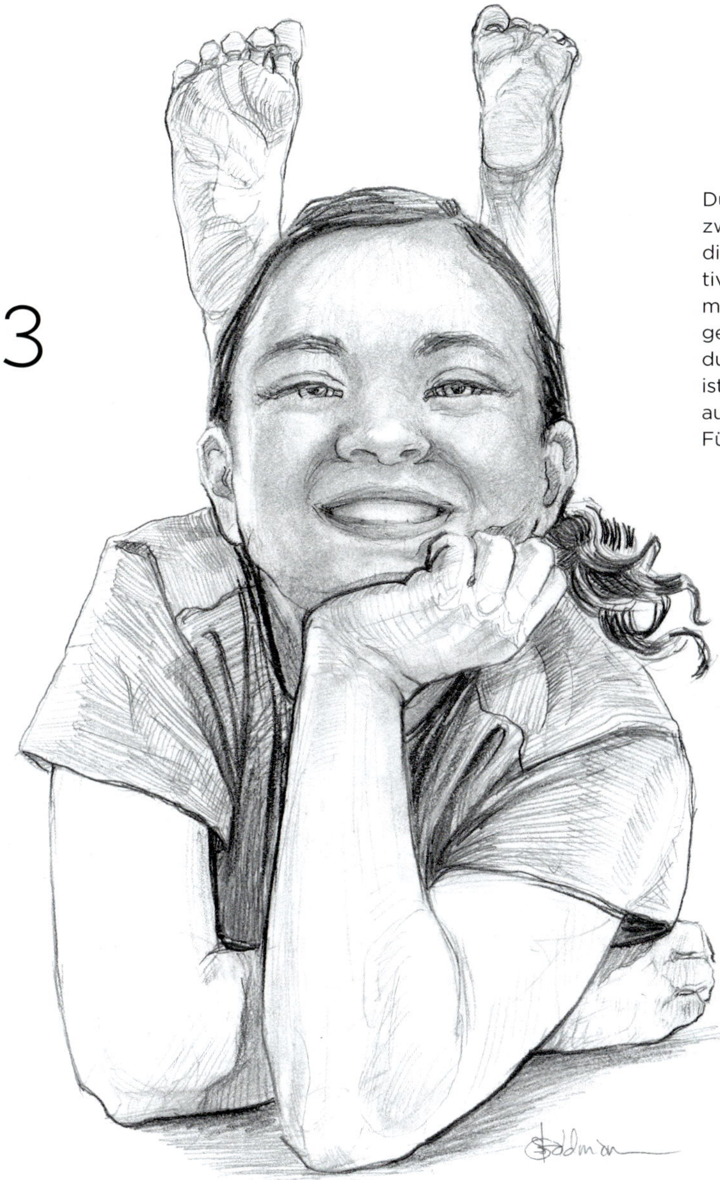

Durch die Schattierungen werden die zweidimensionalen Umrisse zu dreidimensionalen Formen. Die perspektivische Verkürzung des Oberkörpers muss nicht übermäßig akkurat dargestellt werden, weil er größtenteils durch Arme und Schultern verdeckt ist. Wichtig ist, das Gesicht deutlicher auszuarbeiten als die weiter entfernten Füße.

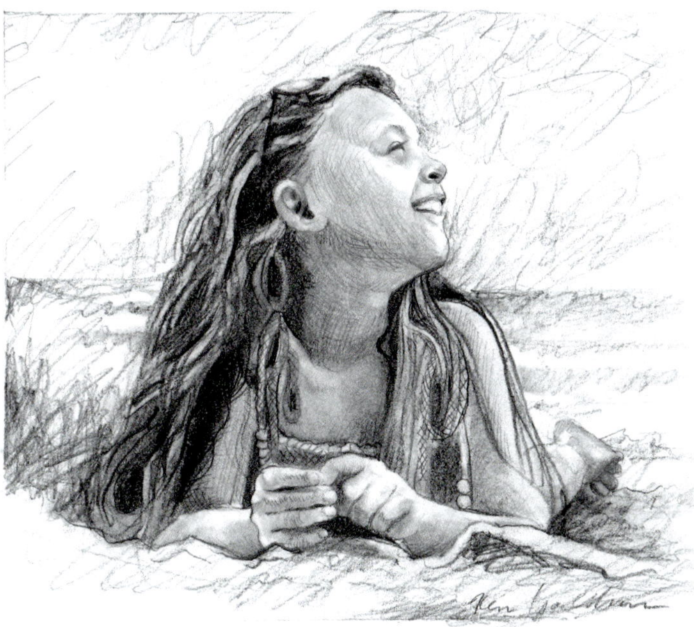

Da der Kopf und die Hände in dieser Zeichnung im Mittelpunkt stehen, wird der entfernte, verkürzte Fuß absichtlich vage gelassen. Dies ist ein Vorteil der Einbeziehung von Hintergrunddetails in das Motiv, denn so kann die Figur in ihre Umgebung eingebunden werden, ohne die Vollständigkeit der Zeichnung zu beeinträchtigen.

AUF DER SEITE

1

Eine gute Möglichkeit, sich dieser halb liegenden männlichen Figur zu nähern, besteht darin, zunächst auf den Fluss der Hauptlinien des Körpers zu achten und gleichzeitig den negativen Raum – hier schraffiert – wahrzunehmen. Beide Elemente sind wichtig für eine gelungene Zeichnung.

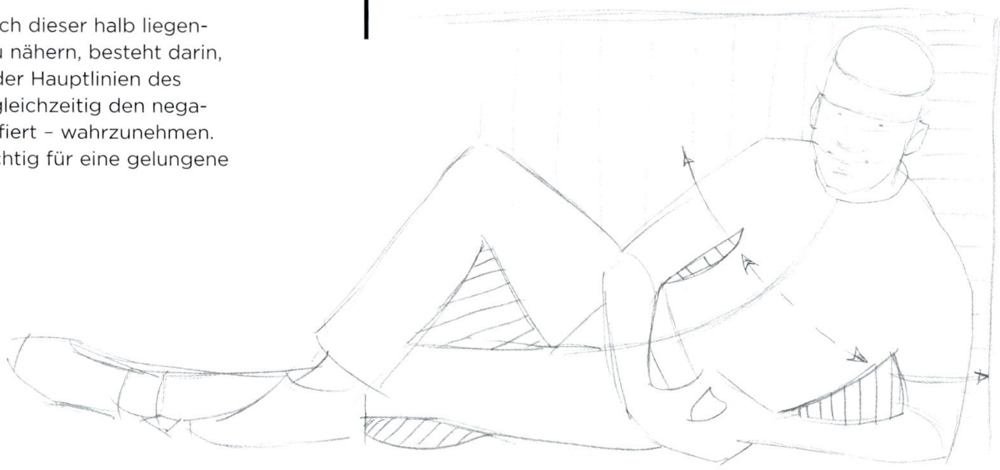

2

Wenn die groben Umrisse skizziert sind, können Sie sich auf die Darstellung der Winkel konzentrieren. Zeichnen Sie zunächst die längsten Winkel ein. Achten Sie dann auf die kleineren Richtungsänderungen, die hier mit einem X gekennzeichnet sind.

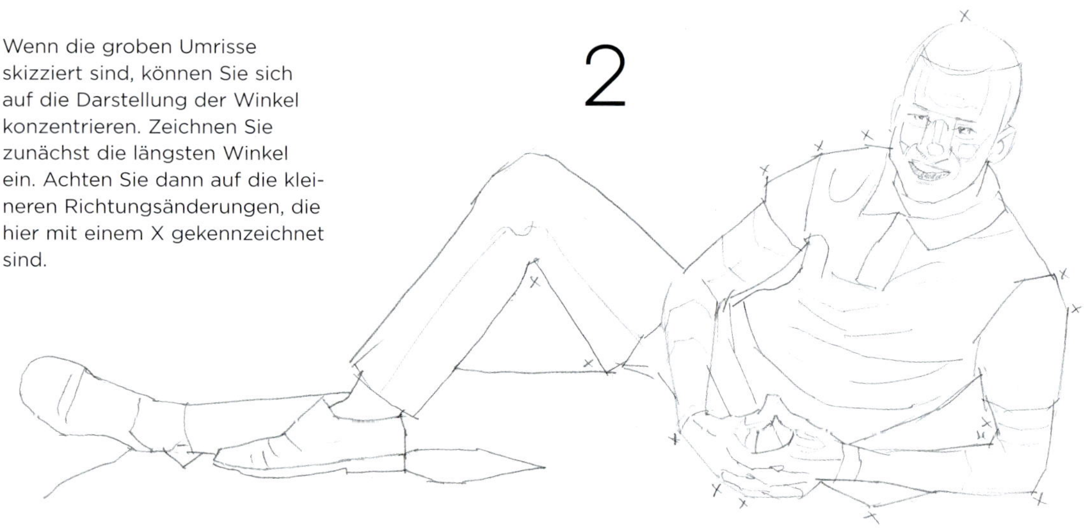

3

Bei der Ausarbeitung werden zuerst die verschiedenen Tonwertbereiche schraffiert und mit einem Tortillon verwischt. Dann werden ausgesuchte Konturen mit einem spitzen Bleistift nachgezogen, während für die Lichter ein Radierer zum Einsatz kommt.

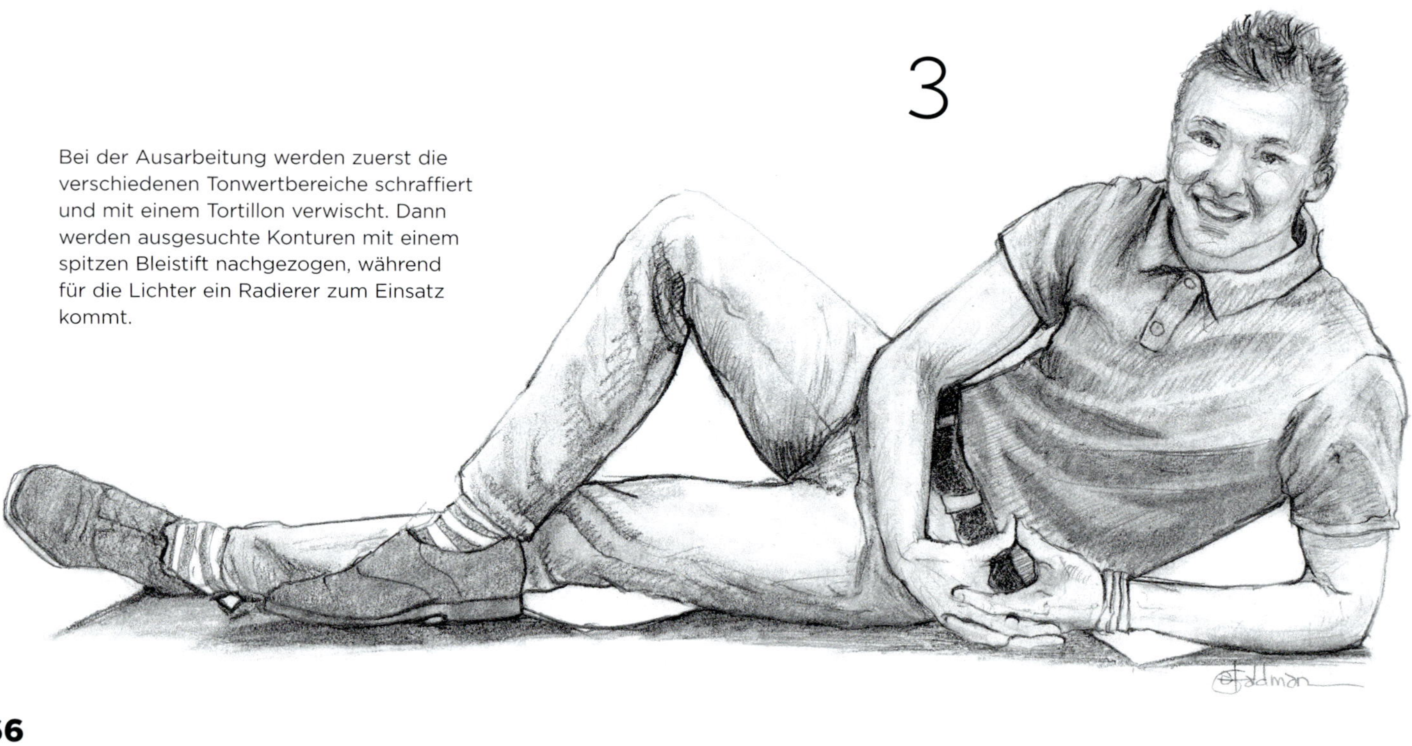

1

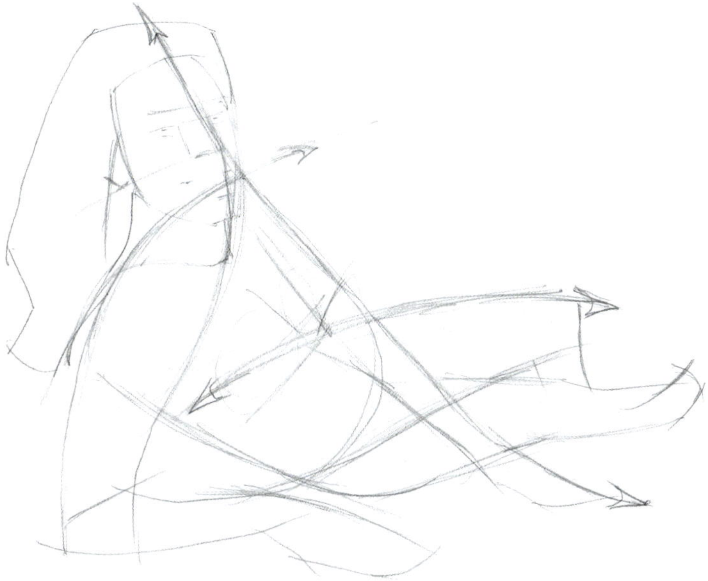

Beginnen Sie beim Vorzeichnen einer Pose mit einfachen, groben Strichen. Schauen Sie die gesamte Figur mit zusammengekniffenen Augen an, um die Achsen besser zu erkennen, die scheinbar weit voneinander entfernte Formen miteinander verbinden. Hier sind die Achsen mit Richtungspfeilen dargestellt.

2

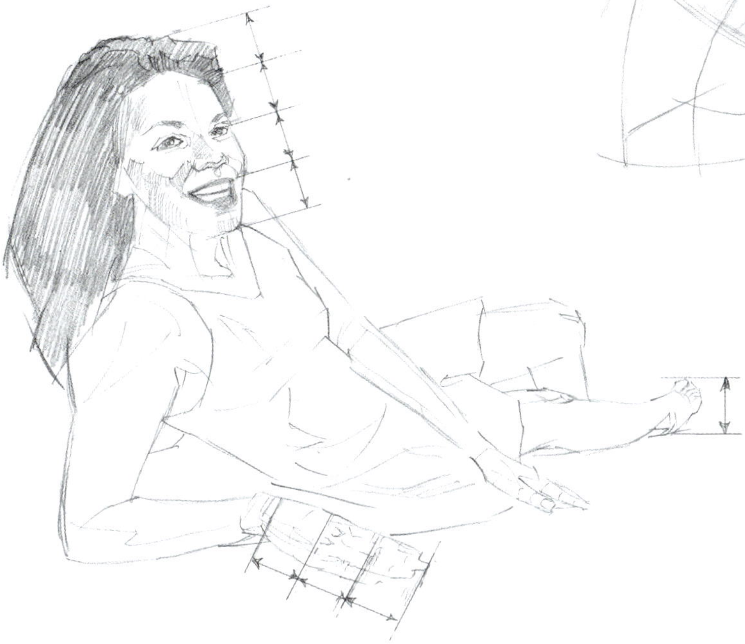

Es empfiehlt sich, frühzeitig einige Maße zu ermitteln, um die Proportionen richtig wiederzugeben. Konzentrieren Sie sich auf den Kopf und den vorderen Arm, um die Größe des entfernten Fußes zu bestimmen. Wie Sie sehen können, passt er dreimal in die Hand oder viermal in den Kopf.

3

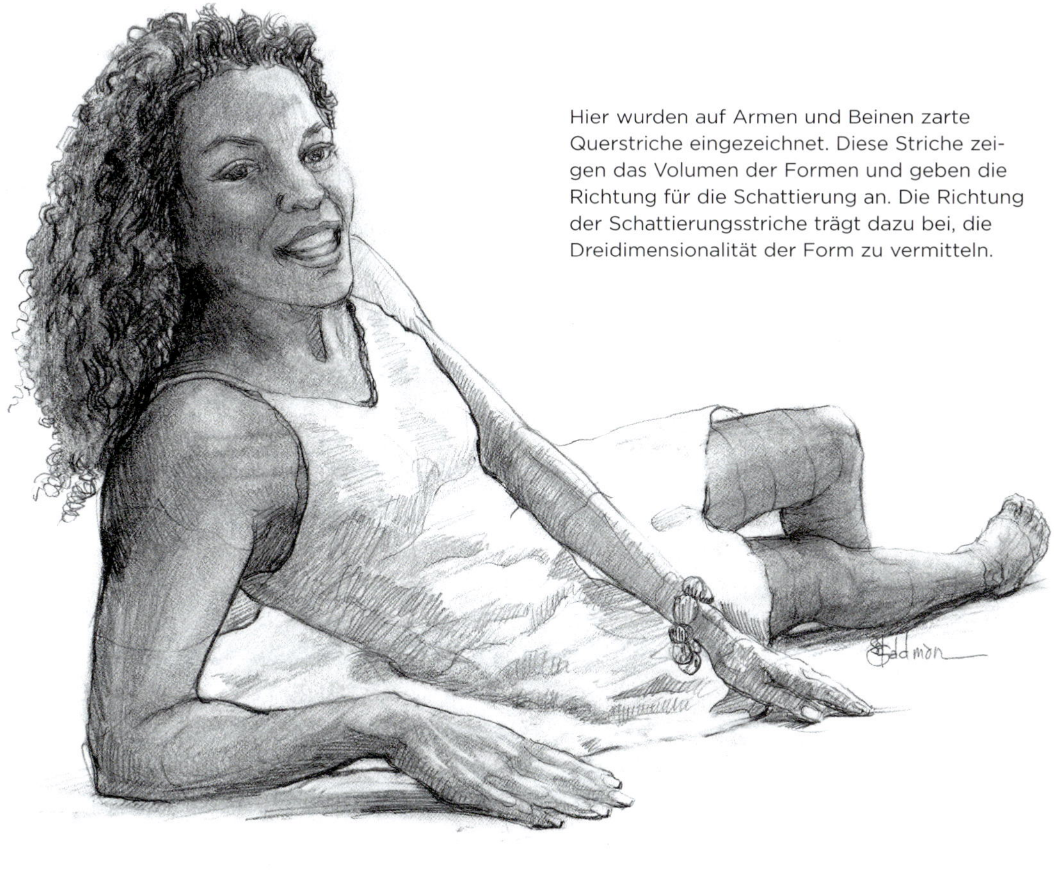

Hier wurden auf Armen und Beinen zarte Querstriche eingezeichnet. Diese Striche zeigen das Volumen der Formen und geben die Richtung für die Schattierung an. Die Richtung der Schattierungsstriche trägt dazu bei, die Dreidimensionalität der Form zu vermitteln.

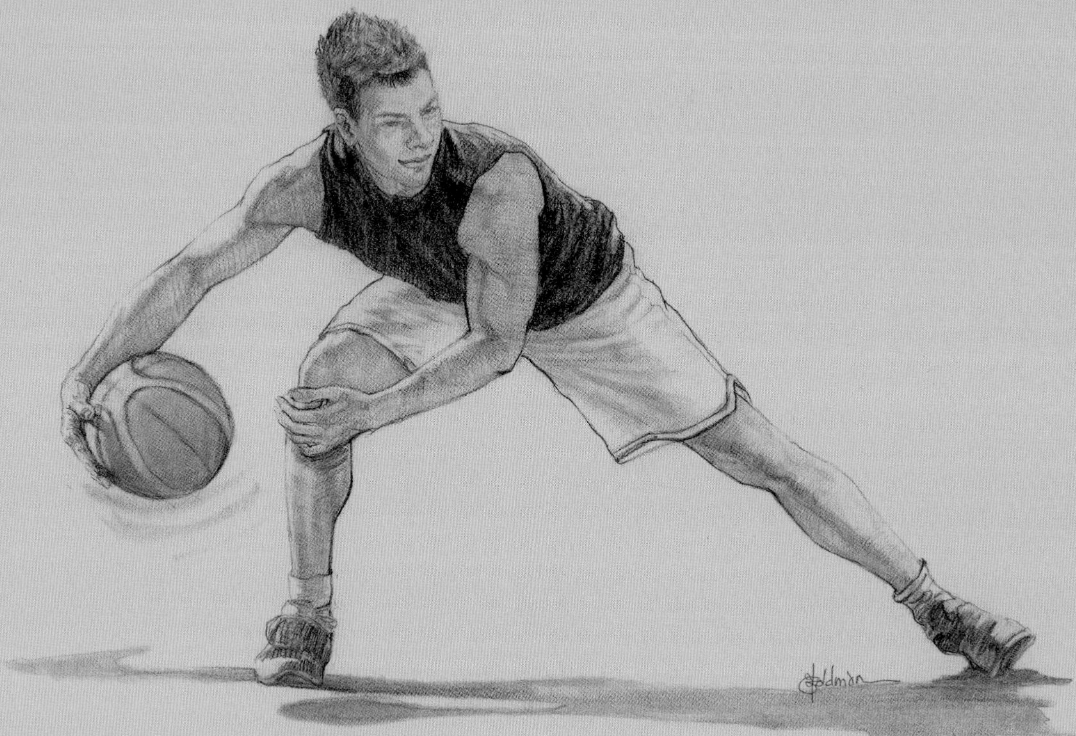

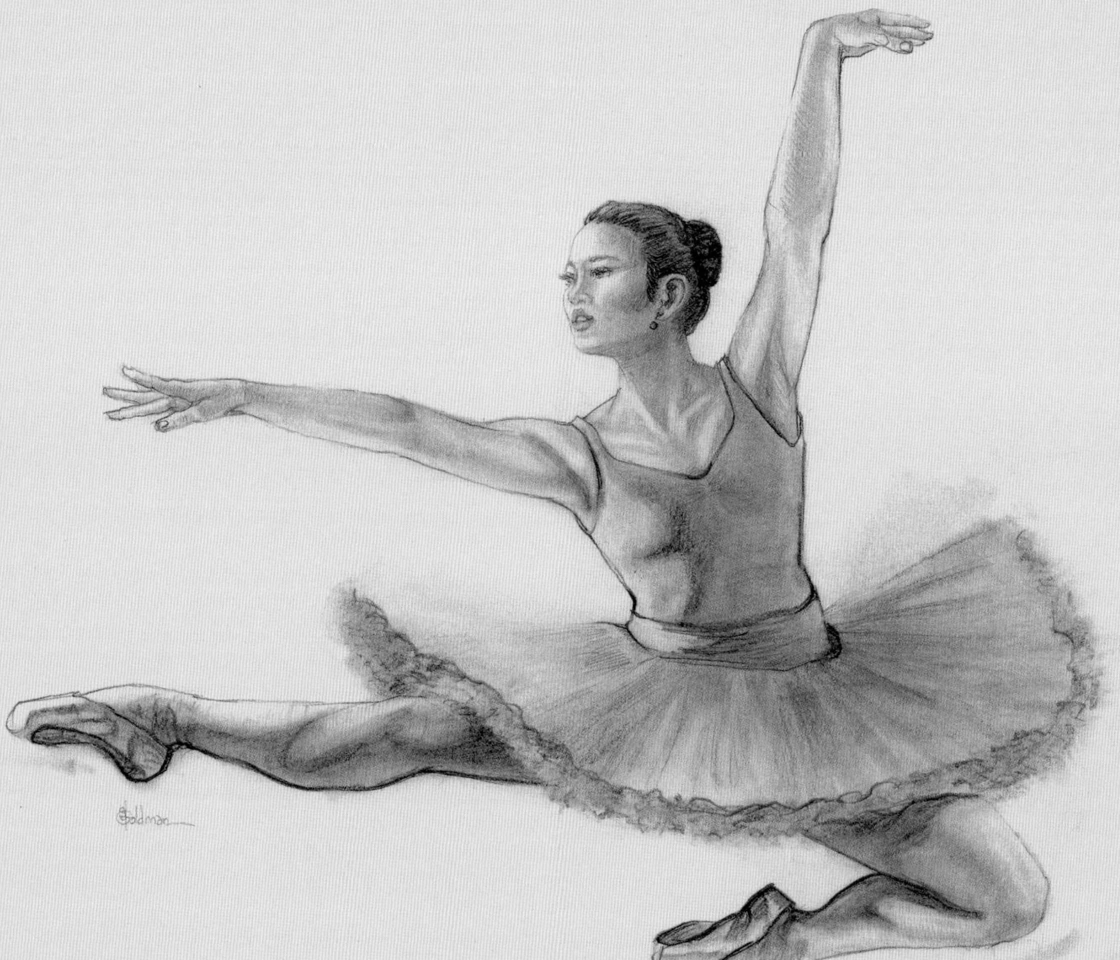

Kapitel 3

DYNAMISCHE POSEN

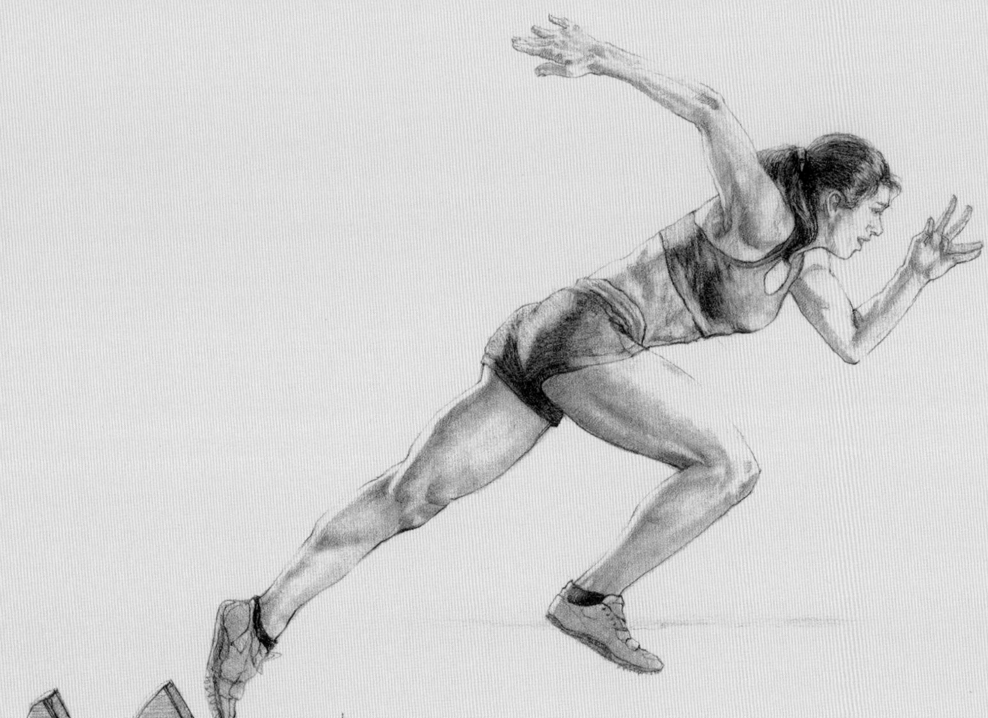

BEWEGUNG & GLEICHGEWICHT

Zeichnungen wirken viel realistischer, wenn sich die Figuren bewegen. Begonnen wird mit einer einfachen Skizze, um das Wesentliche der Bewegung einzufangen.

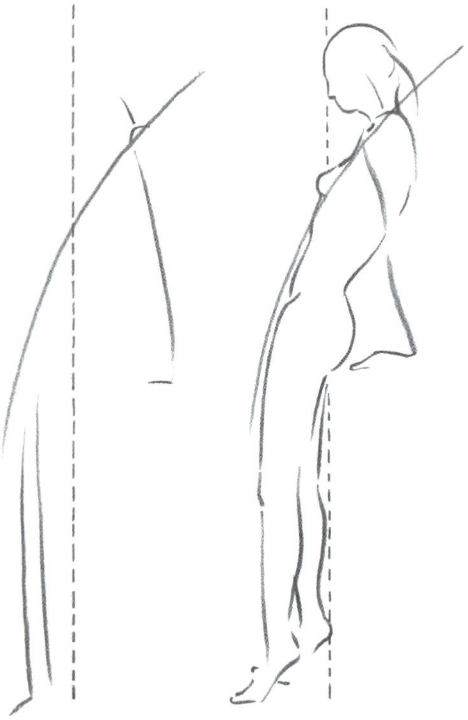

Zeichnen Sie als Hilfe eine Mittellinie, die die Figur in ihrer Position zu halten oder auszubalancieren scheint. Andernfalls könnte es aussehen, als würde die Figur umfallen. Eine ausbalancierte Pose wird am besten dadurch erreicht, dass das Gewicht auf beiden Seiten dieser Mittel- oder Balancelinie ungefähr gleich verteilt ist.

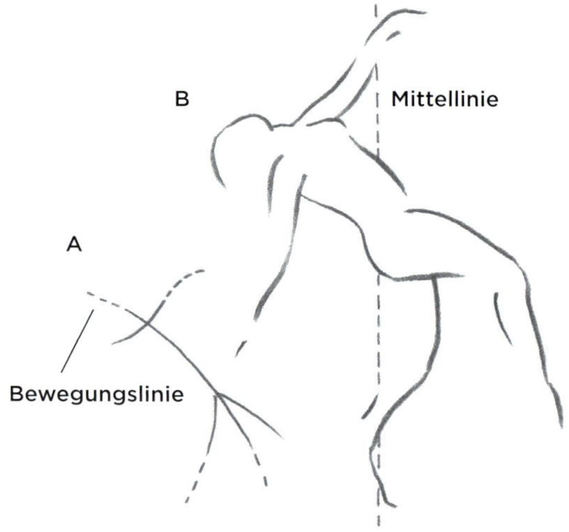

Möglich ist auch, mit einer Bewegungslinie zu beginnen, also einer Hilfslinie, die der Wirbelsäule der Figur in ihrer Bewegung entspricht. Von dieser Linie ausgehend kann dann die Pose entwickelt werden. Besonders überzeugend wirken Zeichnungen bewegter Figuren, wenn sowohl eine Mittellinie für das Gleichgewicht als auch eine Bewegungslinie vorhanden sind.

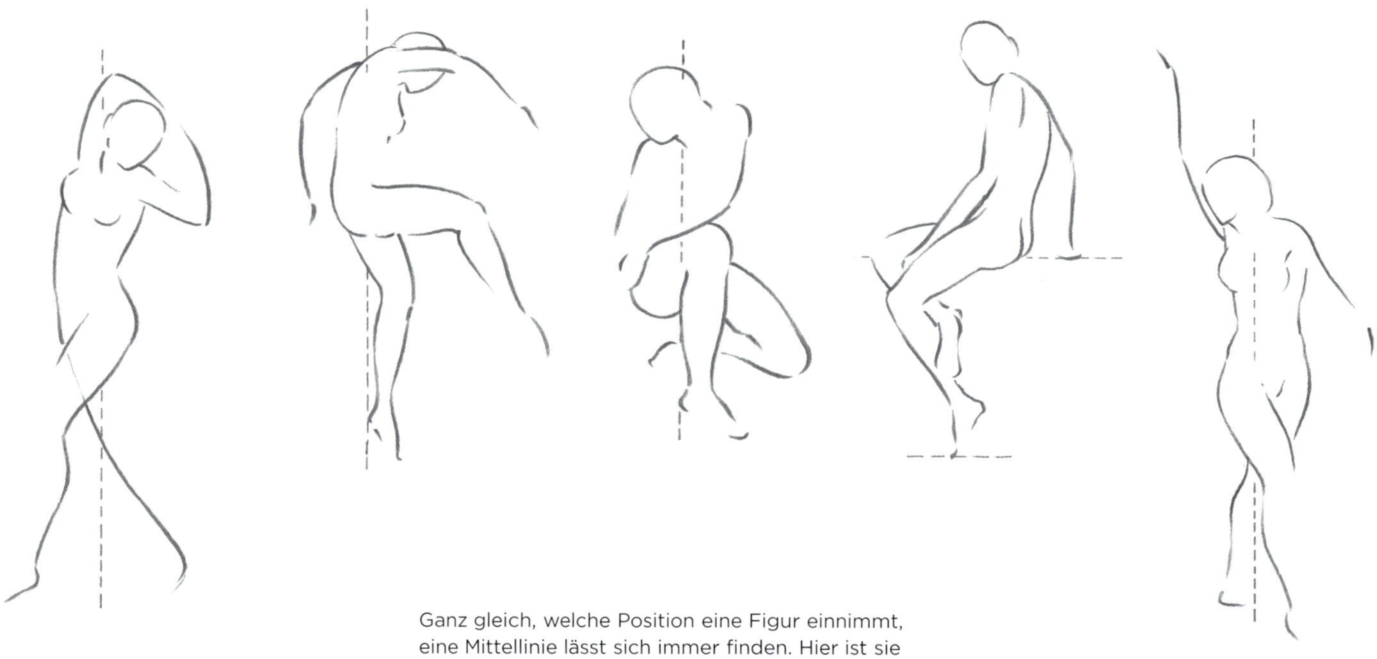

Ganz gleich, welche Position eine Figur einnimmt, eine Mittellinie lässt sich immer finden. Hier ist sie gestrichelt dargestellt.

Die Darstellung einer Bewegung schließt alle Körperteile mit ein. Unser Gliederskelett und unsere Muskeln ermöglichen es, uns in viele verschiedene Positionen zu beugen und zu strecken. Wer realistische Posen zeichnen will, sollte genau studieren, wie ein Körper aussieht und sich verändert, wenn er gestreckt oder gebeugt wird, oder auch, wenn er sitzt oder steht. Zeichnen Sie zuerst die Bewegungslinie und bauen Sie dann die Formen der Figur um diese herum auf.

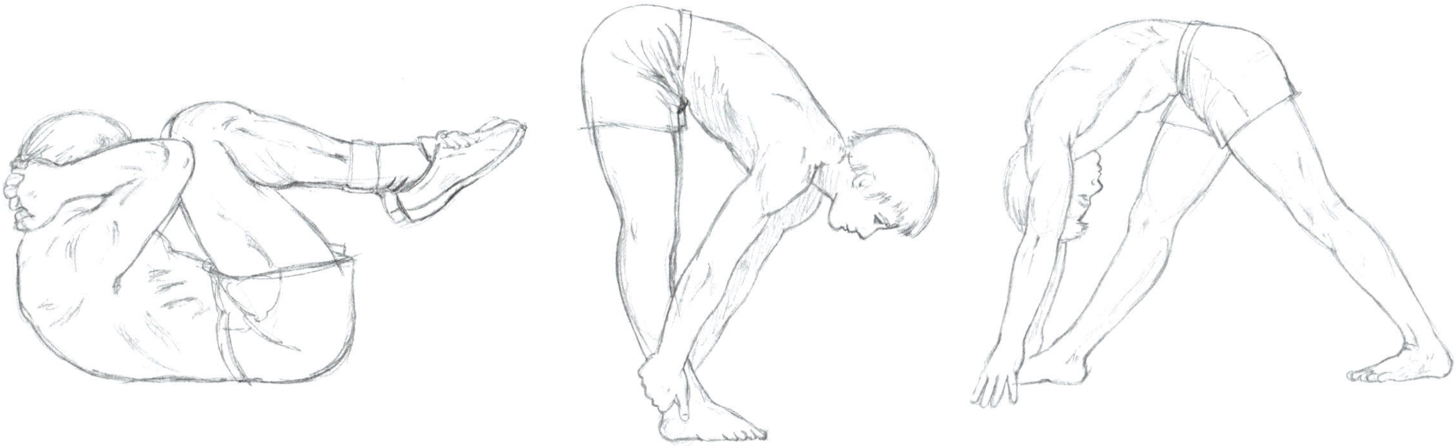

Die Wirbelsäule ist flexibel und ermöglicht verschiedene Formen der Krümmung, während wir unsere Gliedmaßen strecken oder beugen. Diese drei Posen zeigen, wie sich die Form des Körpers drastisch verändern kann, während die Proportionen gleich bleiben.

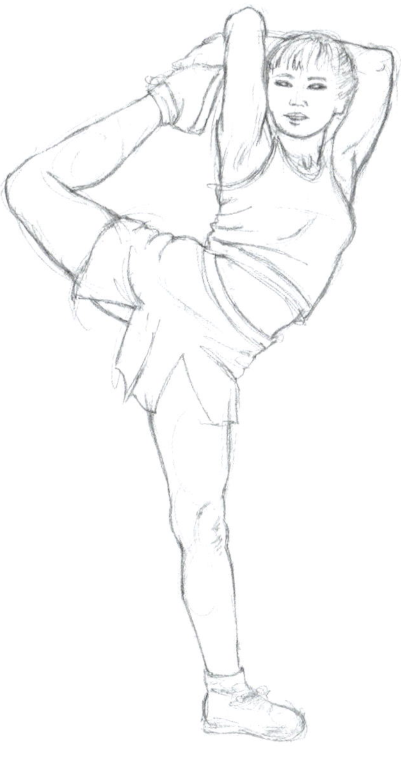

Man kann ahnen, wie sich die Muskeln am Körper dieser Cheerleaderin dehnen, wenn sie ihr rechtes Bein hinter den Kopf zieht. Durch die Bewegung wird die Kleidung teilweise gestrafft, teilweise wirft sie Falten. Auch diese Elemente müssen sorgfältig gezeichnet werden, damit die Figur glaubhaft wirkt.

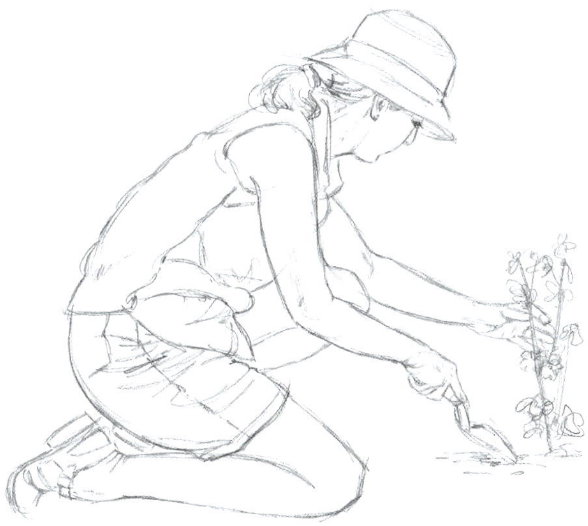

Der Körper der knienden Frau bildet eine S-Form. Alle Falten im Stoff befinden sich auf der Innenseite der Körperkrümmung; die Rückseite ist relativ glatt. Die Drehung ihres Kopfs hat nur einen geringen Einfluss auf die Bewegungslinie.

BALLERINA

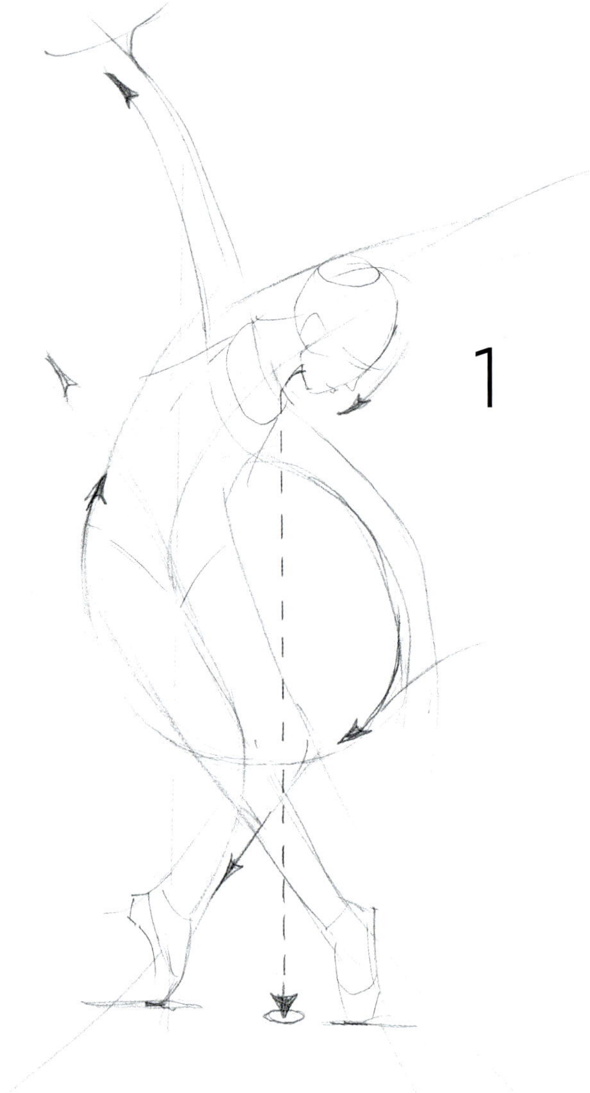

1

Wie durch die Richtungspfeile angedeutet, helfen fließende Hilfslinien, diese anmutige Haltung zu skizzieren. Die Mittel- oder Balancelinie verläuft von der Halsgrube senkrecht abwärts zwischen die Füße der Ballerina und verankert sie am Boden.

In diesem Schritt wird die Verteilung von Licht und Schatten grob eingezeichnet.

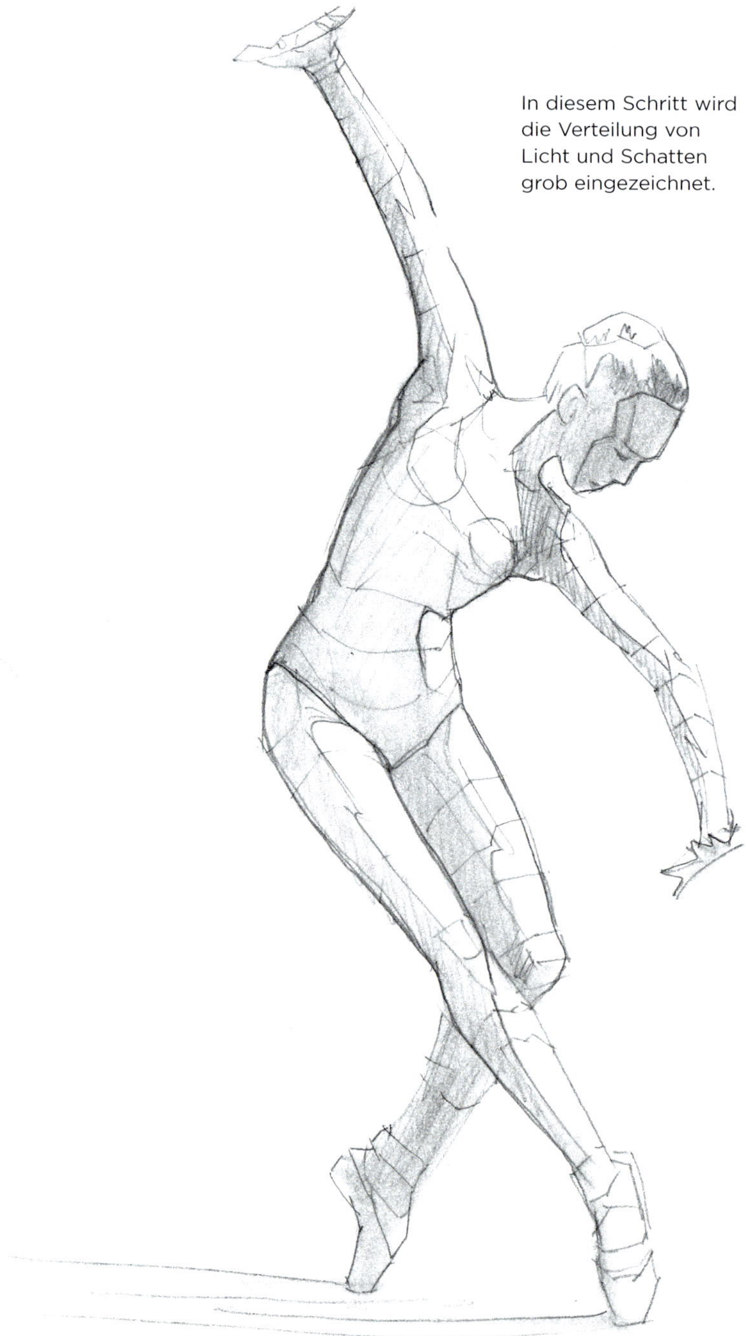

2

Hellere Zonen in den Schattenbereichen entstehen, weil Licht auf den Boden fällt und von dort auf die Figur reflektiert wird. Reflektiertes Licht im Schatten sollte immer dunkler sein als das direkte Licht.

3

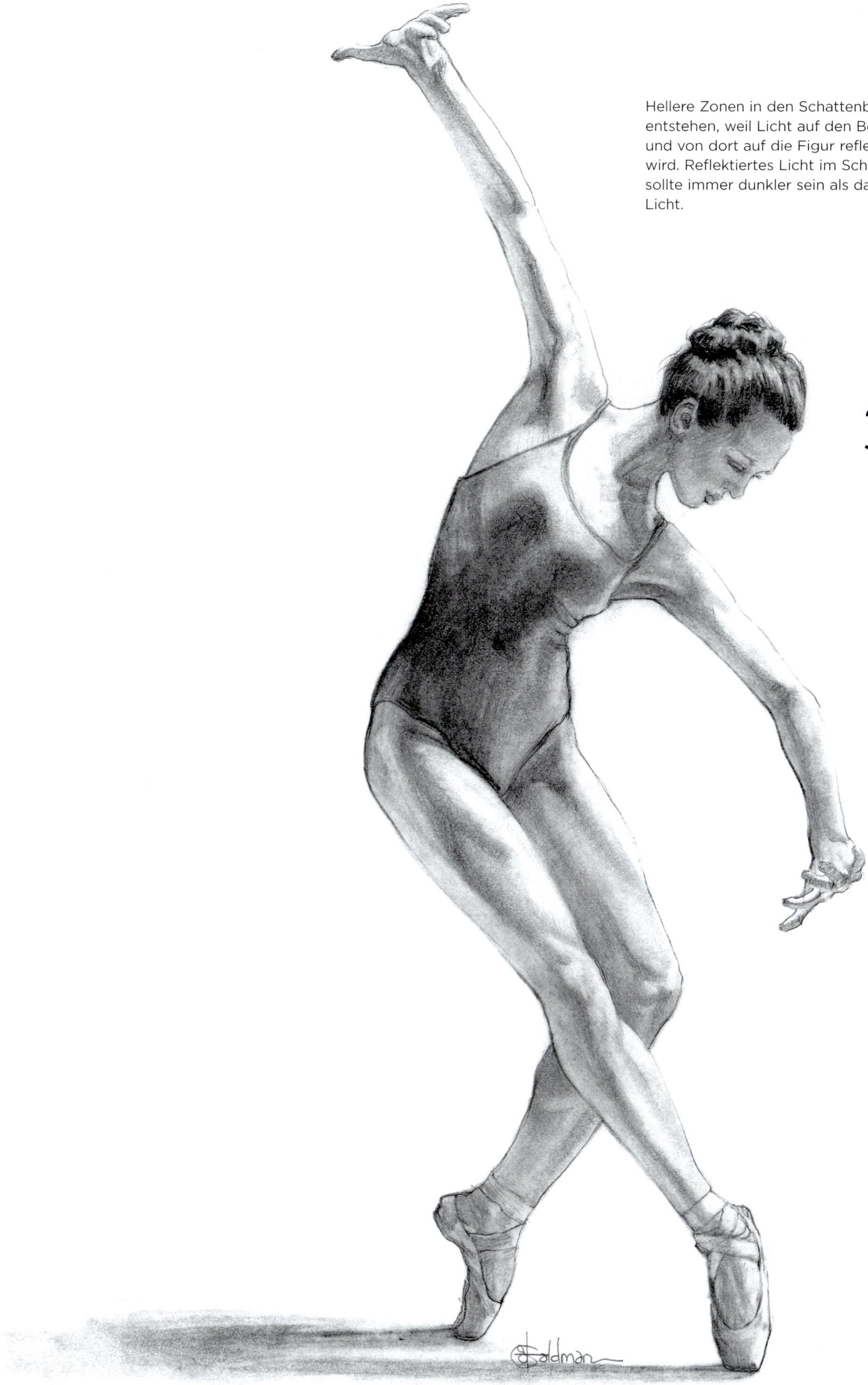

BALLERINA IM TÜTÜ

1

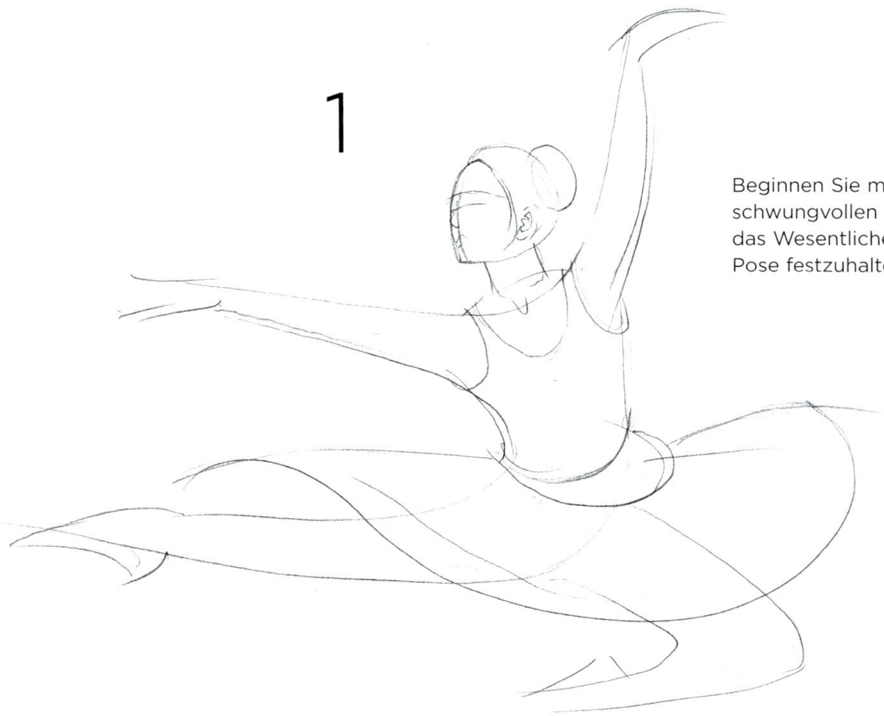

Beginnen Sie mit langen, schwungvollen Strichen, das Wesentliche dieser Pose festzuhalten.

2

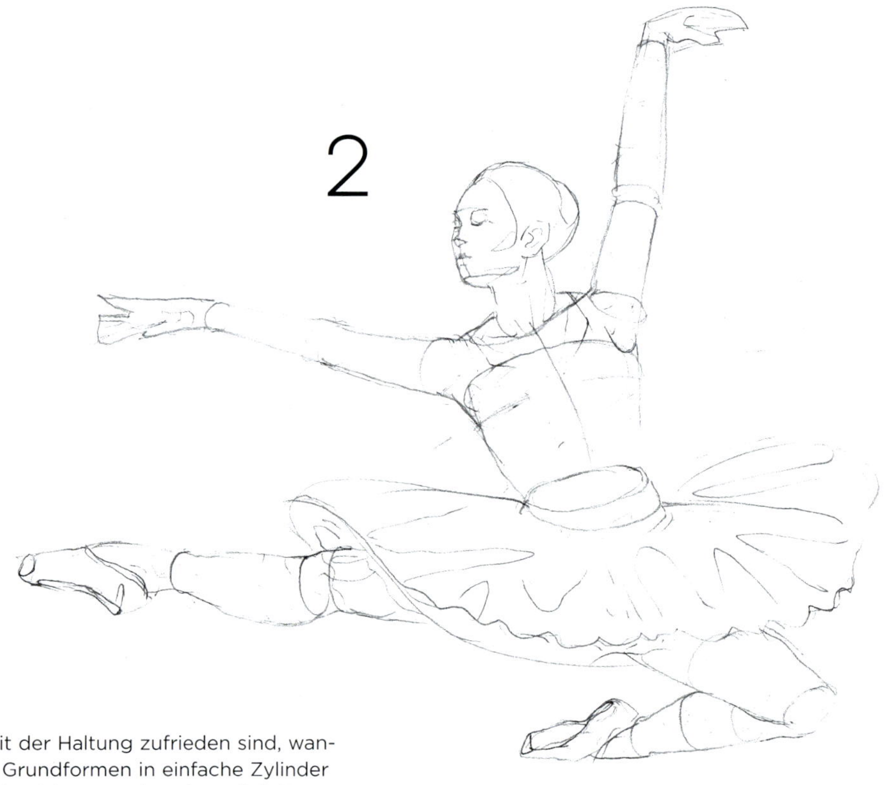

Wenn Sie mit der Haltung zufrieden sind, wandeln Sie die Grundformen in einfache Zylinder um, sodass ihr Volumen erkennbar wird. Erst danach folgt die weitere Ausarbeitung.

3

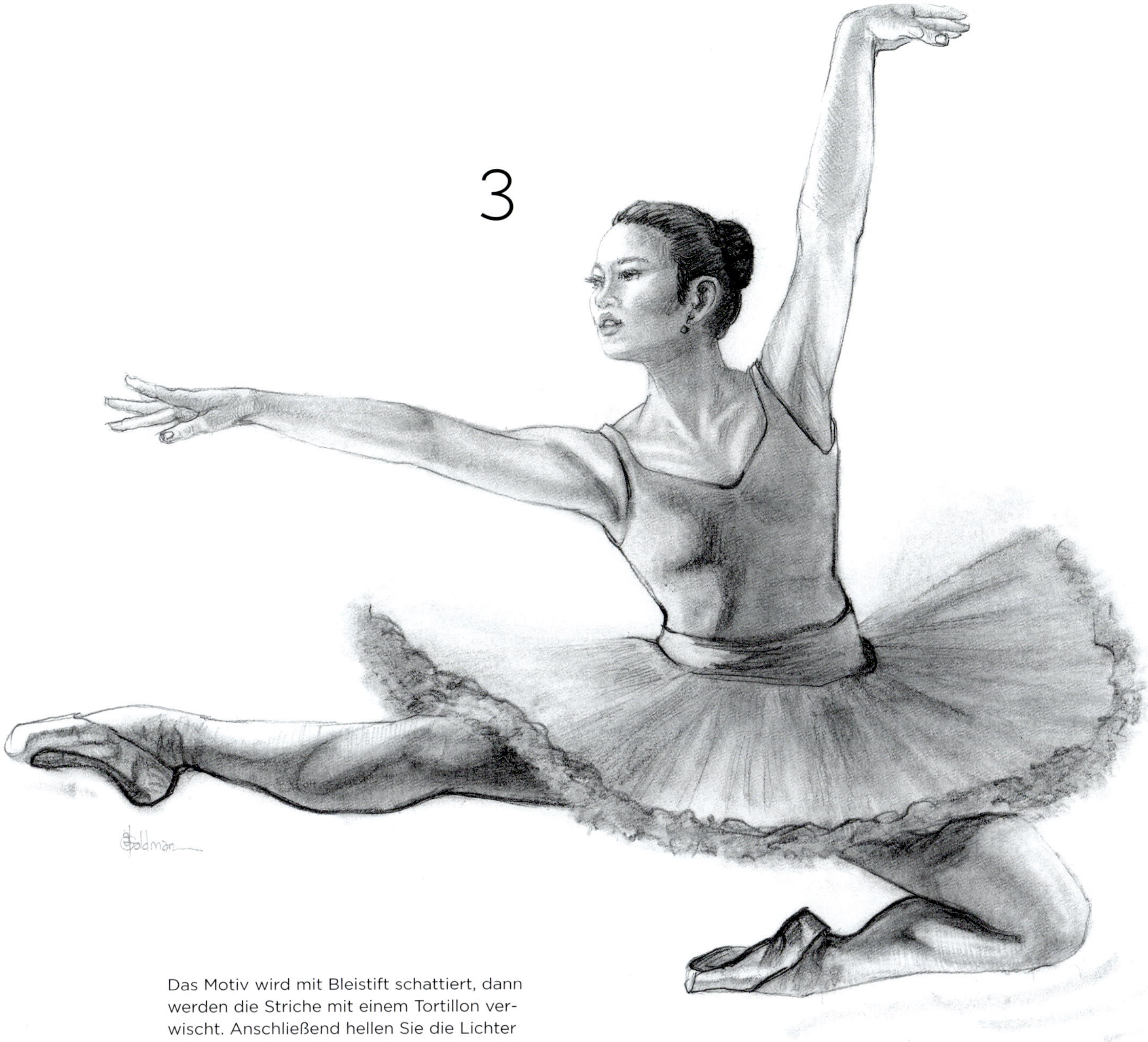

Das Motiv wird mit Bleistift schattiert, dann werden die Striche mit einem Tortillon verwischt. Anschließend hellen Sie die Lichter mit einem Knetradierer auf und ziehen einige Konturen mit einem weichen Bleistift nach.

Knetradiergummi

Ein Knetradierer ist ein unverzichtbares Hilfsmittel für Bleistiftzeichnungen. Er ist geschmeidig wie Ton und lässt sich in jede beliebige Form bringen. Kneten Sie den Radiergummi, bis er weich wird. Dann tupfen oder rollen Sie ihn über Bereiche, um den Tonwert langsam und bewusst aufzuhellen. Dieser Radiergummi hinterlässt keine Krümel. Um ihn zu reinigen, kneten Sie ihn einfach. Hat der Radiergummi so viel Grafit aufgenommen, dass er nicht mehr sauber radiert, muss er ersetzt werden.

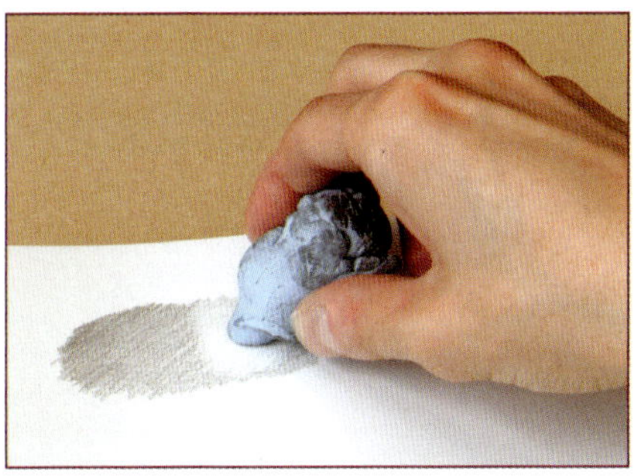

Zum Aufhellen den Knetradierer über das Papier rollen oder sanft mit ihm tupfen.

SPRINTERIN

1

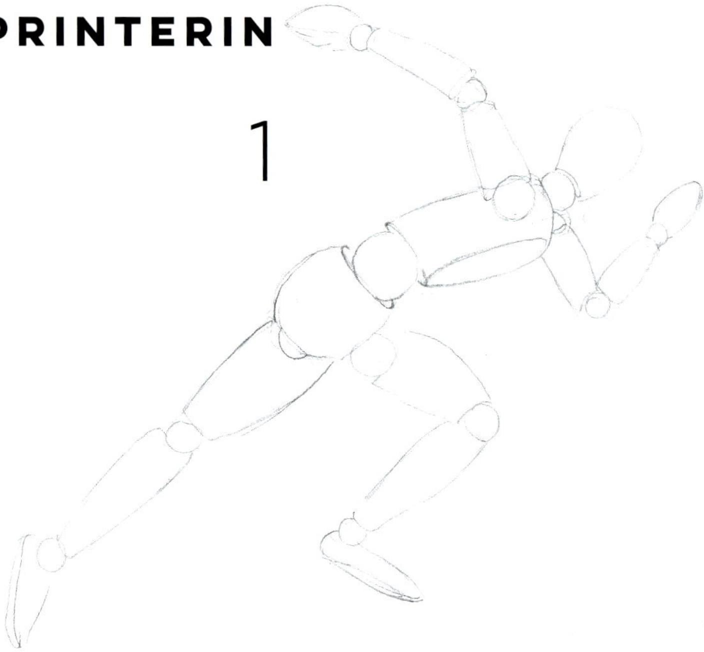

Für Zeichner:innen, die das Darstellen bewegter Figuren erlernen möchten, ist eine Gliederpuppe hilfreich. Bauen Sie den Körper aus zylindrischen Grundformen auf.

2

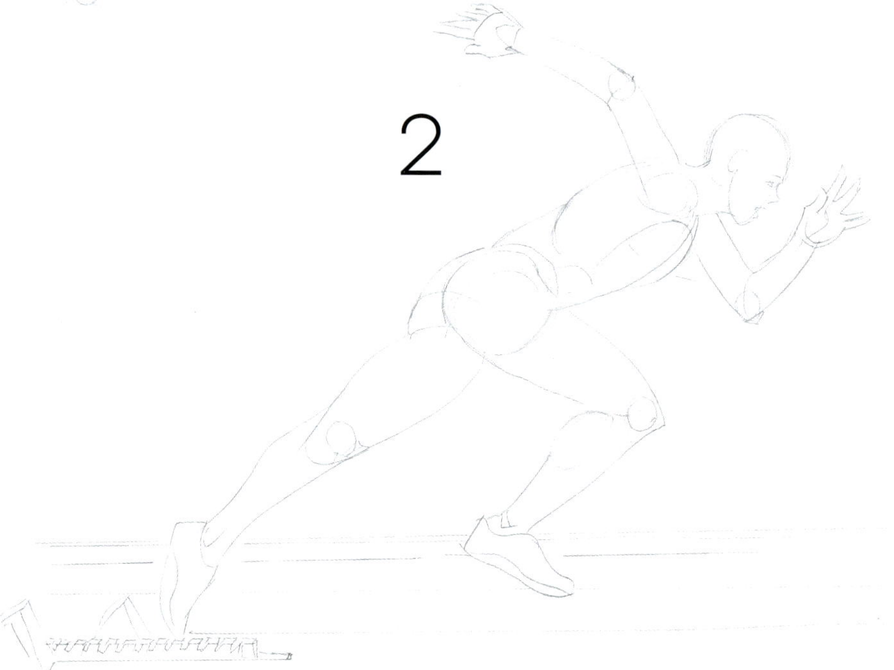

Grundkenntnisse der Anatomie sind ebenfalls wichtig, um realistische Figuren in Bewegung darzustellen und aus zweidimensionalen Umrissen glaubwürdige dreidimensionale Formen zu entwickeln. Die besten Werkzeuge für eine genaue Zeichnung sind jedoch Geduld und Sorgfalt.

3

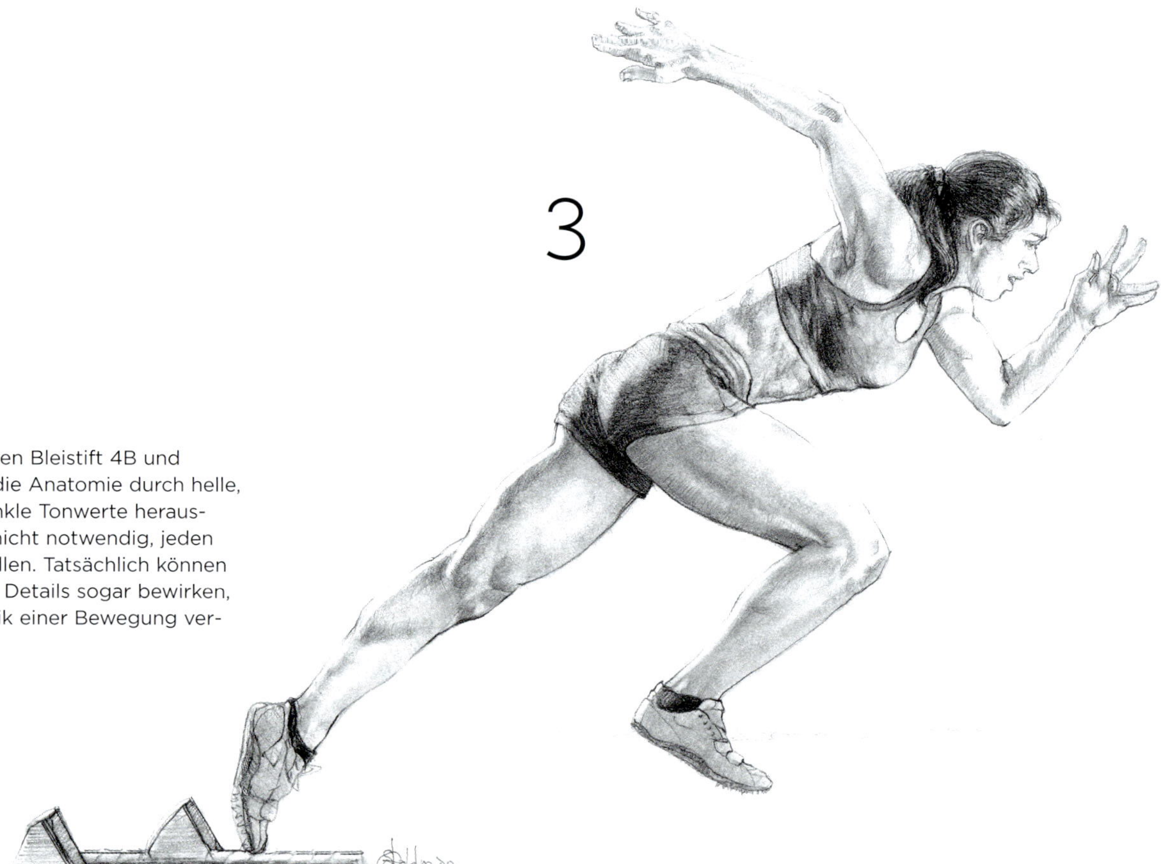

Mit einem weichen Bleistift 4B und einem Tortillon die Anatomie durch helle, mittlere und dunkle Tonwerte herausarbeiten. Es ist nicht notwendig, jeden Muskel darzustellen. Tatsächlich können übermäßig viele Details sogar bewirken, dass die Dynamik einer Bewegung verlorengeht.

JOGGERIN

Die Verwendung zylindrischer Formen hilft auch hier, die Anatomie, die Masse und das Volumen dieser Figur in Bewegung zu erfassen. Beachten Sie, wie deutlich die Vorder- und Seitenebenen des Rumpfs voneinander unterschieden werden.

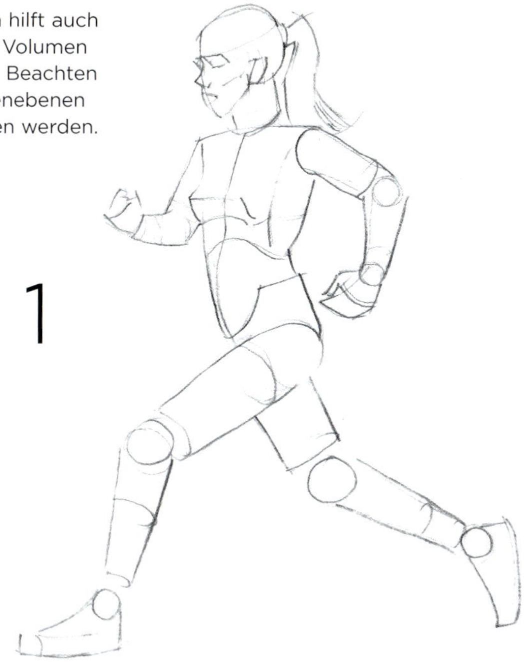

1

Jetzt die unterschiedlichen Tonwerte auf den Vorder- und Seitenflächen von Rumpf, Beinen, Armen, Hals und Gesicht mit lockeren Strichen andeuten. Nachdem die Position der Lichtquelle festgelegt ist, können die Schattenbereiche mit leichten, schnellen Schraffuren eingefügt werden.

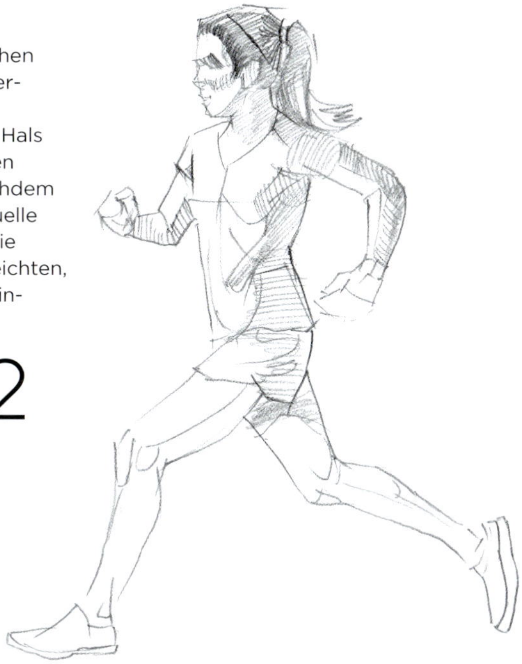

2

Im letzten Schritt die Bleistiftstriche verwischen und die Anatomie des Körpers genauer ausarbeiten. Versuchen Sie, das Volumen des Körpers zu vermitteln, indem Sie die primäre Lichtquelle, den Kernschatten und das reflektierte Licht auf dem vorderen Bein sowie einen Schlagschatten unter der Figur andeuten.

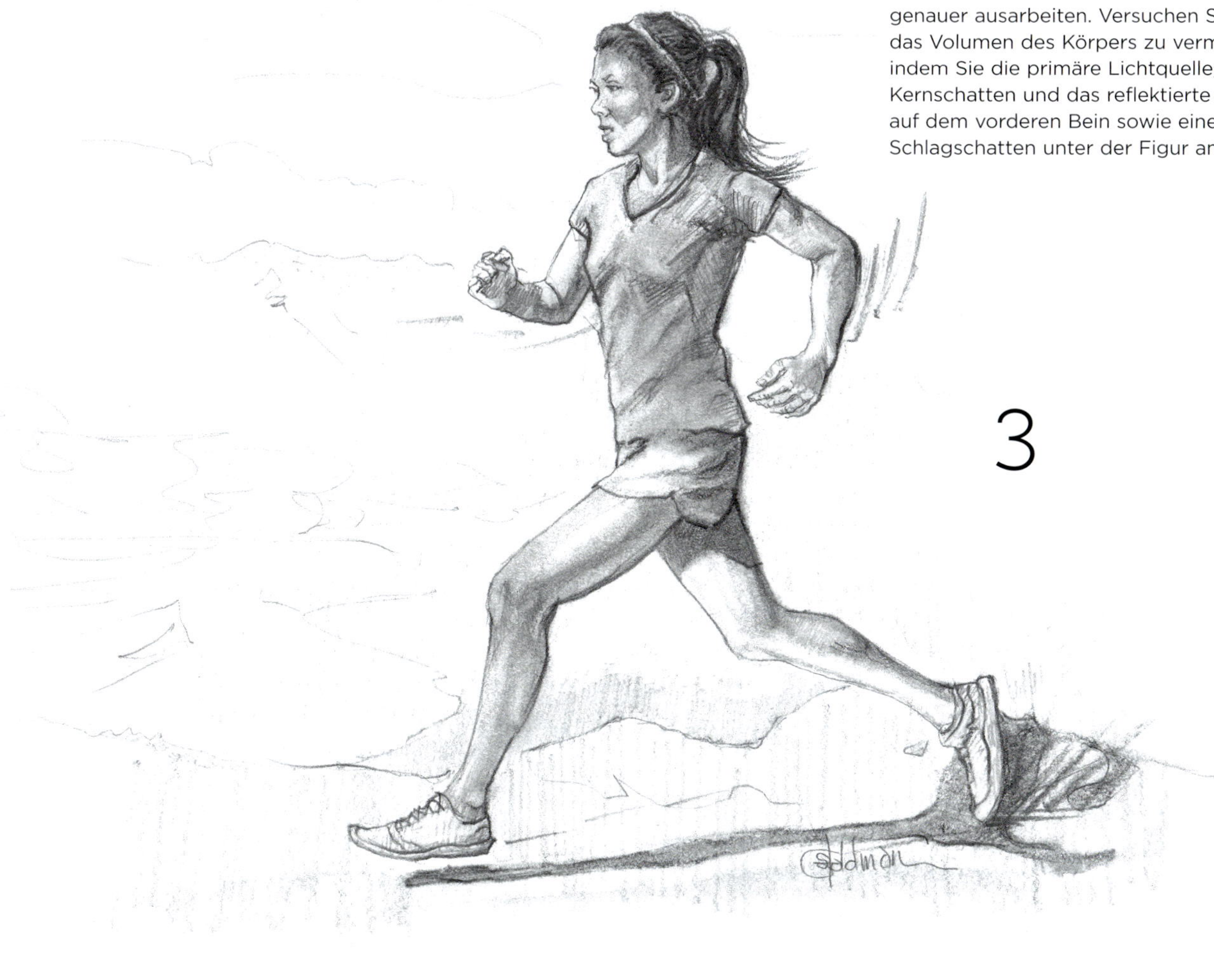

3

FUSSBALLER

1

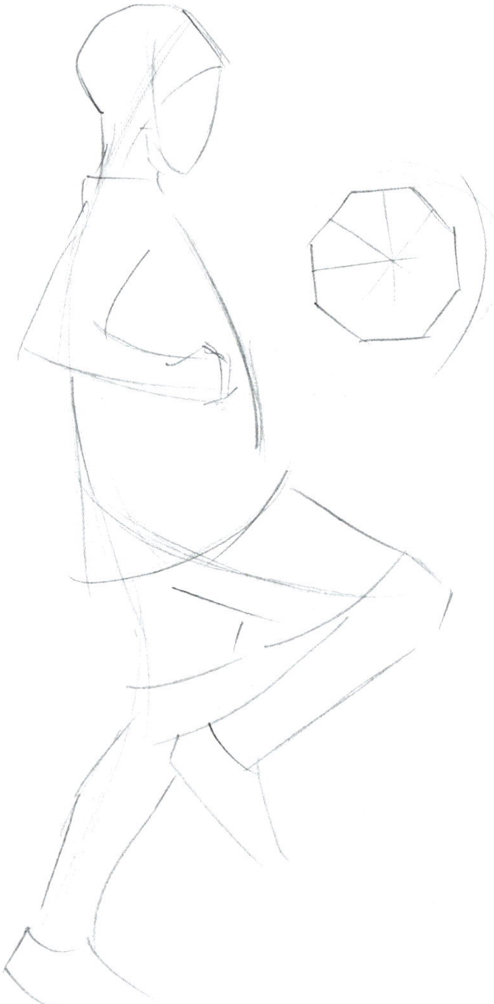

Zuerst die Figur des Fußballspielers mit großzügigen, gestischen Strichen skizzieren. Besonders wichtig ist, die Beziehung zwischen dem angewinkelten Bein und dem fliegenden Ball zu vermitteln. Arbeiten Sie mit einfachen Strichen. Kleine Details würden den Gesamtrhythmus stören.

2

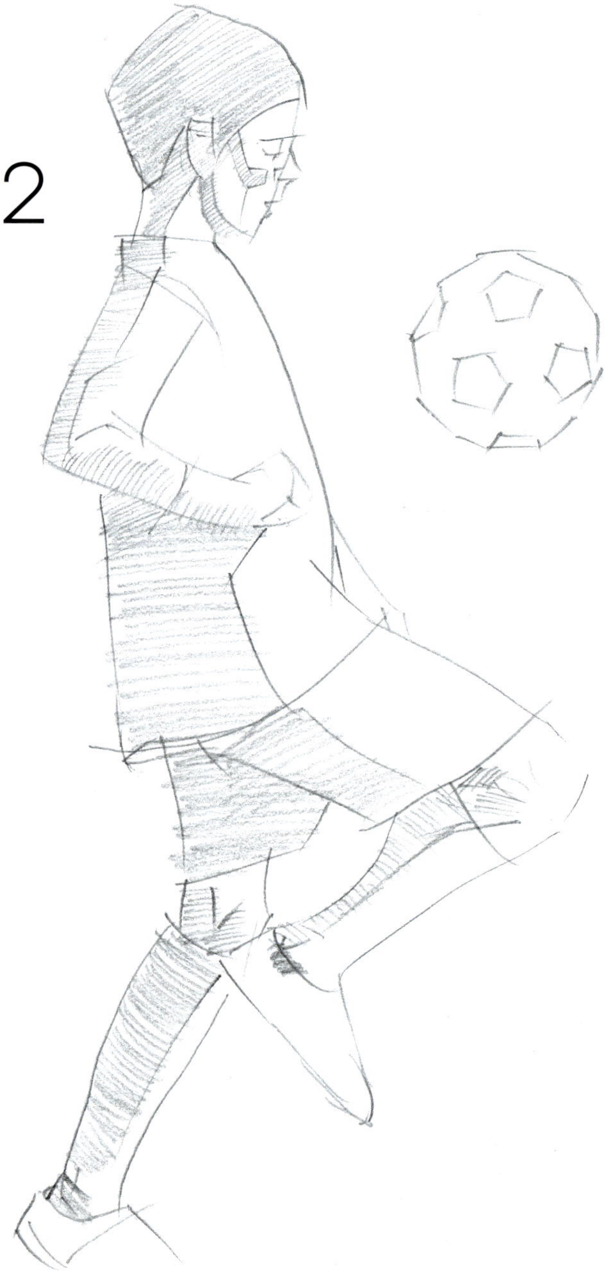

Um die Dynamik der Pose darzustellen, müssen nur die vordere und hintere Ebene voneinander unterschieden werden. Danach können die Details eingefügt werden.

3

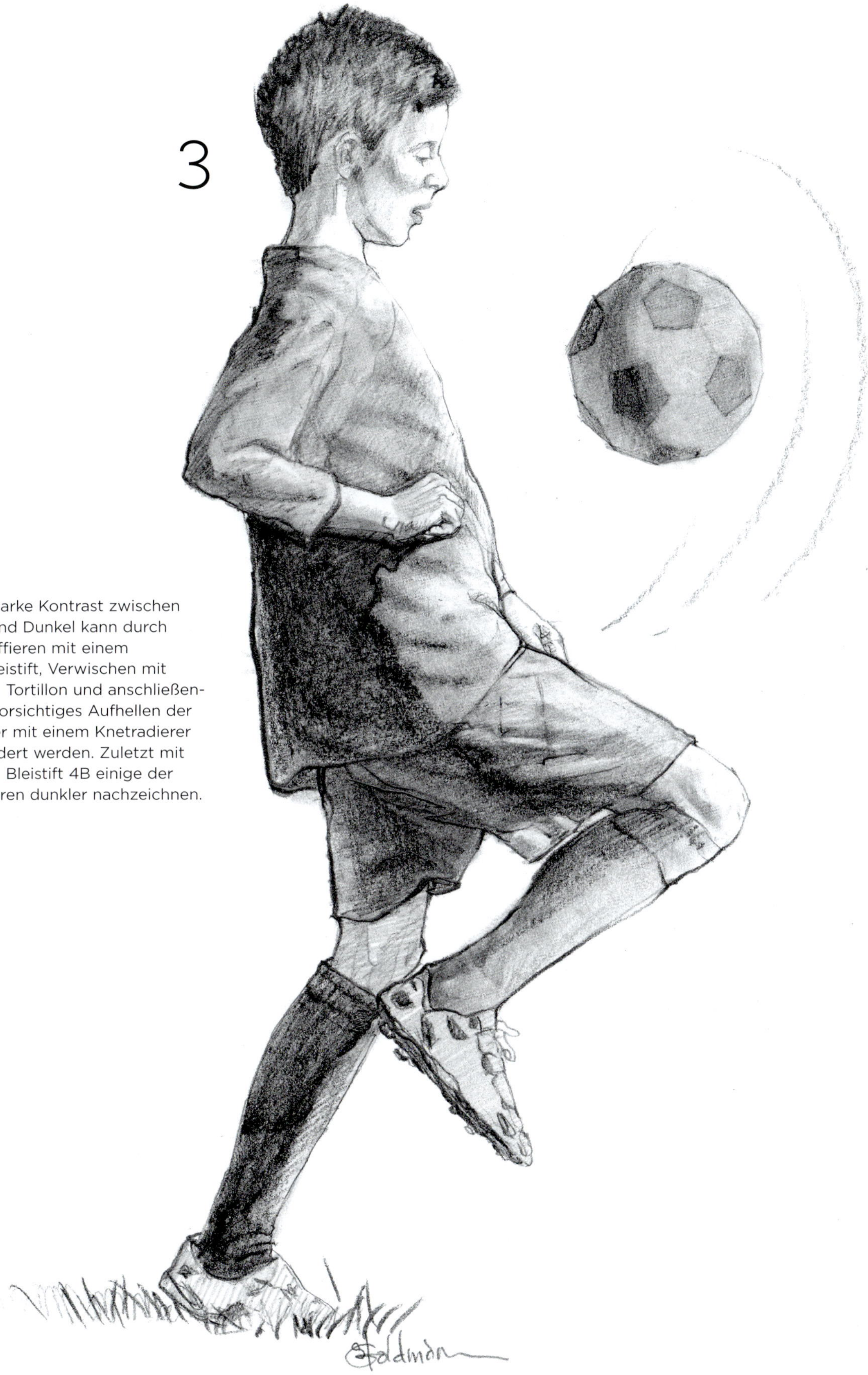

Der starke Kontrast zwischen Hell und Dunkel kann durch Schraffieren mit einem 2B-Bleistift, Verwischen mit einem Tortillon und anschließendes, vorsichtiges Aufhellen der Lichter mit einem Knetradierer gemildert werden. Zuletzt mit einem Bleistift 4B einige der Konturen dunkler nachzeichnen.

BASKETBALLSPIELER

Neben der Dynamik der eigentlichen Haltung sorgen auch die Bewegungslinien, die den Basketball umgeben, und der extreme Kontrast zwischen den hellen Shorts und dem dunklen Trikot für zusätzliche visuelle Spannung.

3

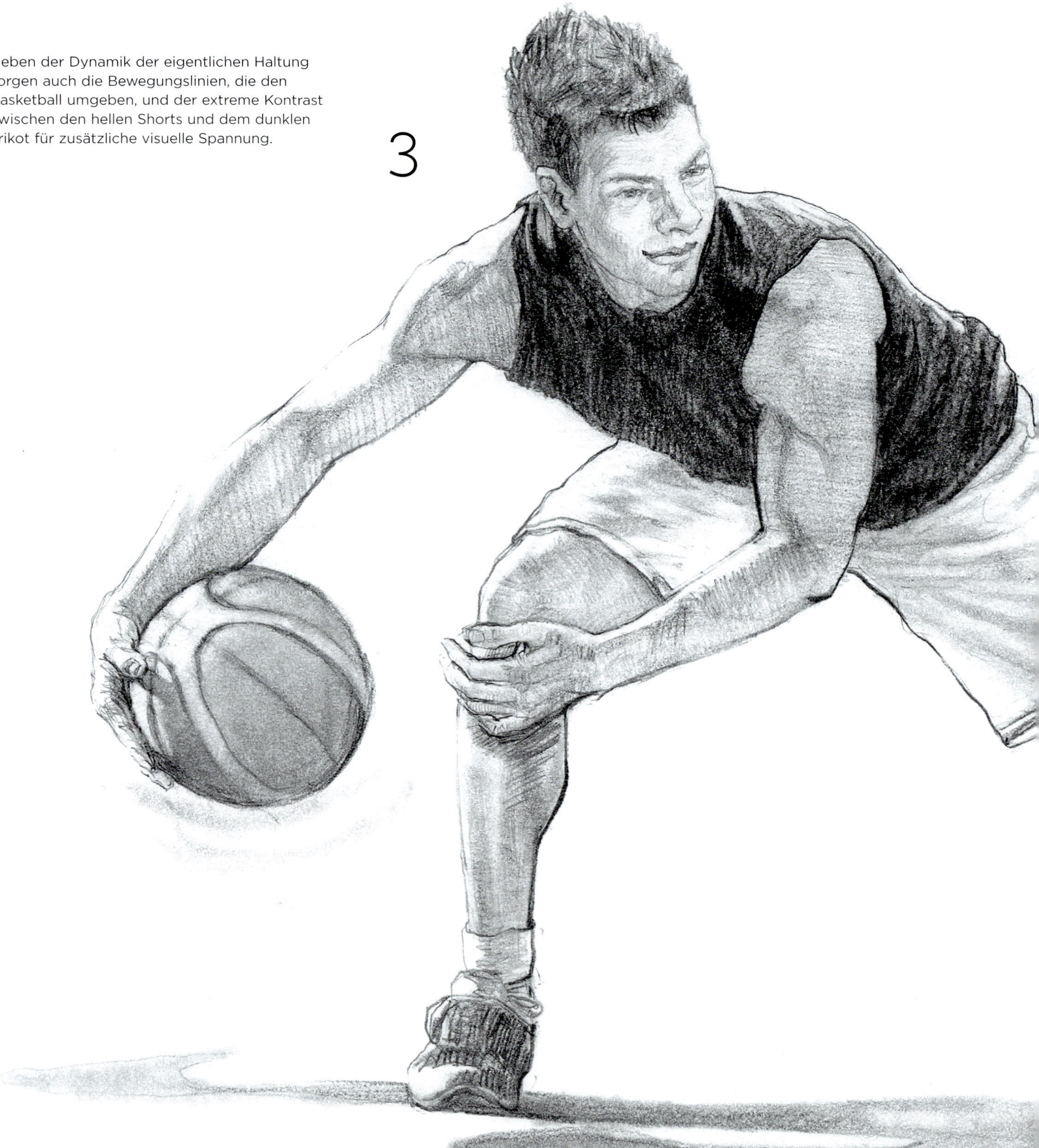

1

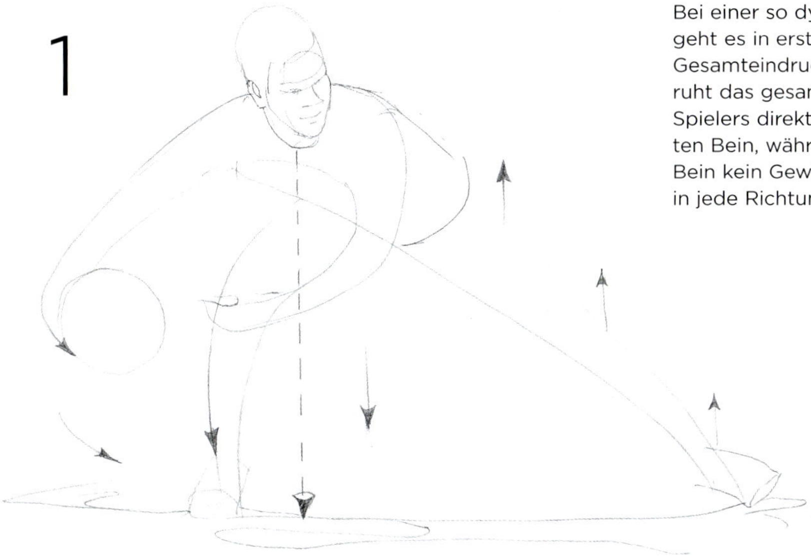

Bei einer so dynamischen Pose geht es in erster Linie um den Gesamteindruck. In diesem Fall ruht das gesamte Gewicht des Spielers direkt auf seinem rechten Bein, während sein linkes Bein kein Gewicht trägt und sich in jede Richtung bewegen kann.

2

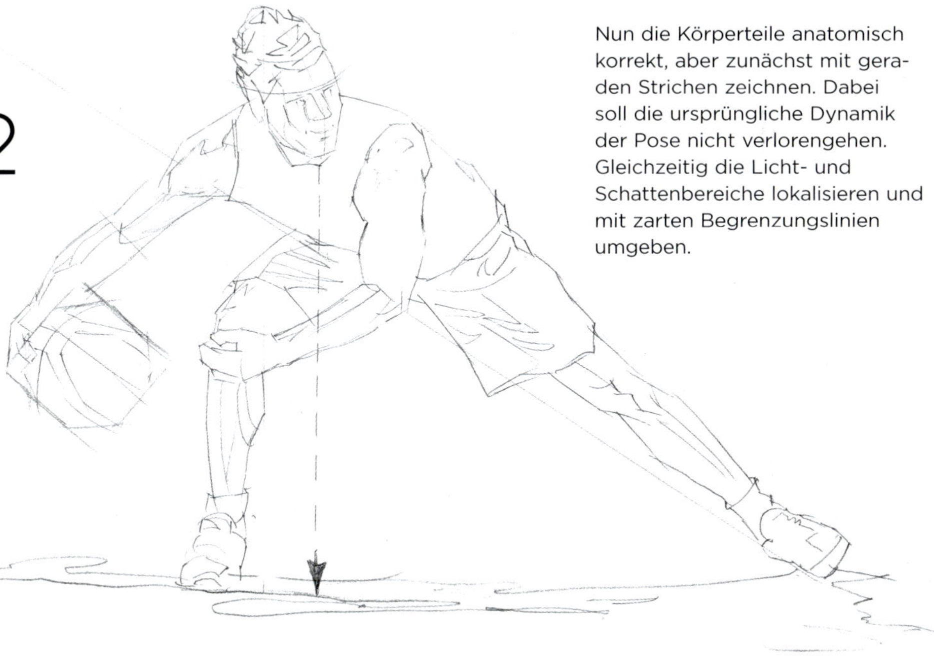

Nun die Körperteile anatomisch korrekt, aber zunächst mit geraden Strichen zeichnen. Dabei soll die ursprüngliche Dynamik der Pose nicht verlorengehen. Gleichzeitig die Licht- und Schattenbereiche lokalisieren und mit zarten Begrenzungslinien umgeben.

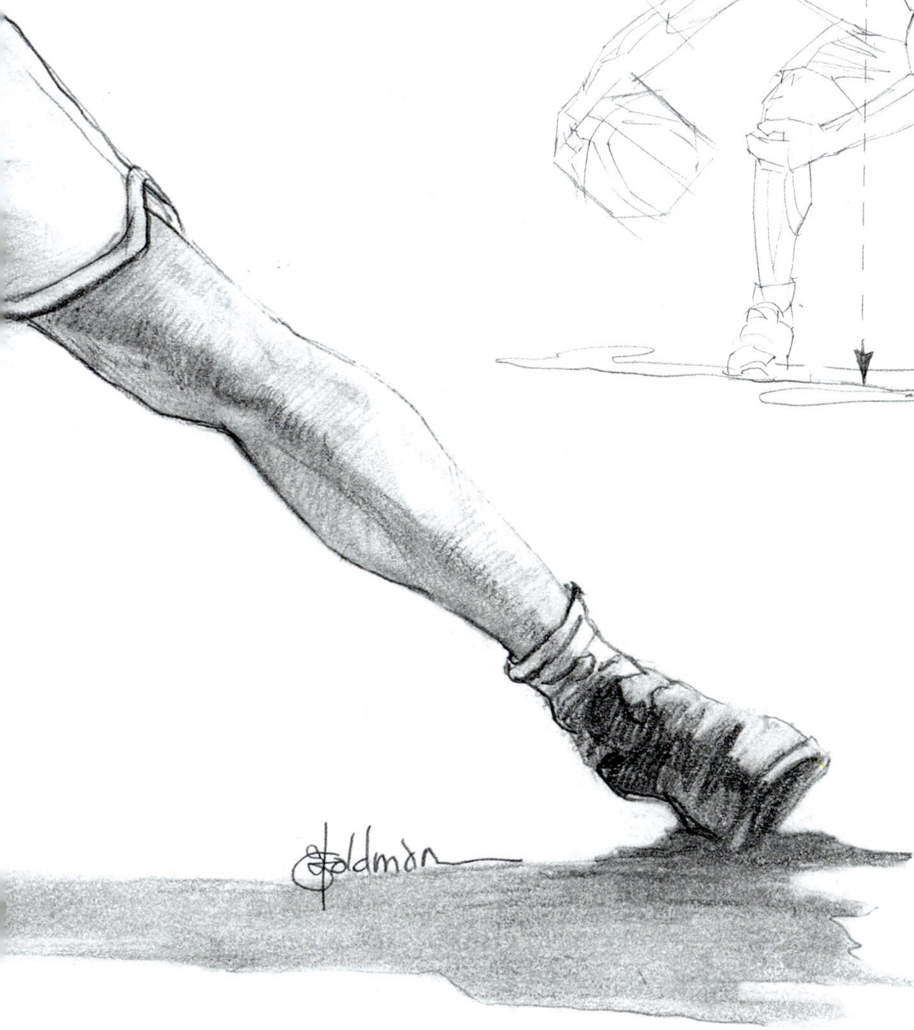

3

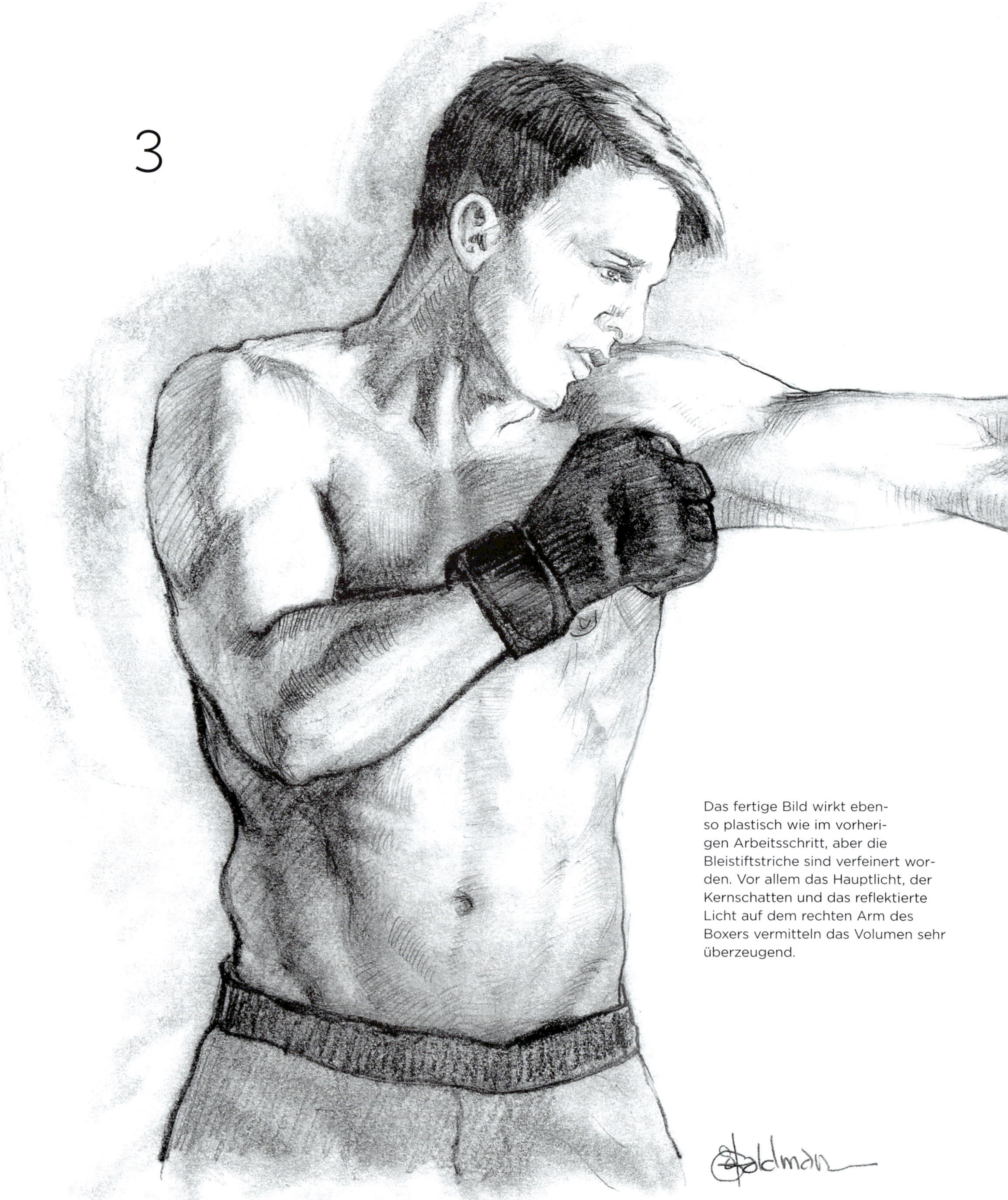

Das fertige Bild wirkt ebenso plastisch wie im vorherigen Arbeitsschritt, aber die Bleistiftstriche sind verfeinert worden. Vor allem das Hauptlicht, der Kernschatten und das reflektierte Licht auf dem rechten Arm des Boxers vermitteln das Volumen sehr überzeugend.

1

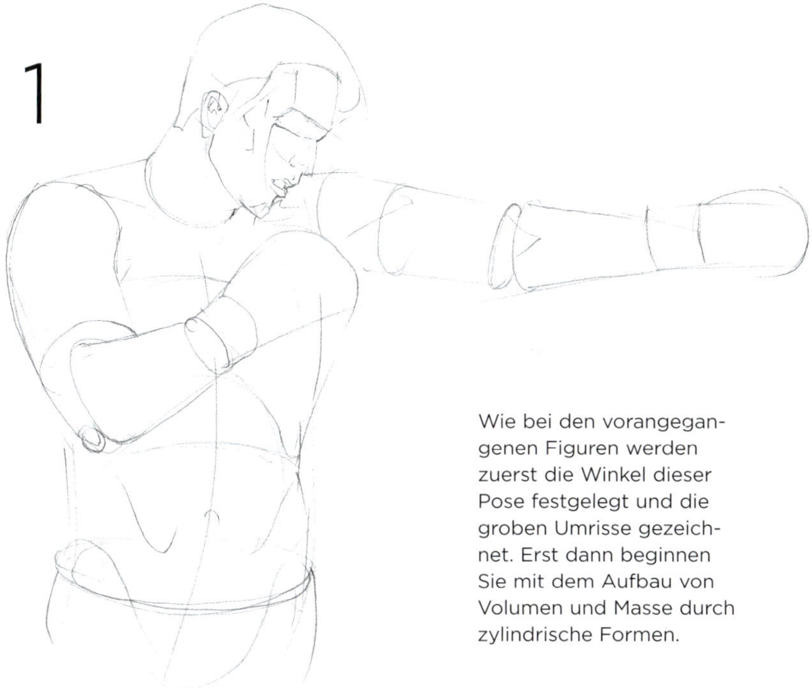

Wie bei den vorangegangenen Figuren werden zuerst die Winkel dieser Pose festgelegt und die groben Umrisse gezeichnet. Erst dann beginnen Sie mit dem Aufbau von Volumen und Masse durch zylindrische Formen.

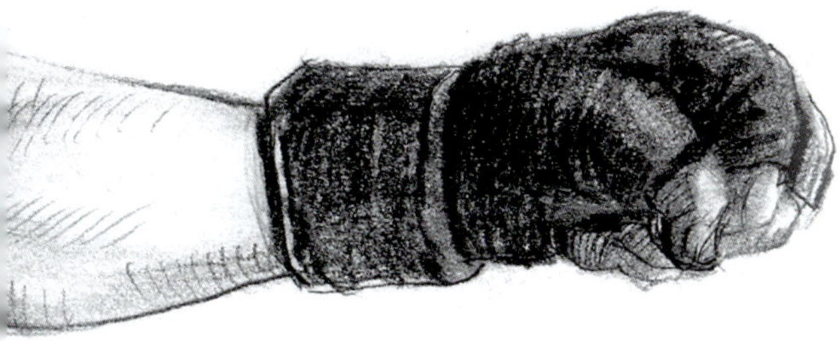

2

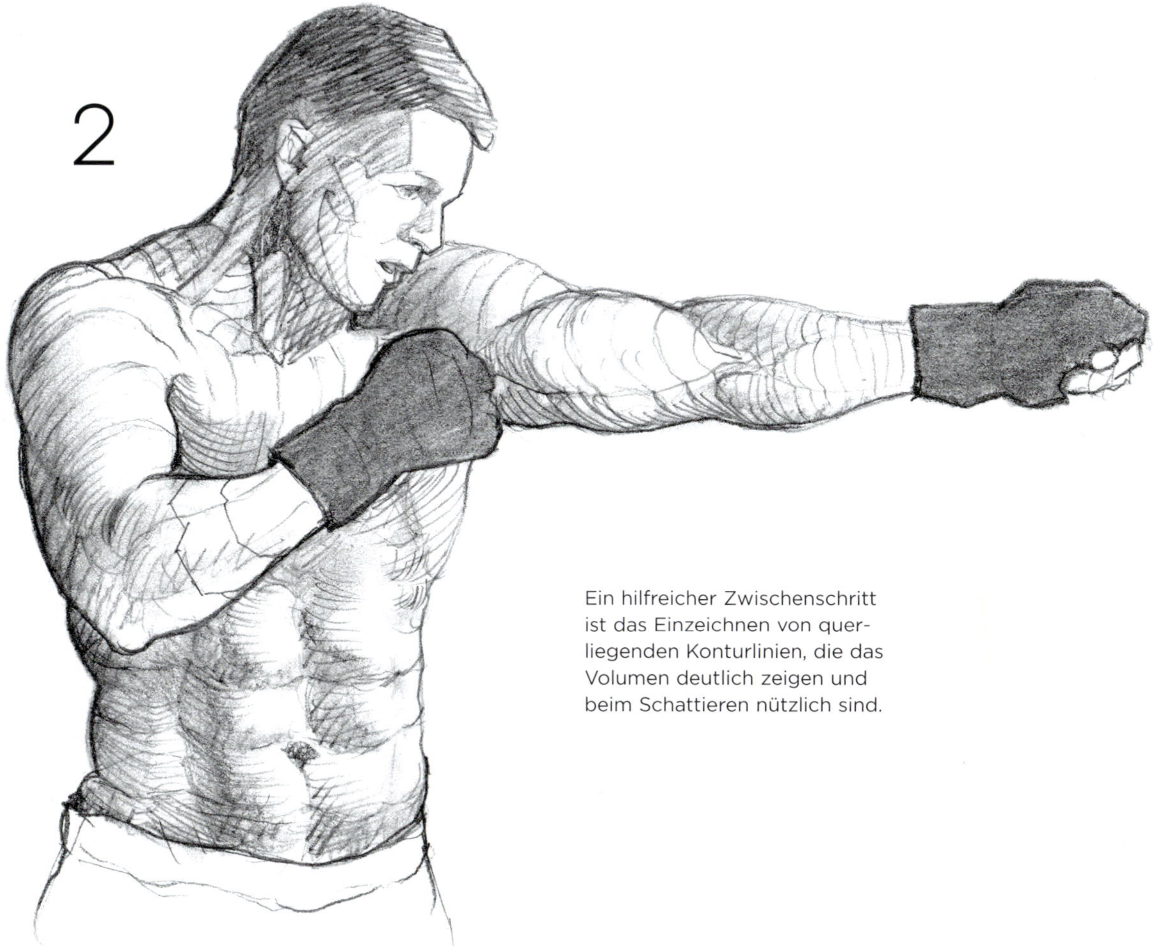

Ein hilfreicher Zwischenschritt ist das Einzeichnen von querliegenden Konturlinien, die das Volumen deutlich zeigen und beim Schattieren nützlich sind.

SCHWIMMER

1

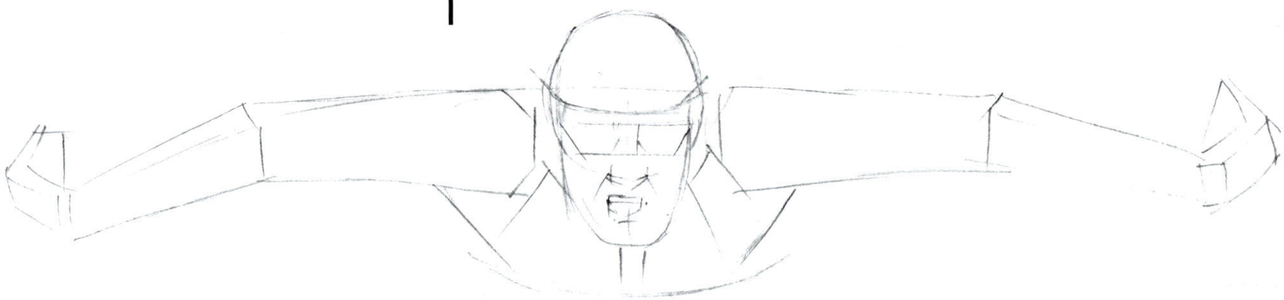

Damit diese Pose symmetrisch ausfällt, legen Sie zuerst die Mittellinie der Figur fest. Dann eine waagerechte Hilfslinie zeichnen, damit später beide Arme auf gleicher Höhe liegen.

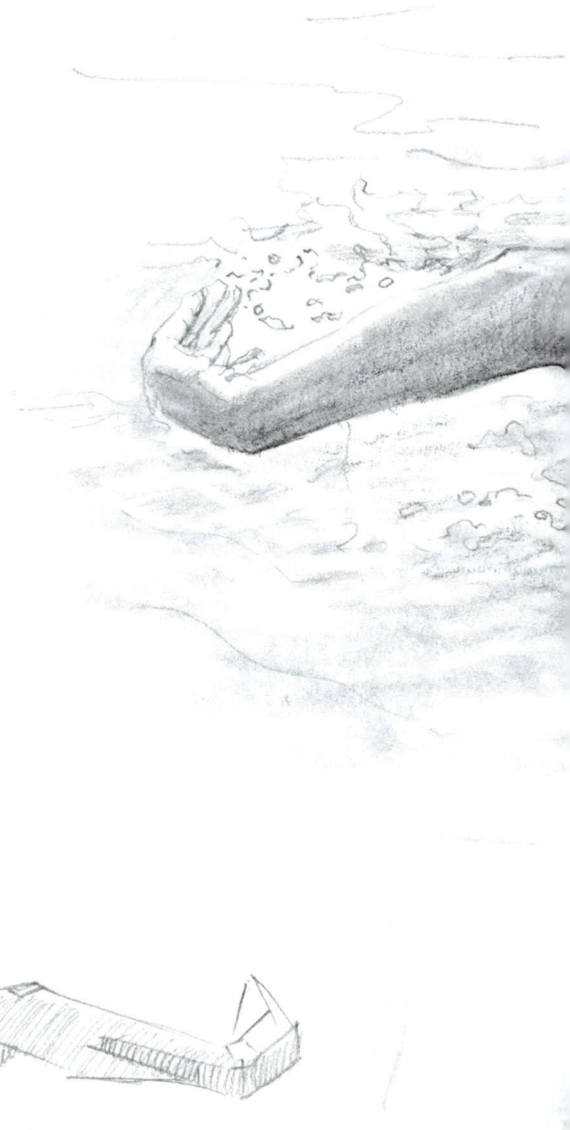

2

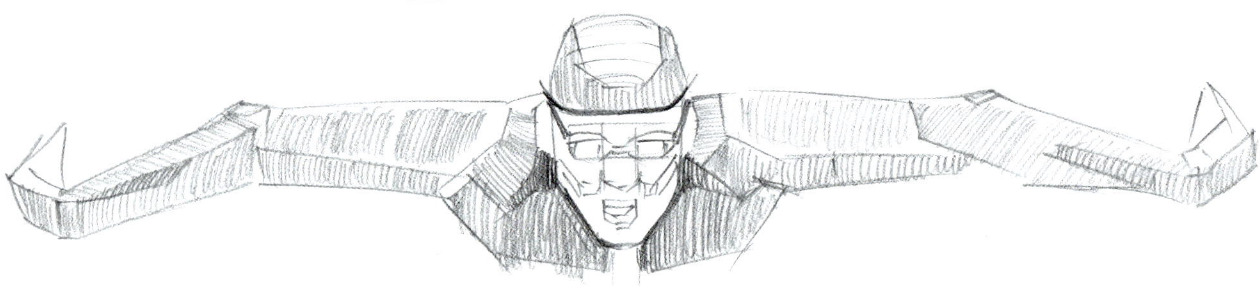

Auch wenn diese Pose einfach aussieht, sind die Feinheiten ihrer Anatomie es nicht. Wie immer bei komplexen anatomischen Zeichnungen ist es ratsam, zuerst die oberen, seitlichen und unteren Flächen aller wichtigen Muskeln voneinander abzugrenzen.

3

Das Wasser schafft den nötigen Kontext und lässt erkennen, was die Person tut. Der dunkle Torso und die Spiegelung im Vordergrund lassen das aufschäumende Wasser vor dem Schwimmer hervortreten.

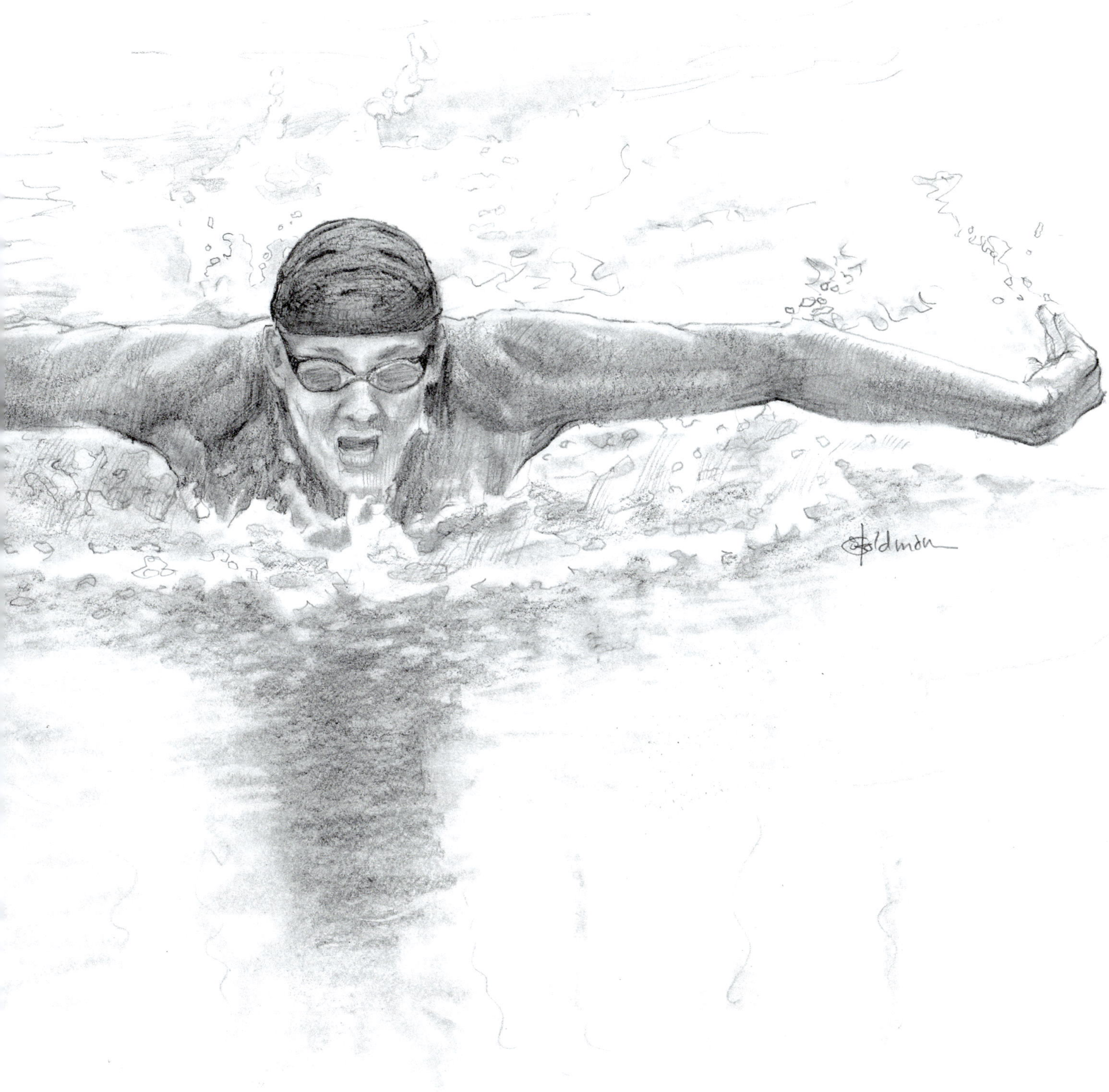

KINDER IN BEWEGUNG

Wer Kinder beim Spielen beobachtet, stellt fest, dass sie ständig mit ihrer Umgebung interagieren. Sie planschen im Wasser, treten, werfen, pflücken Blumen. Sie sind lebhaft und etwas unberechenbar. Versuchen Sie, diesen Reiz des Augenblicks in Ihren Zeichnungen einzufangen. In dieser Schritt-für-Schritt-Übung können Sie sehen, dass die Bewegungen eines Kindes nicht immer temperamentvoll sein müssen. Diese Pose zeigt die sanfte Bewegung eines Mädchens, das in den Samenstand eines Löwenzahns pustet.

KIND MIT PUSTEBLUME

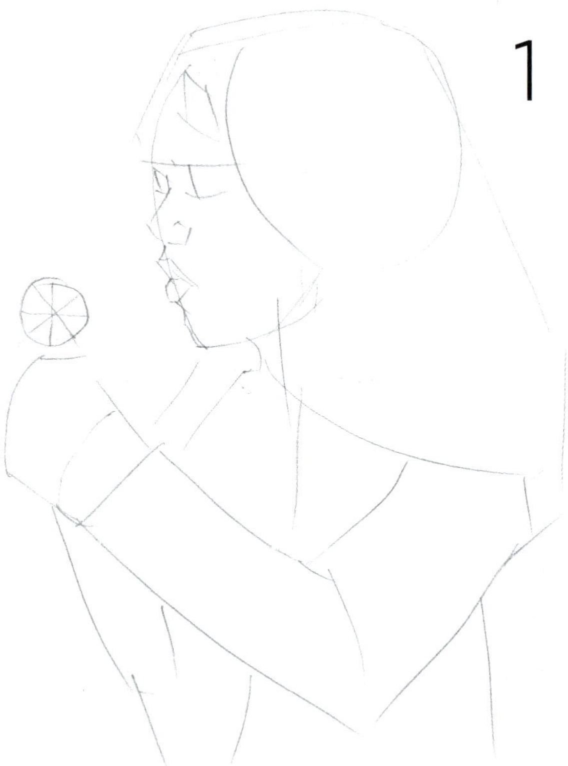

1

Ein echtes Profil ist viel einfacher zu zeichnen als ein »Fast-Pofil«. Um die Proportionen von Augen und Nase korrekt zu erfassen, beginnen Sie mit dem hinteren Auge und arbeiten sich vorsichtig und proportionsgetreu nach außen vor, wobei Sie zunächst nur vereinfachte Grundformen zeichnen.

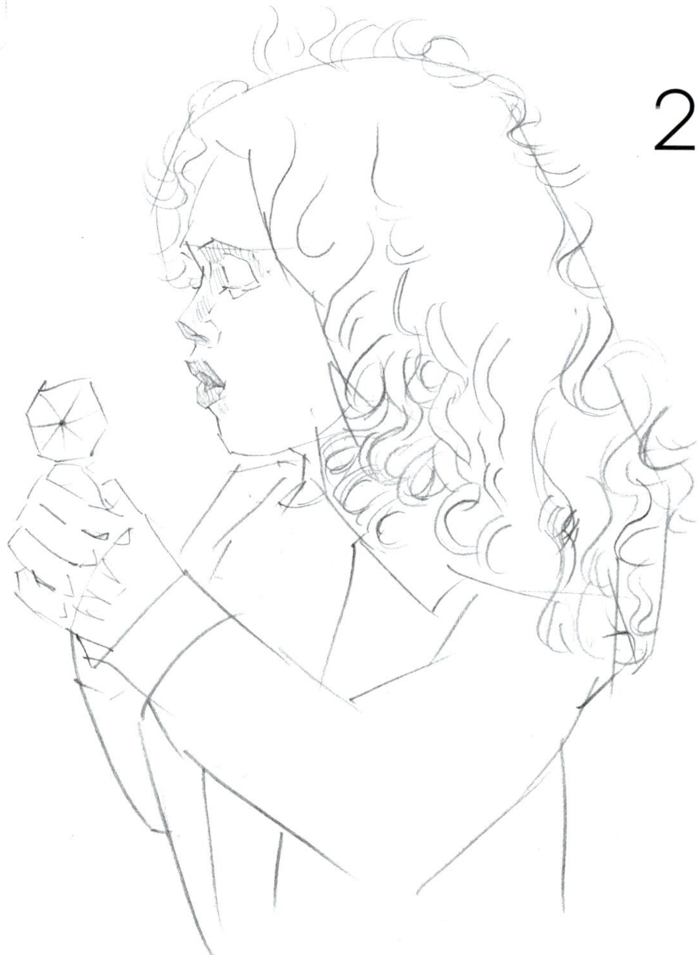

2

Danach die Details mit leichter Hand und weichen, einfachen Strichen einzeichnen.

3

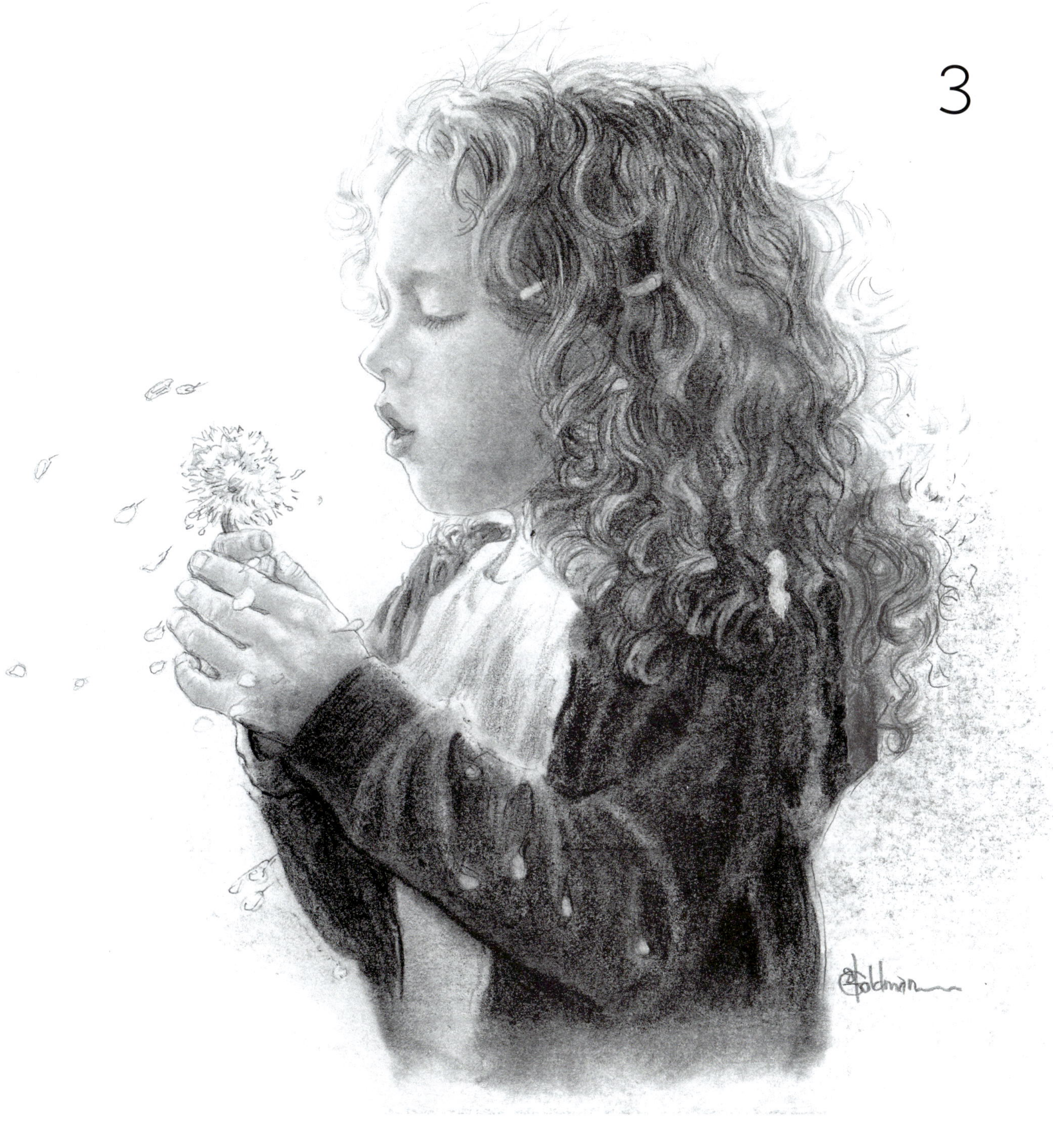

Nun die Details des Gesichts, der Haare und der Hände genauer ausarbeiten. Beachten Sie, dass die dunklen Haare und der Pullover weiche Ränder haben, während die Konturen von Gesicht und Händen klarer definiert sind.

LAUFENDES KIND

1

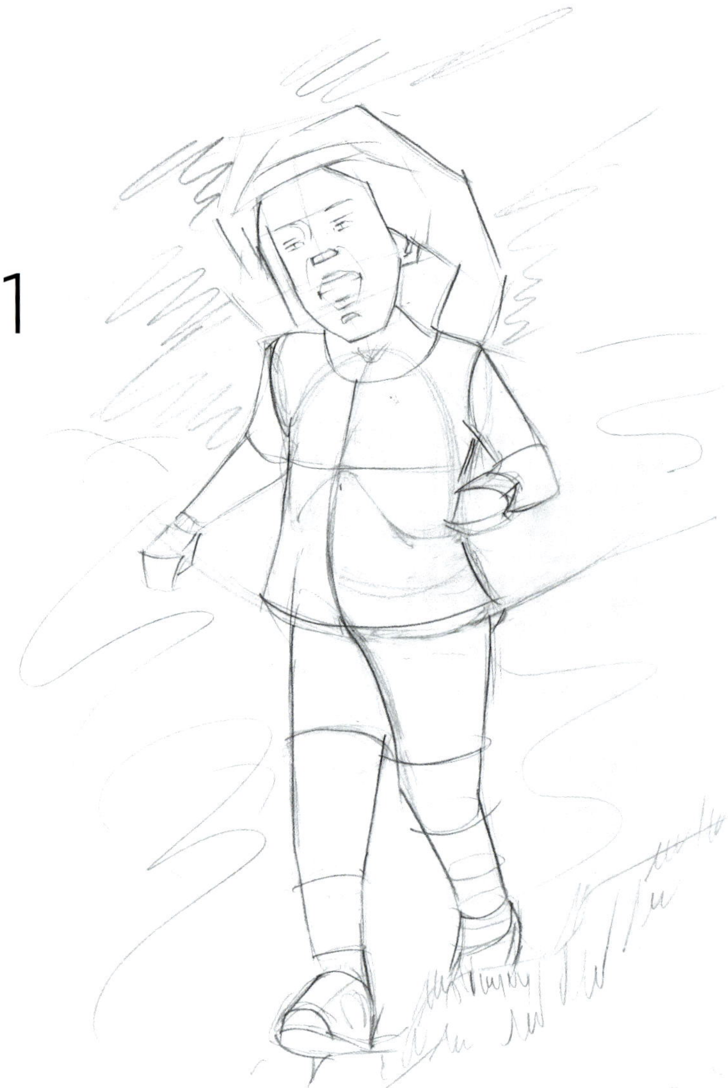

Zuerst den Brustkorb zeichnen, um die Schultern korrekt zu platzieren. Der Saum des Shirts liegt auf Höhe der Hüften. Stellen Sie Arme und Beine in diesem Stadium als Zylinder dar.

2

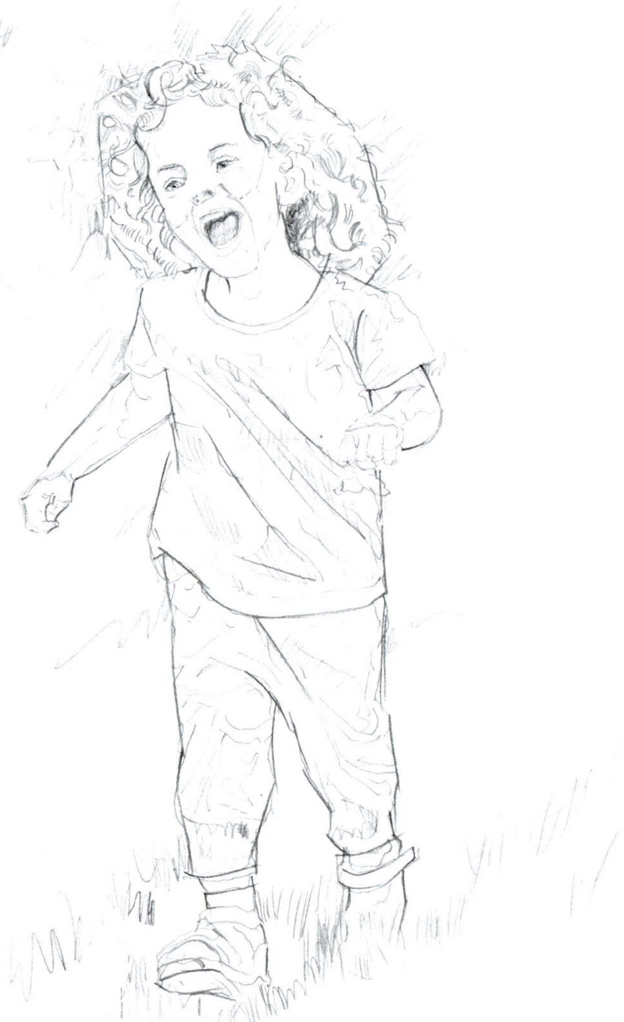

Nun die Falten der Kleidung, den Schuh sowie die Gesichtszüge und Haare genauer einzeichnen.

3

Diese Figur wird von hinten beleuchtet. Um den Eindruck von Gegenlicht zeichnerisch darzustellen, dunkeln Sie die gesamte Figur ab, indem Sie Grafitstriche mit einem Tortillon verwischen und am Rand der Figur ausradieren. Danach die Tonwerte auf den inneren Flächen auf ähnliche Weise verwischen.

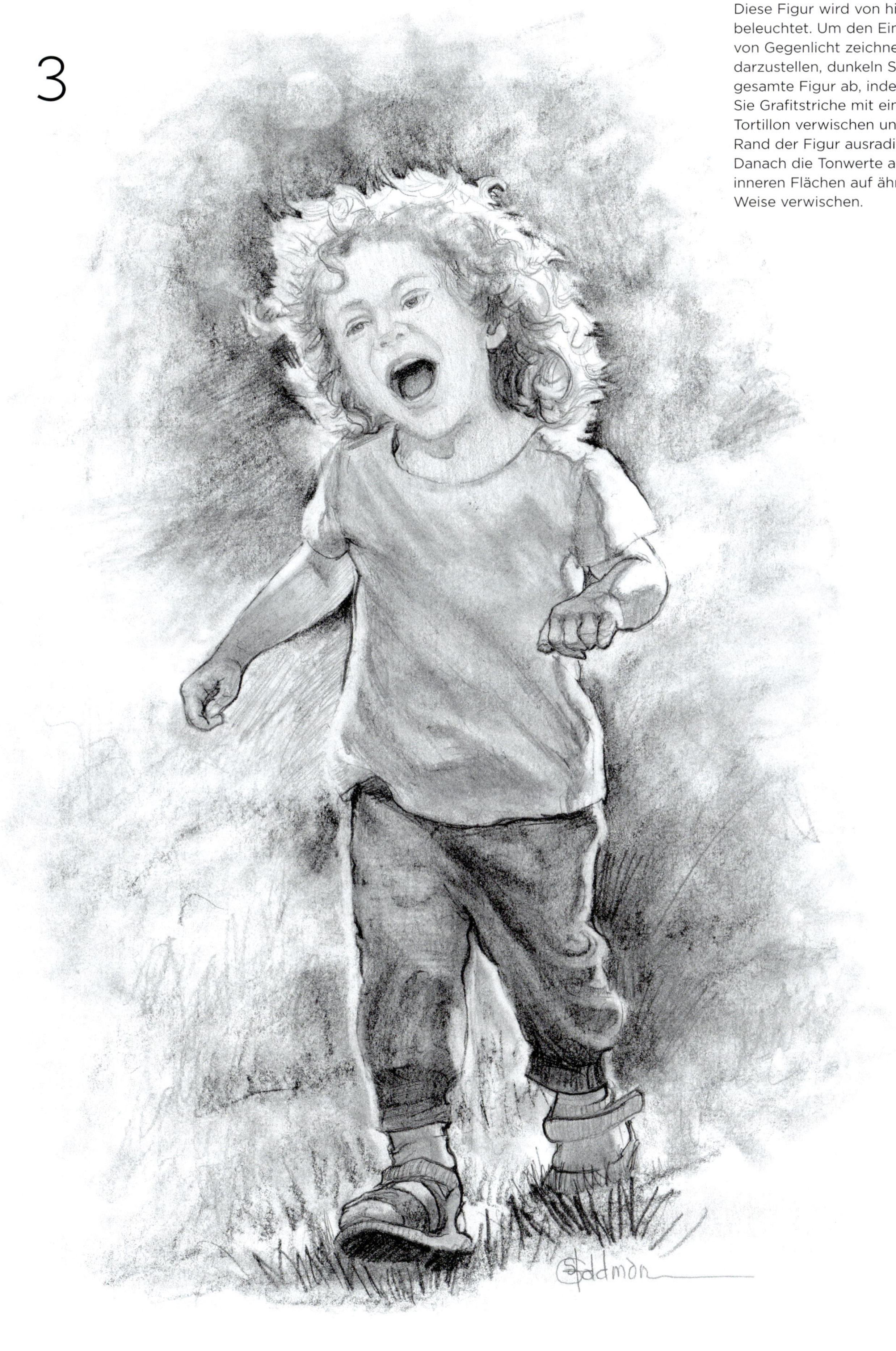

SPIELENDE KINDER

Die gleichen Prinzipien wie beim Zeichnen von Erwachsenen in Aktion können auch auf Kinder übertragen werden. Denken Sie aber daran, dass die Arme und Beine von Kindern meist etwas stämmiger sind als die eines Erwachsenen, und dass die Proportionen des Kinderkörpers anders sind.

A

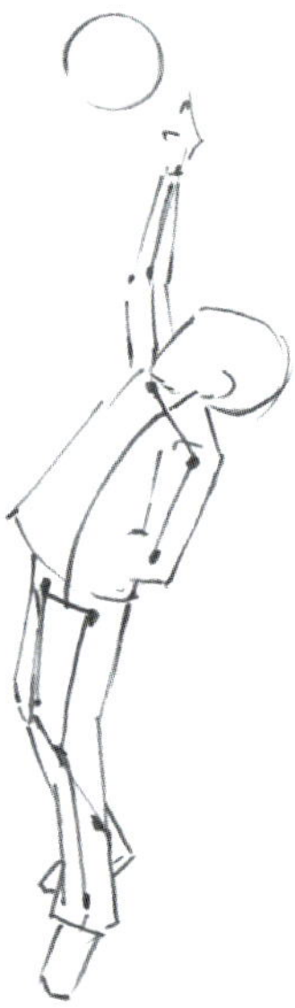

B

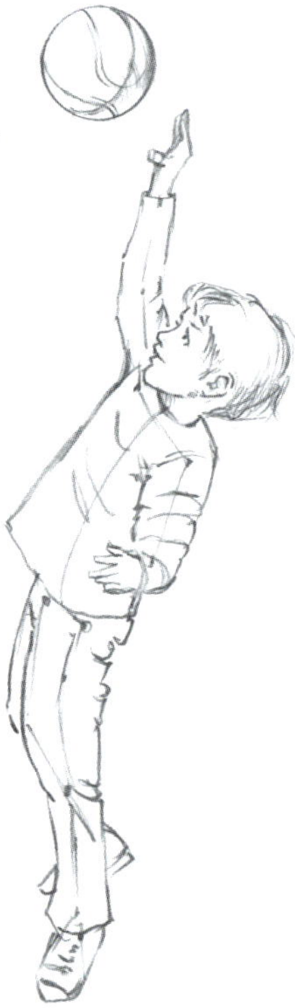

A

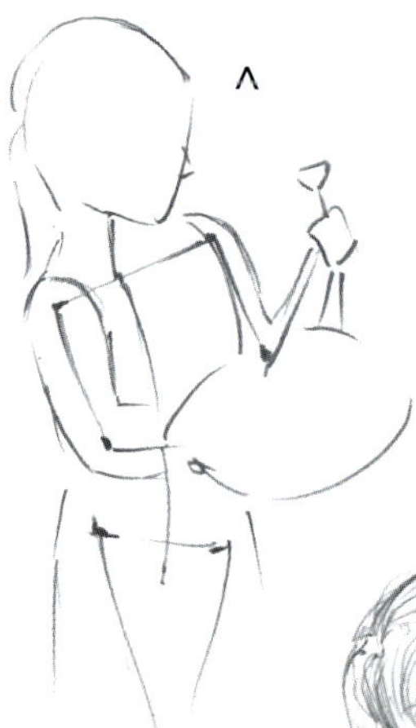

B

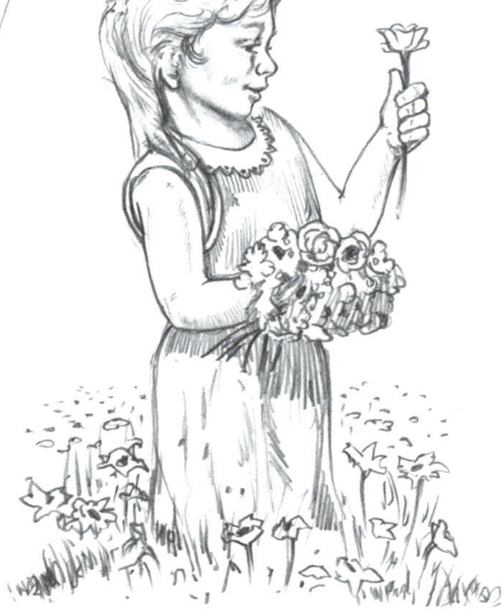

A

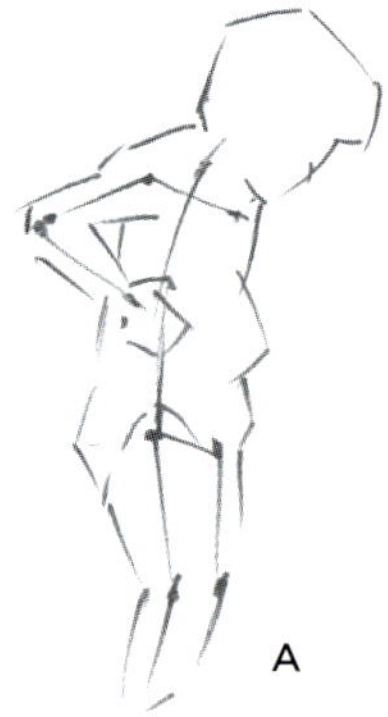

B

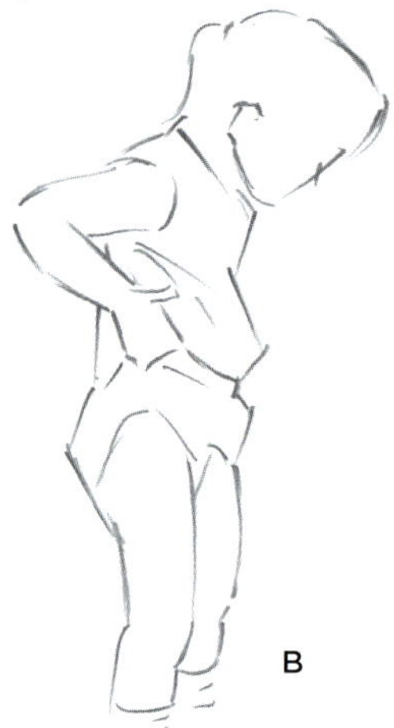

C

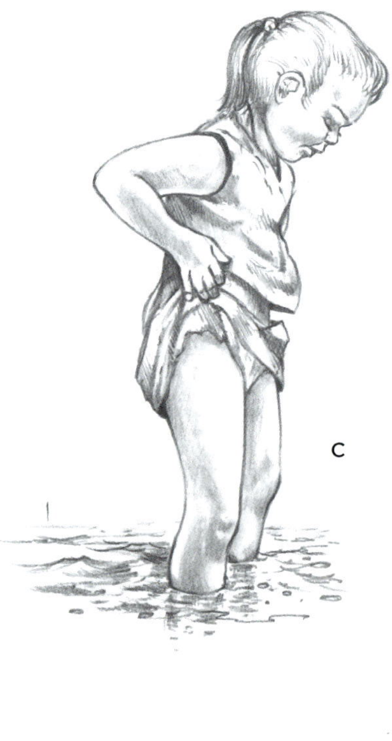

A

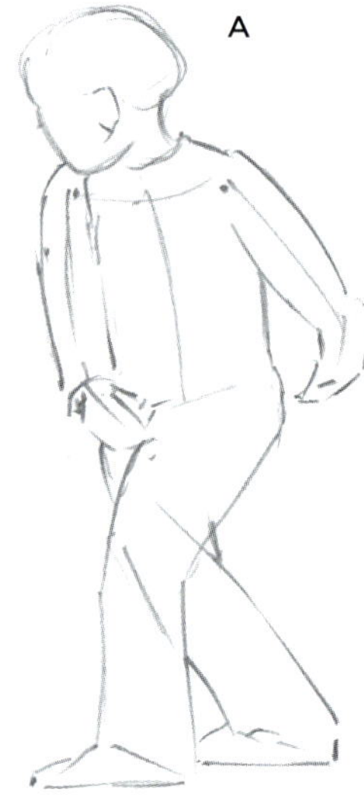

B

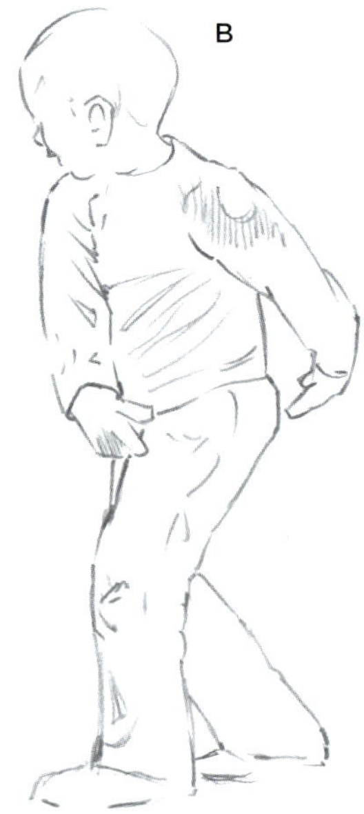

C

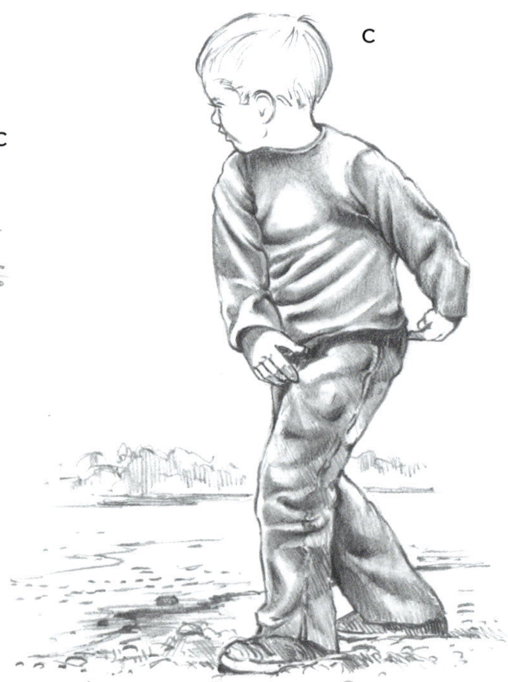

Kinder in Bewegung

Um die Bewegungen eines Kindes zu erfassen, müssen Sie lernen, das Wesentliche der Aktion schnell zu erkennen und zügig zu Papier zu bringen. Oft reicht dafür eine schnelle gestische Skizze aus, wie diese Beispiele zeigen. Details können später noch hinzugefügt werden.

A

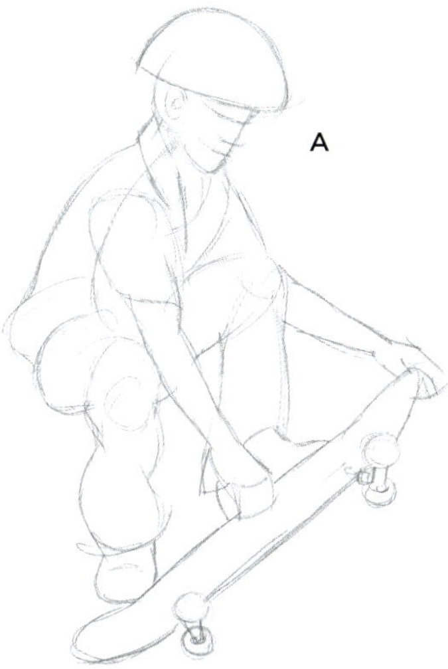

B

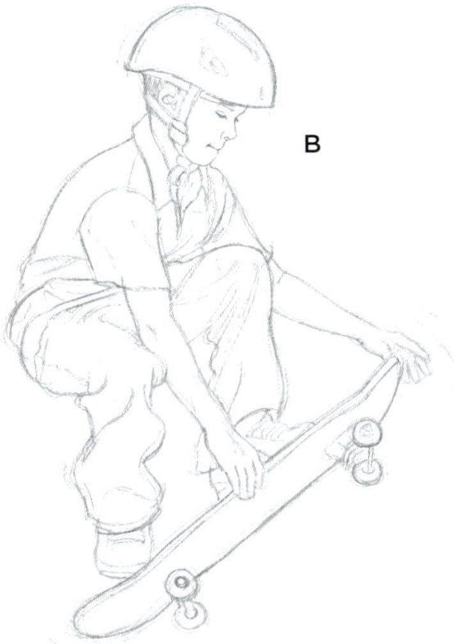

Die Bewegung wie jede andere einfangen: Zuerst eine Bewegungslinie entlang der Wirbelsäule zeichnen und dem Winkel des linken Oberschenkels folgen. Fügen Sie dann die Arme und das rechte Bein hinzu, um das Gleichgewicht herzustellen. Der Kopf befindet sich in einer Linie mit der Wirbelsäule.

Damit die Bewegung nicht steif wirkt, beschränken Sie Details und Schattierungen auf ein Minimum.

A

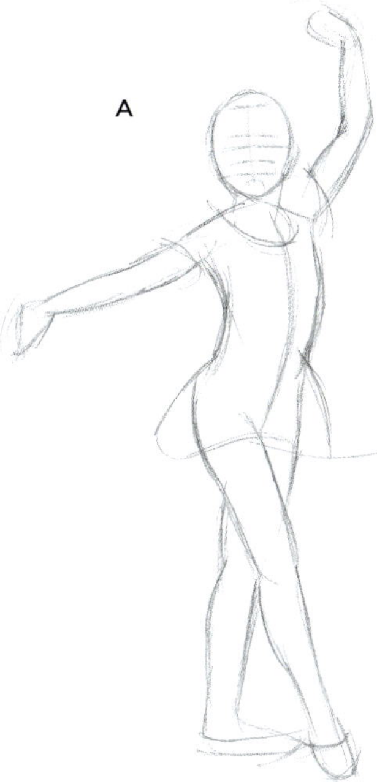

B

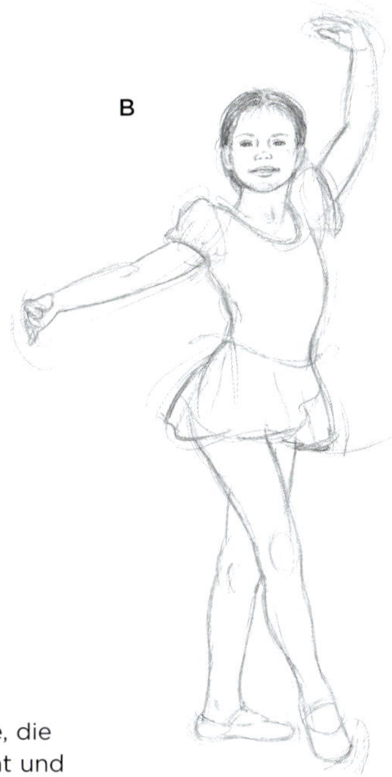

Diese Ballettpose hat zwei Bewegungslinien: eine Hauptlinie, die sich mit dem Oberkörper krümmt und das linke Bein hinunterläuft, und eine Nebenlinie, die an der linken Hand beginnt und über die Brust durch den rechten Arm fließt. Das meiste Gewicht liegt auf dem linken Bein, das rechte ist zum Ausgleich gestreckt.

A

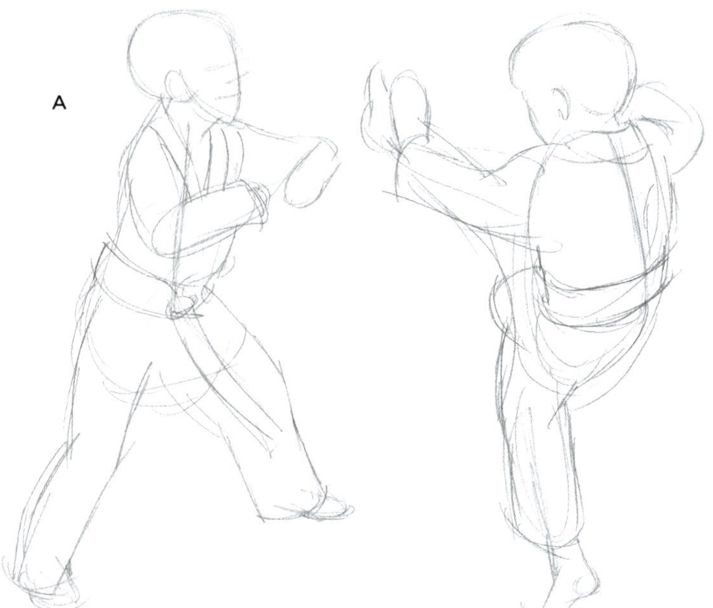

B

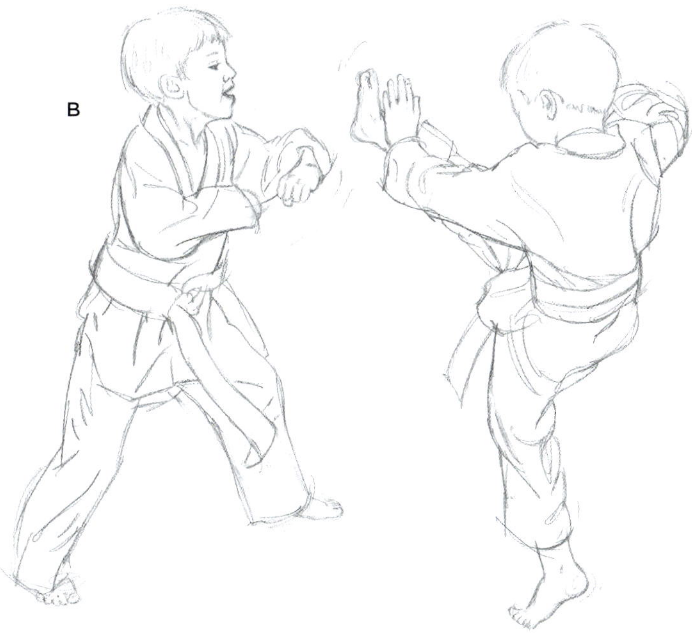

Beim linken Jungen verläuft die Bewegungslinie entlang der Wirbelsäule und durch das linke Bein (das Standbein). Der Junge auf der rechten Seite tritt mit dem rechten Bein, der Oberkörper ist zum Ausgleich vorgebeugt. Die Bewegungslinie ist an der Basis der Wirbelsäule gebogen.

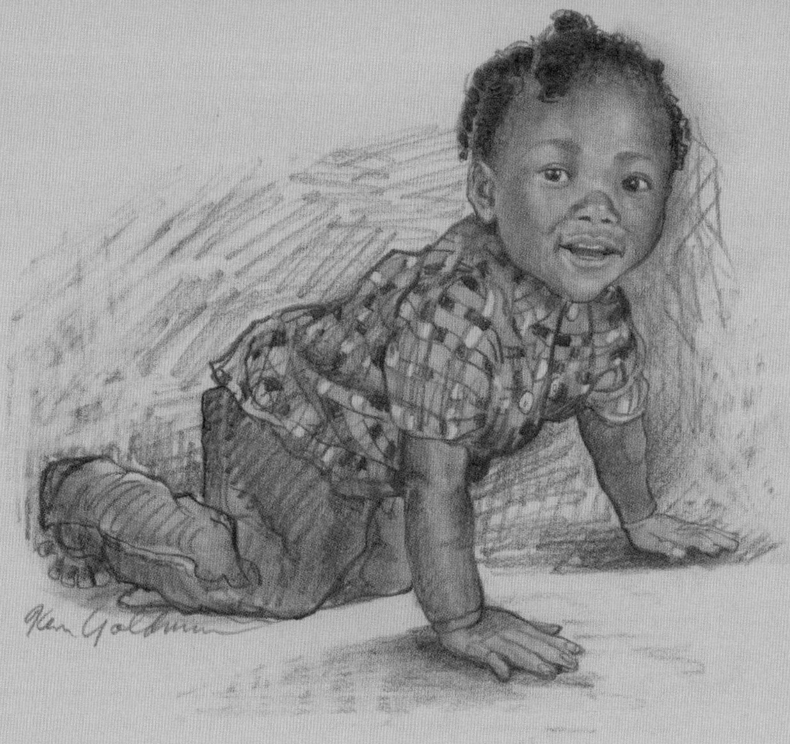

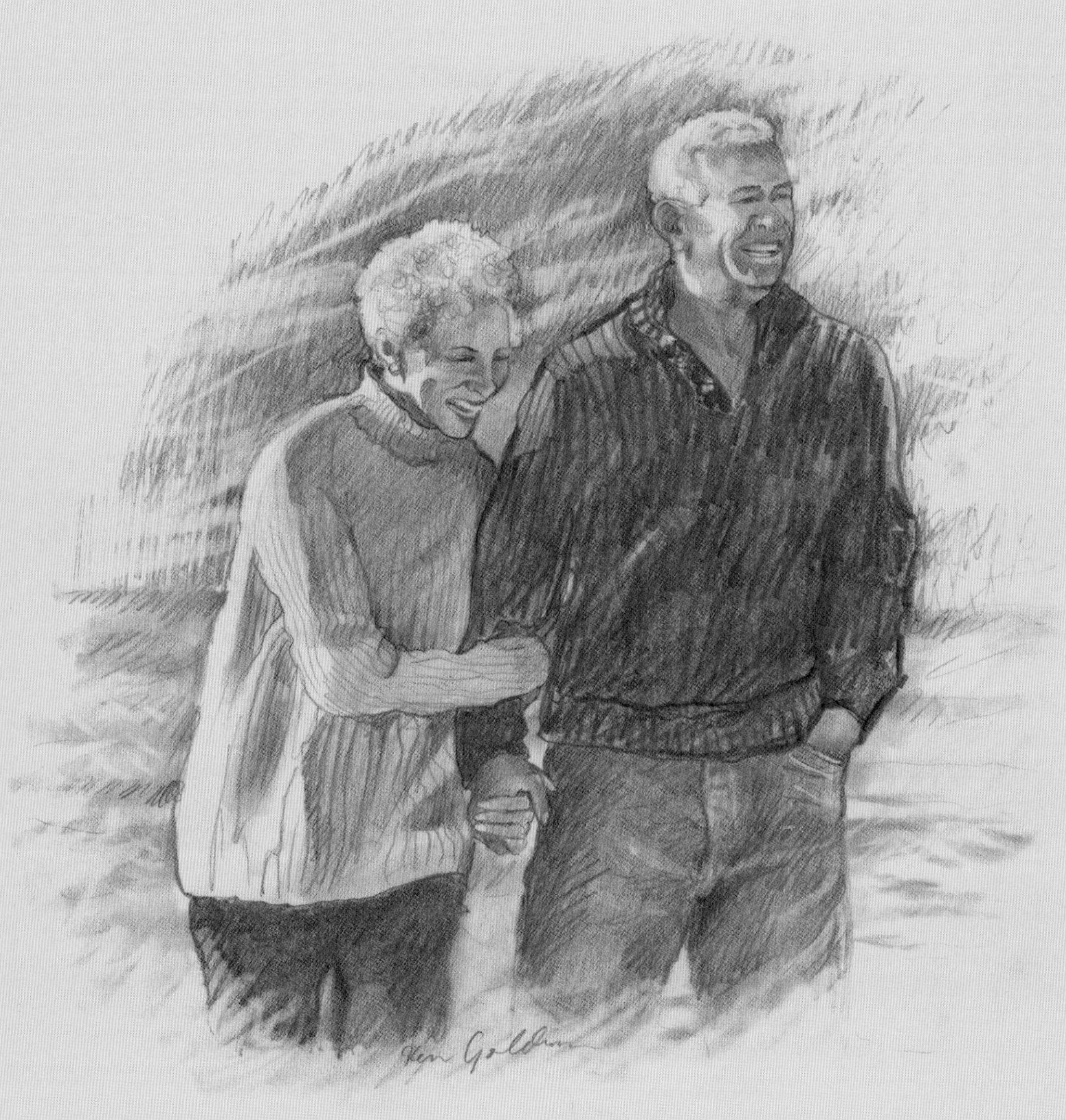

Kapitel 4

AUSDRUCKSSTARKE PORTRÄTS

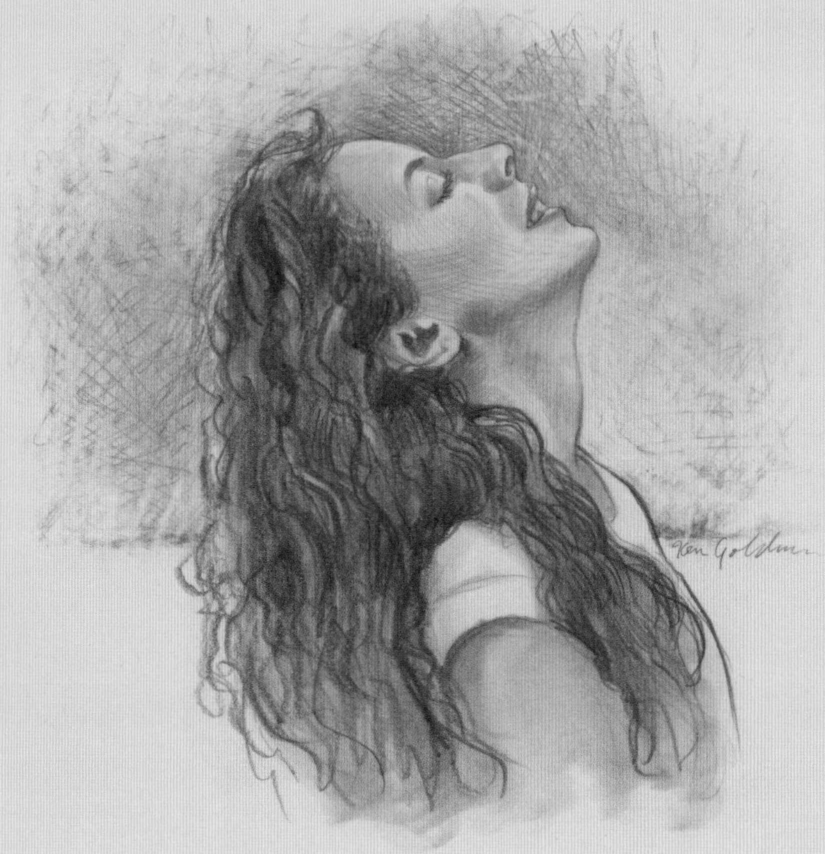

MENSCHEN JEDEN ALTERS

Das Figurenzeichnen ist komplex, und die Pose – statisch oder bewegt – ist nur ein kleiner Teil davon. Für den Erfolg einer Zeichnung spielen auch andere Kriterien eine Rolle, beispielsweise Gesichtszüge, Körperbau, Alter, persönliche Details, Komposition und Hintergrund, um nur einige zu nennen. In diesem Abschnitt lernen Sie einige dieser Elemente kennen, mit denen Sie ihre Figuren und Porträts weiter verbessern können.

KLEINE KINDER

Durch weiche, zarte Tonwerte und dunklere Konturen wirkt diese Zeichnung eines Babys lebendig.

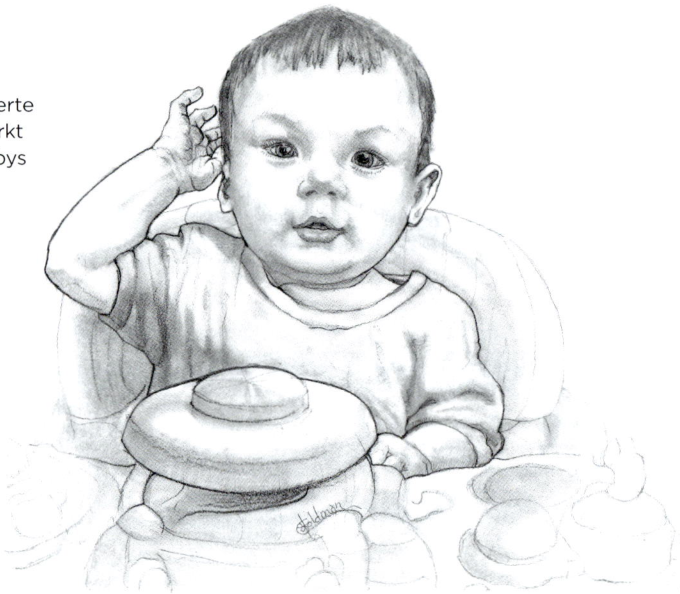

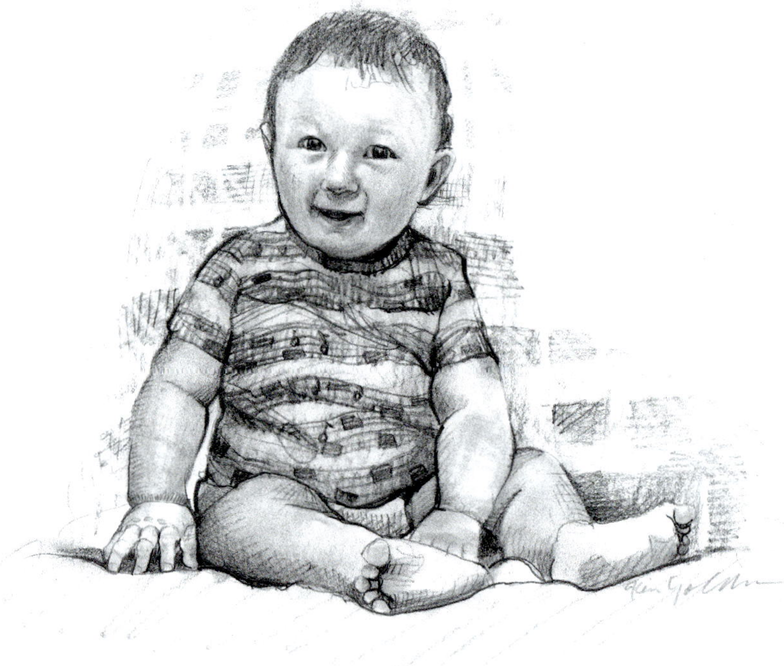

Nach etwa sechs Monaten ist die Nacken-, Oberkörper- und Rückenmuskulatur von Säuglingen stark genug, dass sie aufrecht sitzen können. Weiche Konturen und abgerundete Formen betonen die molligen Arme und Beine sowie die weiche Haut dieses Babys.

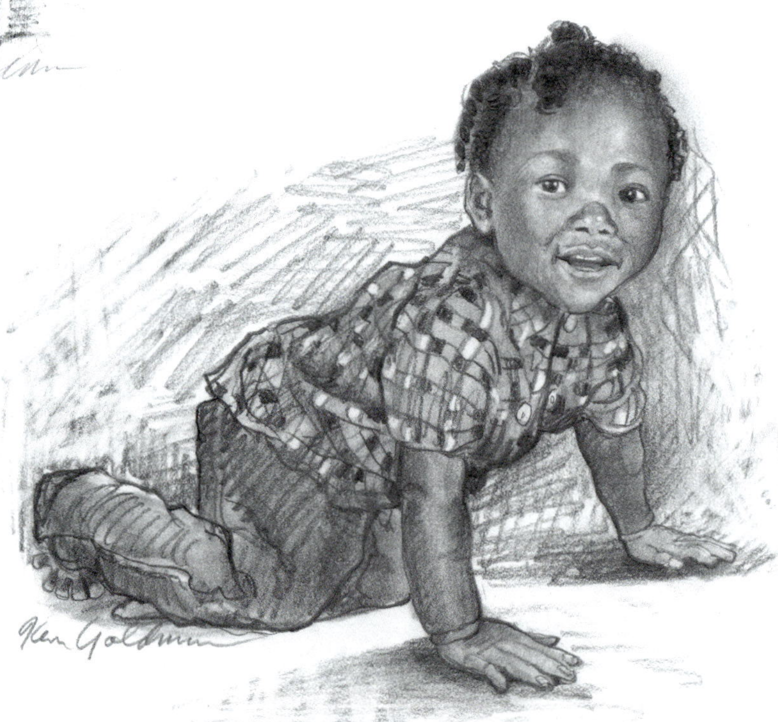

Babys beginnen in der Regel zwischen sieben und zehn Monaten zu krabbeln und werden dann etwas schlanker, weil sie im Laufe des Tages mehr Energie verbrauchen. Bis sie das Laufen lernen, sind sie fast ständig in Bewegung und erkunden ihre Umgebung.

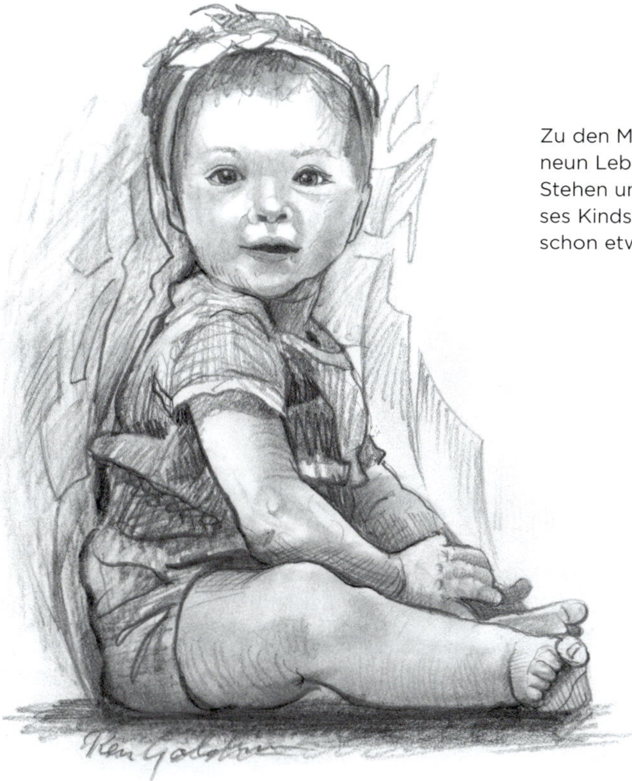

Zu den Meilensteinen in den ersten neun Lebensmonaten gehören Sitzen, Stehen und Lachen. Der Körperbau dieses Kinds ist zwar noch pummelig, aber schon etwas ausgeprägter.

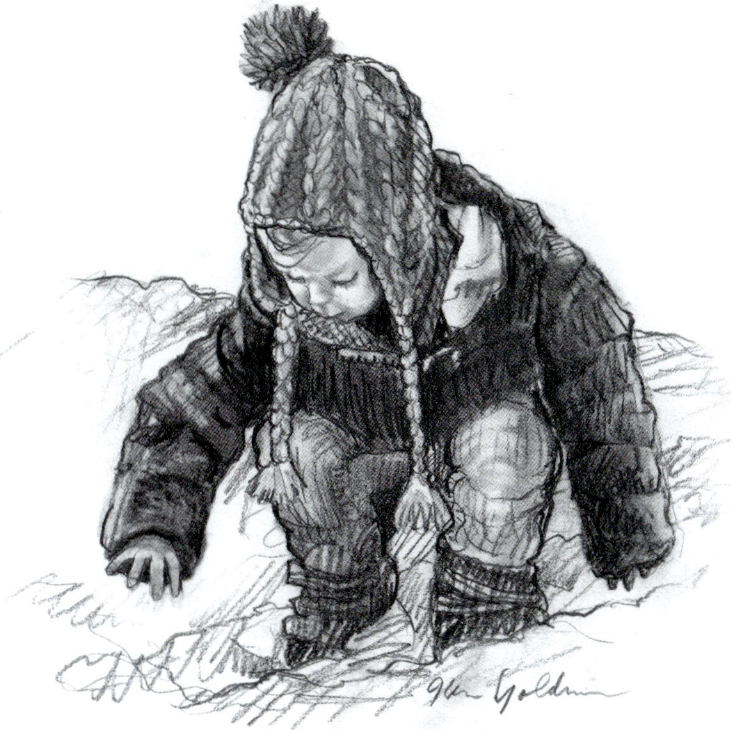

Das glatte Gesicht dieses hockenden Knirpses sieht der Betrachter schräg von oben, es ist also perspektivisch verkürzt. Die bogenförmige Anordnung der Augen verdeutlicht die Rundung des Kopfs unter der Strickmütze.

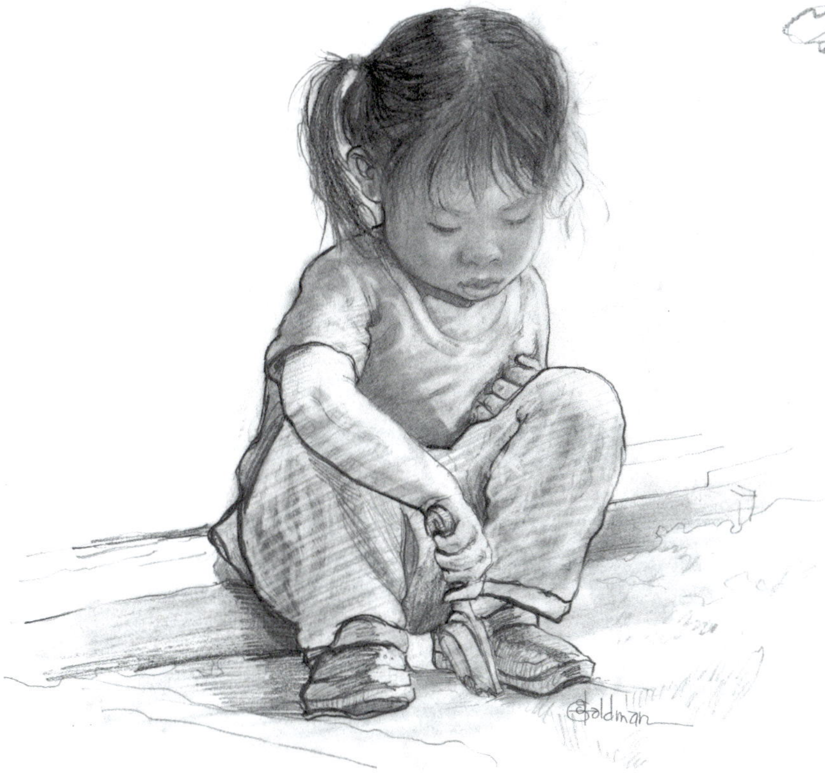

Manchmal sagt der Umriss der Pose mehr über die Figur als die Körperhaltung.

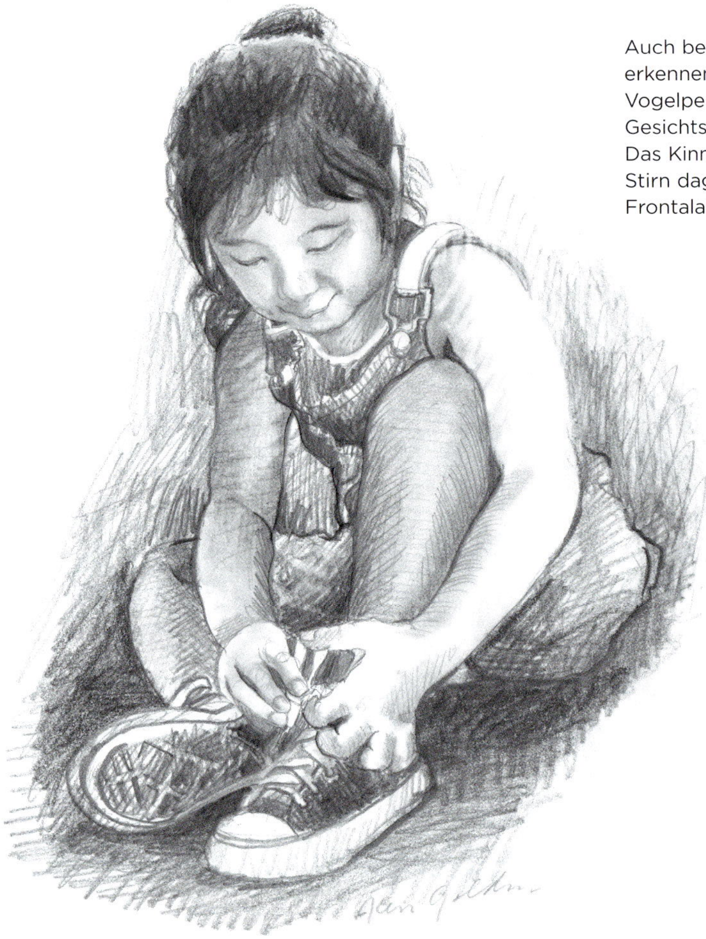

Auch bei diesem Beispiel ist gut zu erkennen, dass beim Blick aus der Vogelperspektive die Hilfslinien für die Gesichtszüge gekrümmt sein müssen. Das Kinn erscheint kleiner, Nase und Stirn dagegen sind größer als in der Frontalansicht.

Der Gesichtsausdruck und die Handhaltung dieses Mädchens sind ausdrucksvoll und fesselnd. Um dies zu betonen, werden Kopf und ihre Hände scharf gezeichnet, während der Rest der Figur etwas verschwommener bleibt. Starke Konturlinien helfen, die Figur im Ort der Handlung zu verankern.

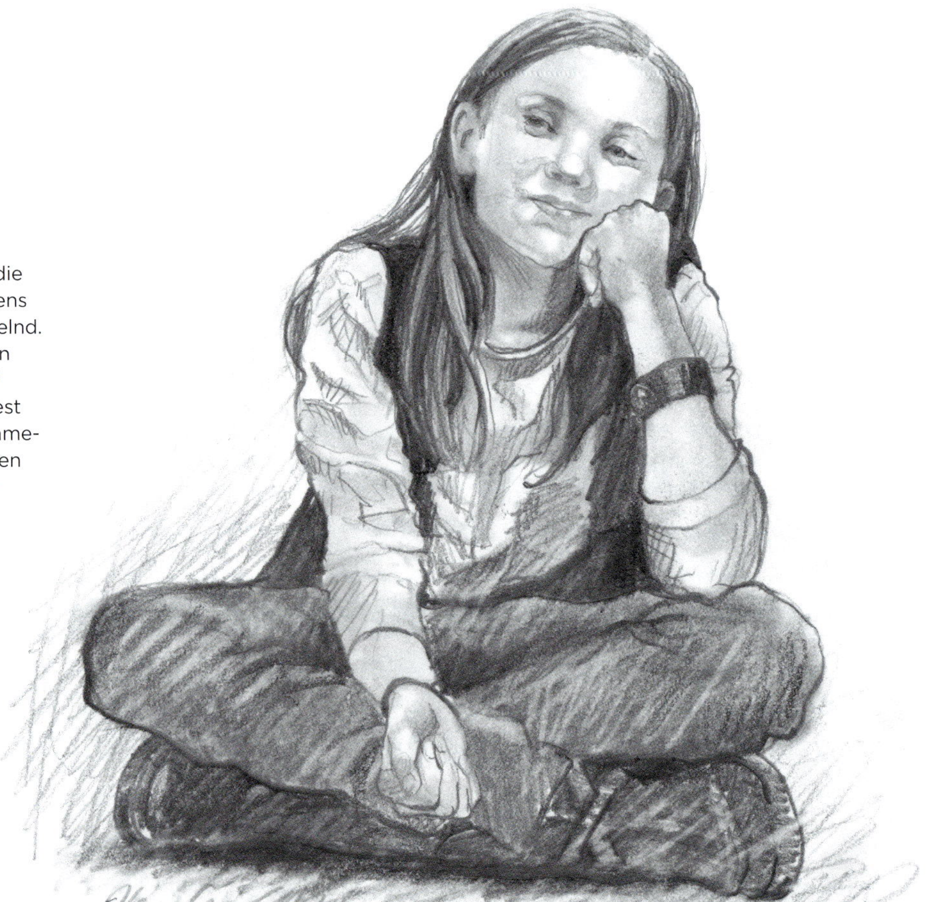

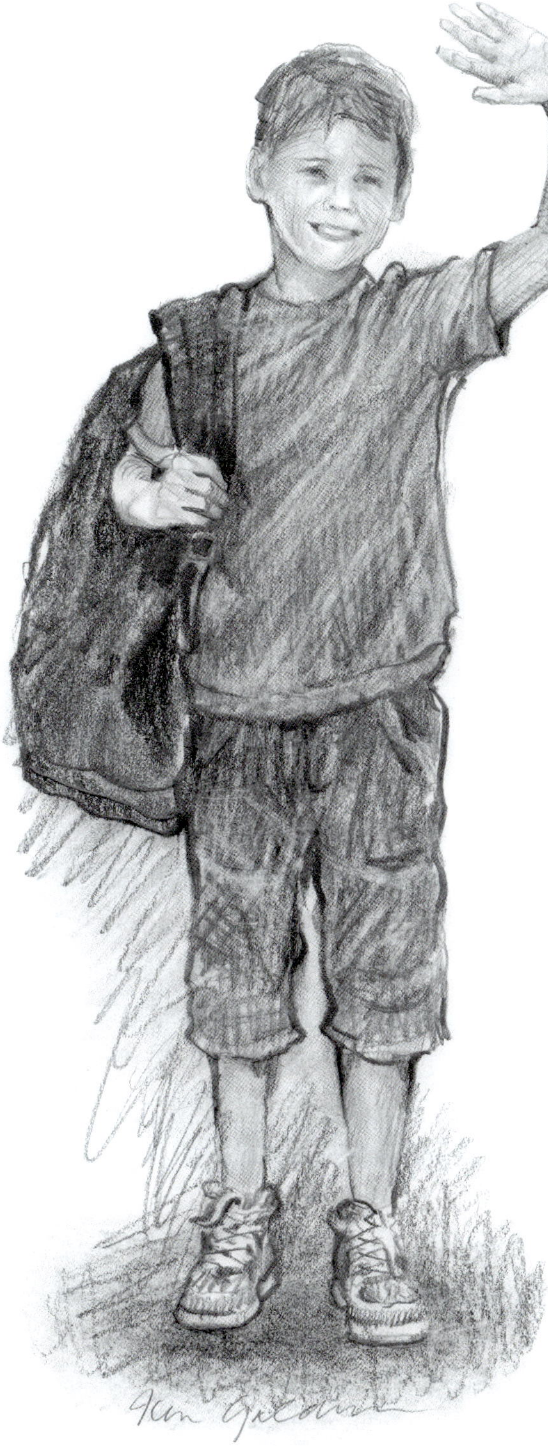

Falten im Stoff gehen immer von einem Spannungspunkt aus. Da der linke Arm dieses Jungen erhoben ist, fallen alle Falten von seiner angehobenen Schulter aus abwärts – auch die Falten auf seinem Rucksack.

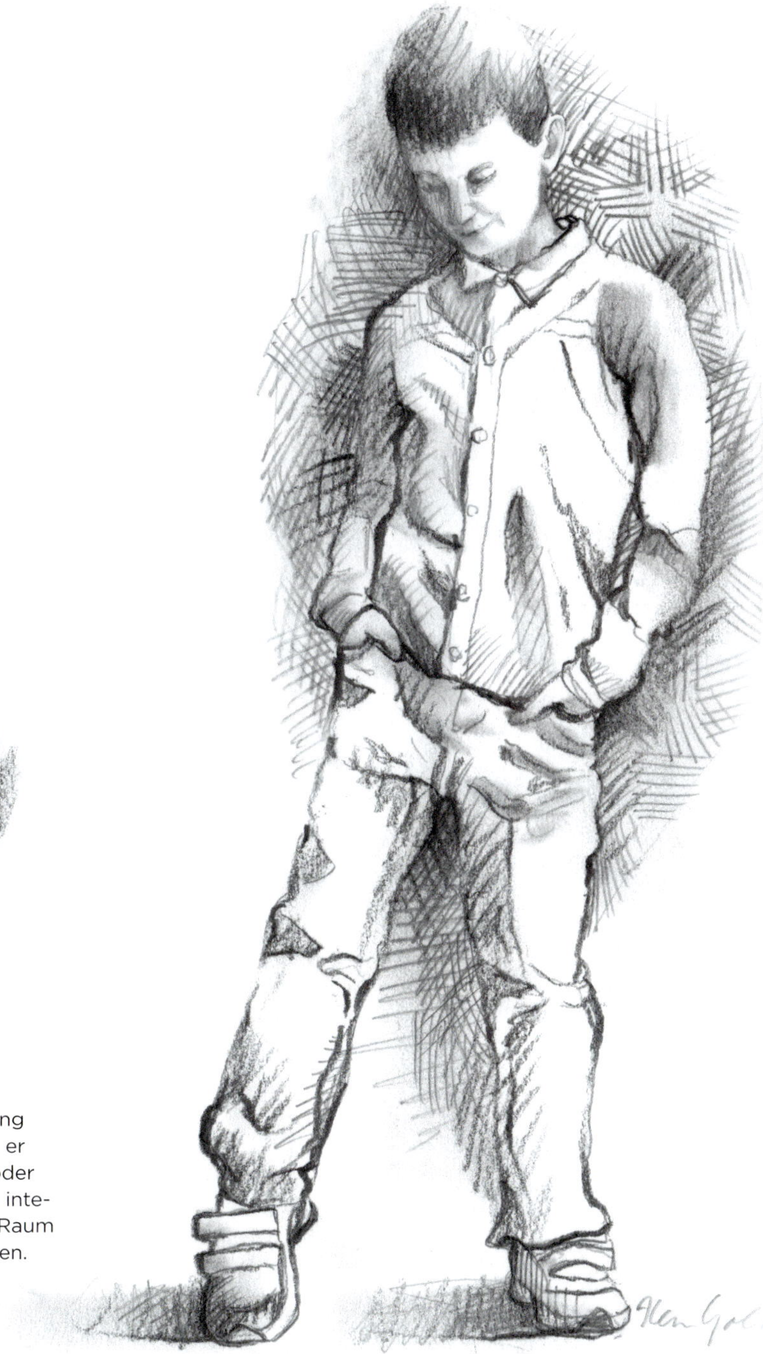

Was sagen Gesichtsausdruck und Haltung über die Stimmung des Jungen aus? Ist er nachdenklich oder unsicher, zufrieden oder melancholisch? Zeichnungen wirken oft interessanter, wenn sie den Betrachtenden Raum zum Nachdenken oder Spekulieren geben.

JUGENDLICHE

Obwohl Gesichtszüge und Proportionen denen von Erwachsenen entsprechen, besitzen Jugendliche eine andere Ausstrahlung, die in einer Zeichnung zum Ausdruck kommen sollte. Berücksichtigen Sie bei der Planung Ihrer Zeichnung die Körpersprache, den spielerischen Ausdruck, die Kleidung und die Umgebung.

Was macht diese Figur so interessant? Details wie der gestreifte Pullover, die fingerlosen Handschuhe und die Strickmütze mit Quasten deuten auf ihr Alter hin, während die Handhaltung etwas Sorgloses vermittelt. Auch die starke dreieckige Komposition und der verschmitzte Blick tragen zum Reiz dieser Zeichnung bei.

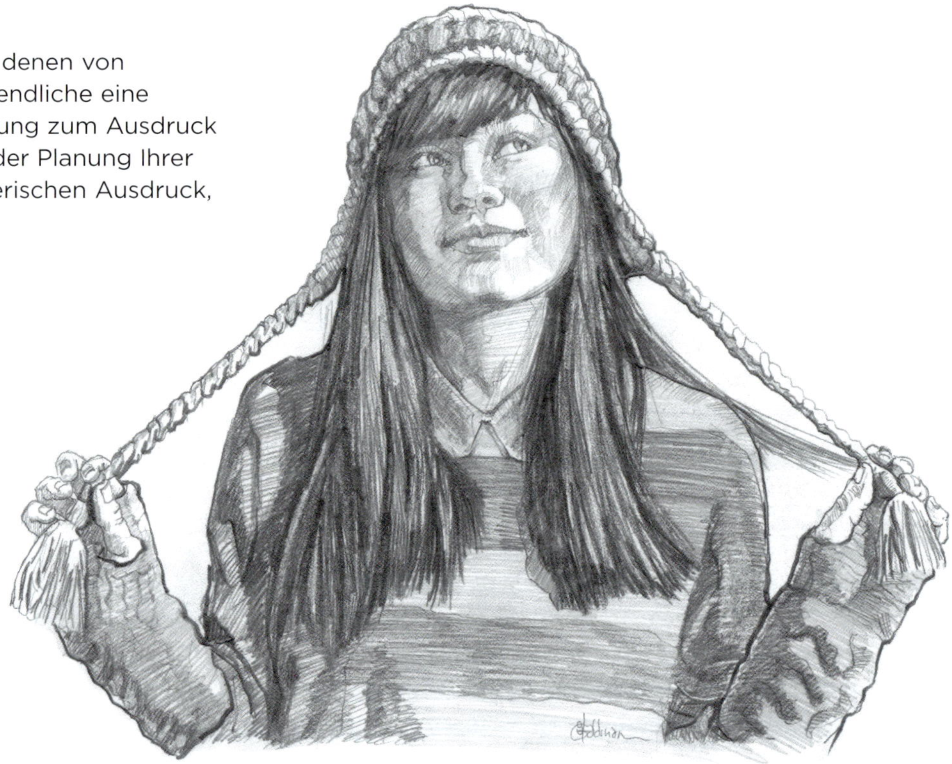

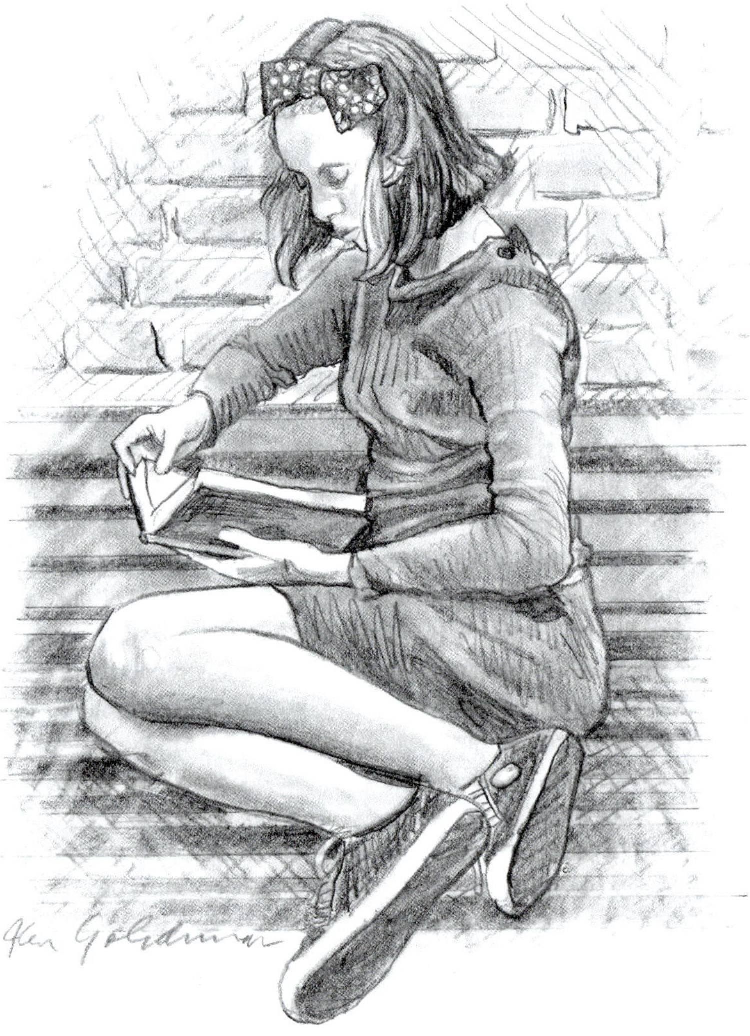

Diese nachdenkliche Pose zeigt einen ruhigen Moment im Treppenhaus einer Schule, abseits vom Trubel der Mitschüler:innen. Ihr Körper ist vom Betrachter abgewandt, während sie ihre ganze Aufmerksamkeit auf das Buch richtet. Die Schleife in ihrem Haar, die jugendlichen Schuhe und die Tatsache, dass sie sich offenbar nicht bewusst ist, beobachtet zu werden, deuten auf die Unschuld des Modells hin.

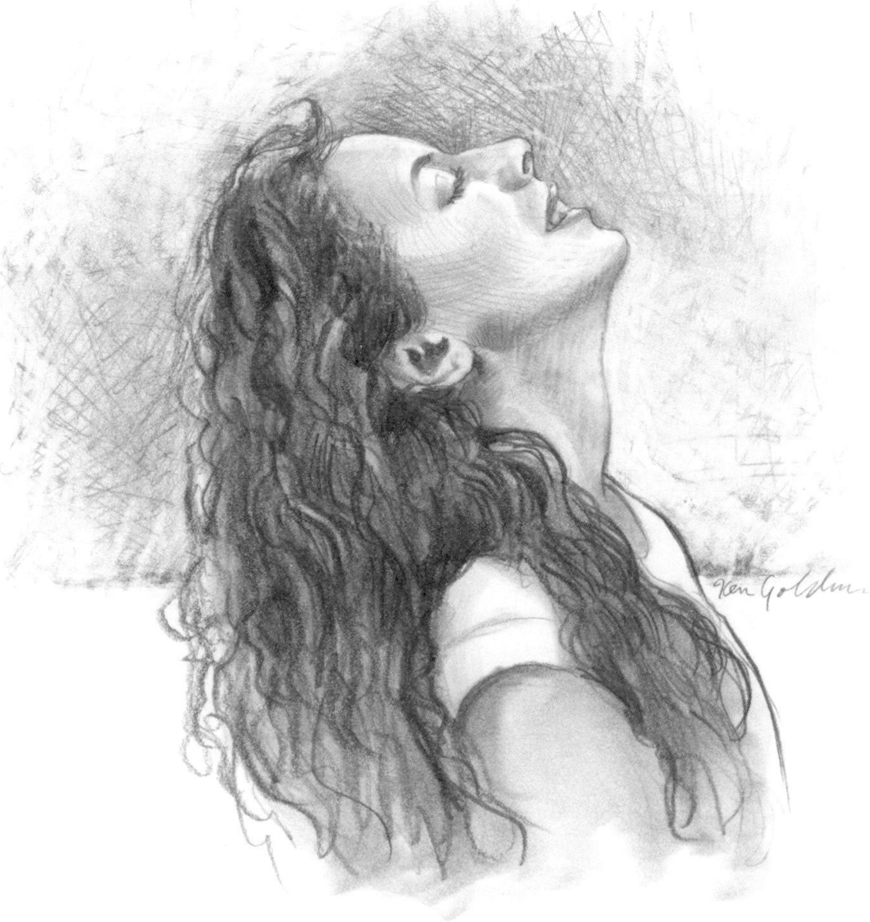

In der geraden Ansicht auf Augenhöhe würden die Ohren auf Höhe der Nasenwurzel und der Augenbrauen liegen. Beim zurückgelegten Kopf befinden sich die Ohren jedoch unterhalb der Nase. Das klar definierte Profil mit ausgeprägten Gesichtszügen transportiert die heitere Gelassenheit der jungen Frau.

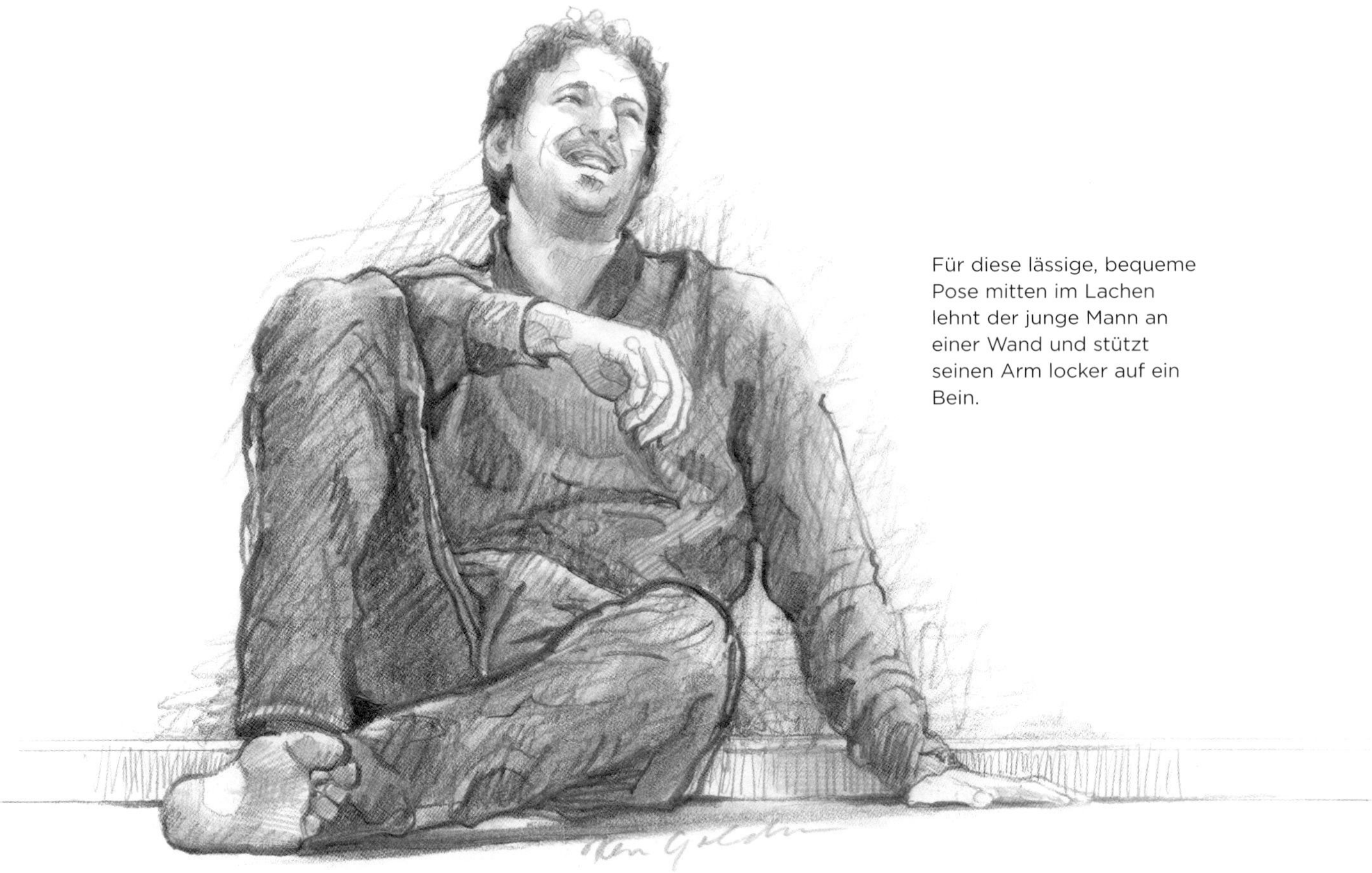

Für diese lässige, bequeme Pose mitten im Lachen lehnt der junge Mann an einer Wand und stützt seinen Arm locker auf ein Bein.

ERWACHSENE

Ältere Erwachsene strahlen oft Leichtigkeit oder Selbstsicherheit aus. Falten, Brillen, Hüte und andere charakteristische Details sind für Zeichnende und Betrachtende gleichermaßen interessant.

Dies ist eine weitere Variante einer entspannten Pose, die durch einen starken vertikalen Hintergrund und eine subtile, dreieckige Komposition ausgeglichen wird. Einige leichte Schraffuren im Gesicht dieser Figur lassen auf ihr hohes Alter schließen.

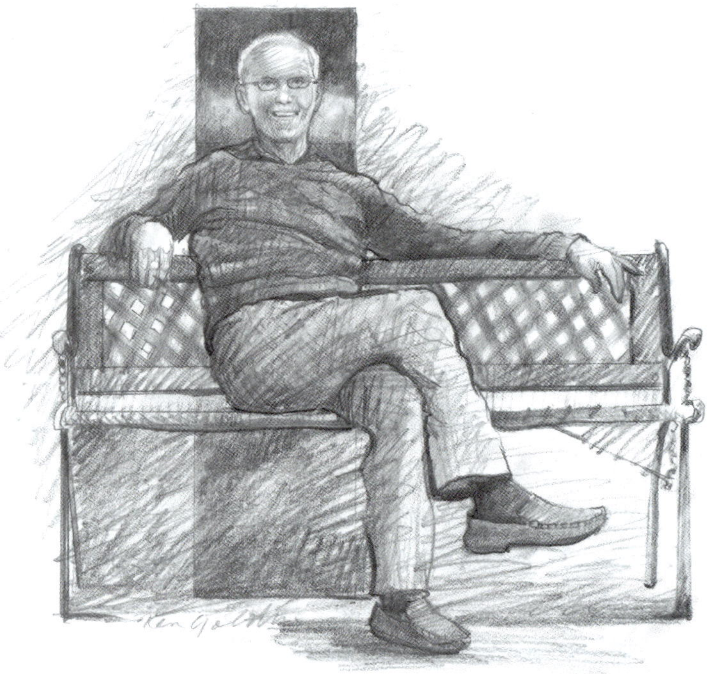

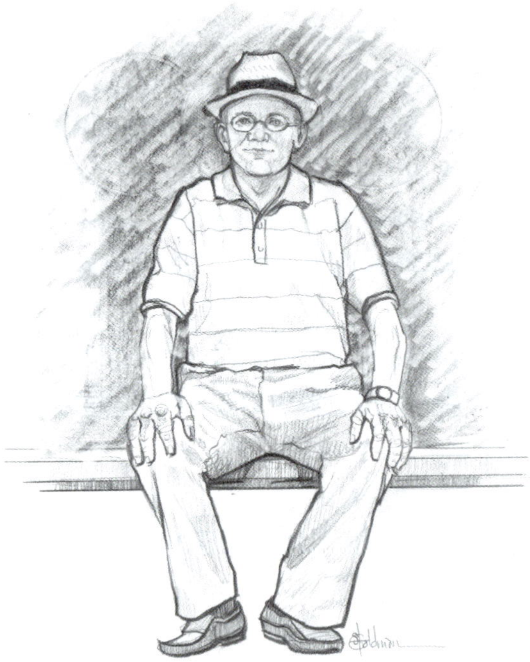

Achten Sie bei dieser sitzenden Pose auf die Grundformen: ein Rechteck für den Rumpf, eine Raute für die Beine und ein Oval für das Gesicht. Wenn Sie solche Grundformen erkennen, können Sie nahezu jede Pose, jeden Körpertyp und jede Altersgruppe zeichnen. Ein mitteltoniger Hintergrund mit dunklen, diagonalen Strichen als Kontrast zu dem hellen, horizontal gestreiften Hemd sorgt für optisches Aufsehen.

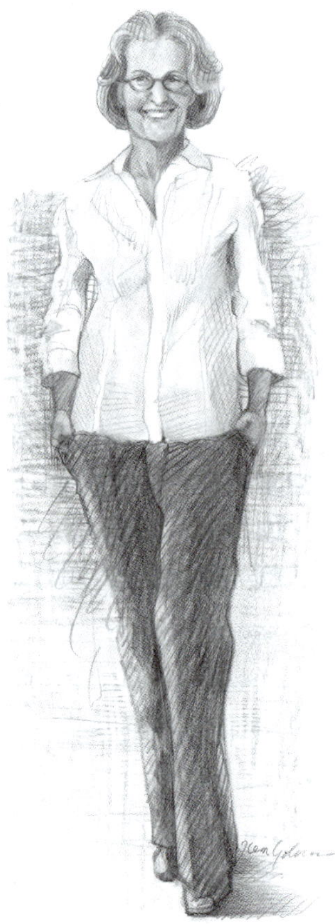

Diese Pose wirkt vor allem durch das leicht nach vorne geschobene Bein sowie den Kontrast zwischen der hellen Bluse und der dunklen Hose interessant. Verwenden Sie einen Radiergummi, um in dem grau melierten Haar hellere Strähnchen anzudeuten.

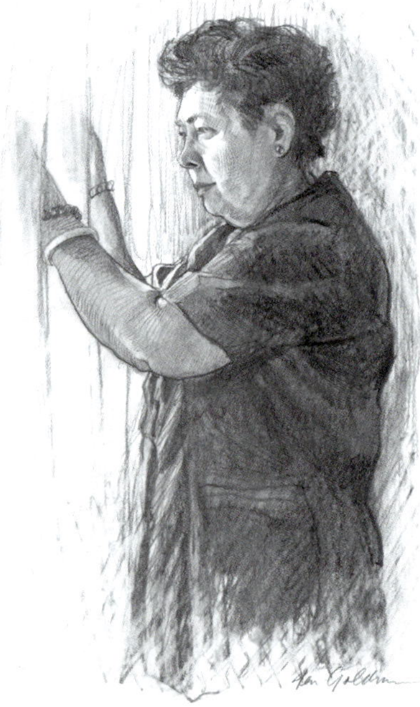

Helles Licht fällt durch die Gardine. Die Hände in der Falte des Tülls wirken verschwommen und bilden ein reizvolles Detail dieser Zeichnung.

Schräg verlaufende, leicht verschwommene Striche lassen den Hintergrund hinter den beiden aufrechten Personen interessant aussehen.

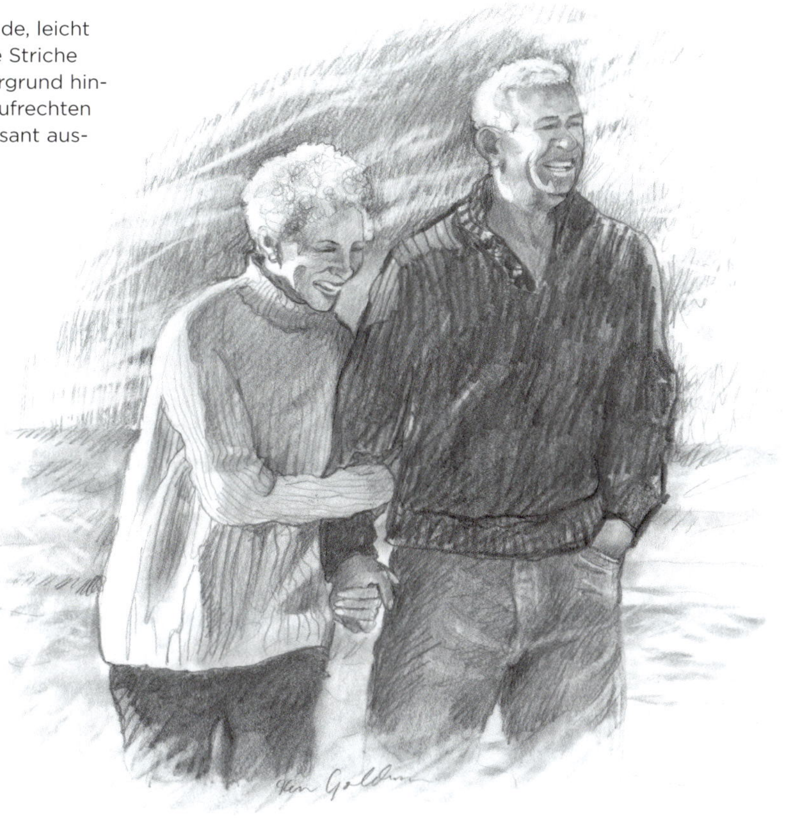

Bei diesem Motiv befindet sich die Lichtquelle links und leicht hinter dem Paar.

In dieser Szene sorgt ein dunkler Hintergrund für einen wirkungsvollen Kontrast, da er die helleren Formen des sitzenden Paares hervorhebt. Dunkle Töne im Hintergrund können dazu beitragen, ein Motiv aufzuhellen, das hauptsächlich aus hellen bis mittleren Tonwerten besteht.

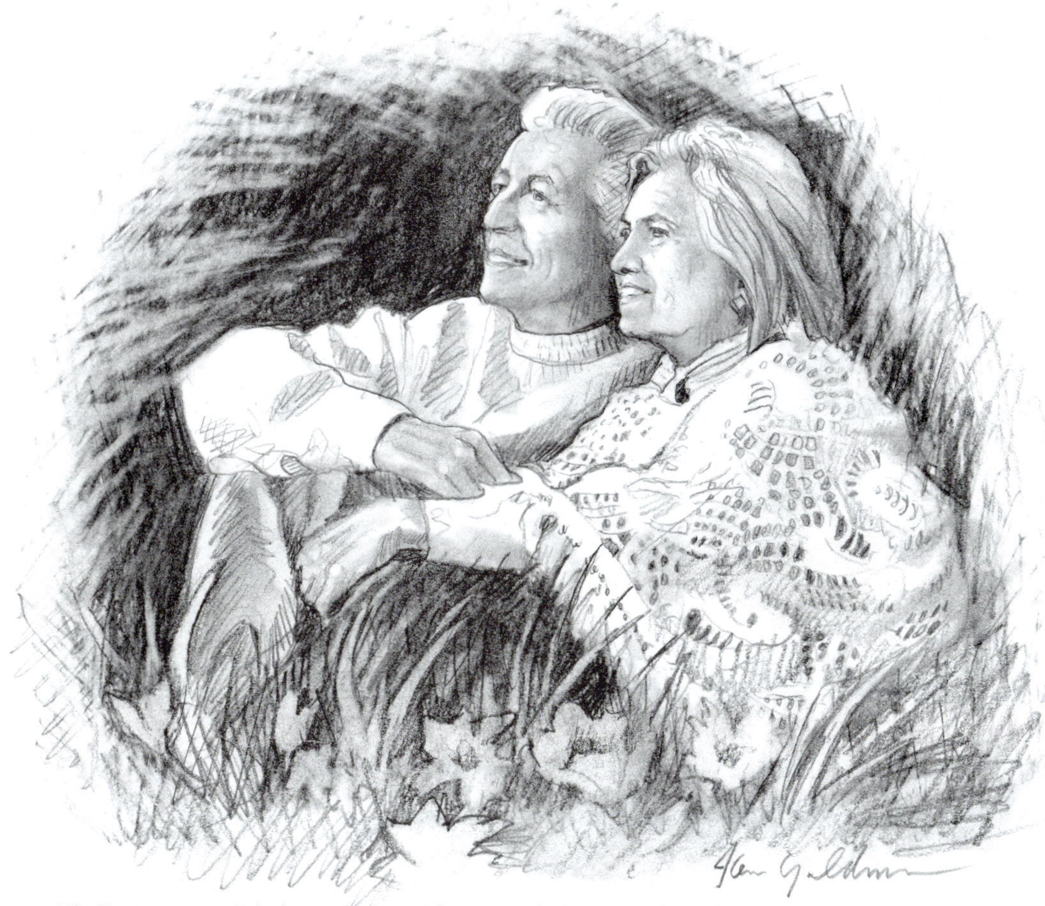

Die Texturen von Schultertuch, Gras, Blumen und Hintergrund wurden abwechselnd mit einem Bleistift, einem Tortillon, einem Knetradierer und einem Vinylradierer ausgearbeitet.

PORTRÄT EINER ÄLTEREN FRAU

1

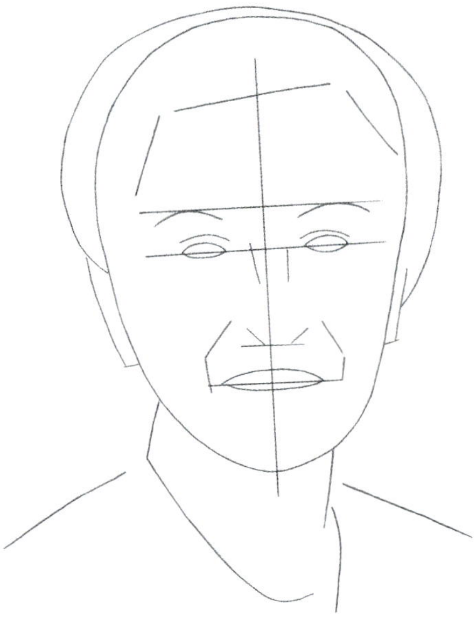

Mit einfachen Grundformen beginnen. Deuten Sie die wichtigsten Positionen und Winkel an.

2

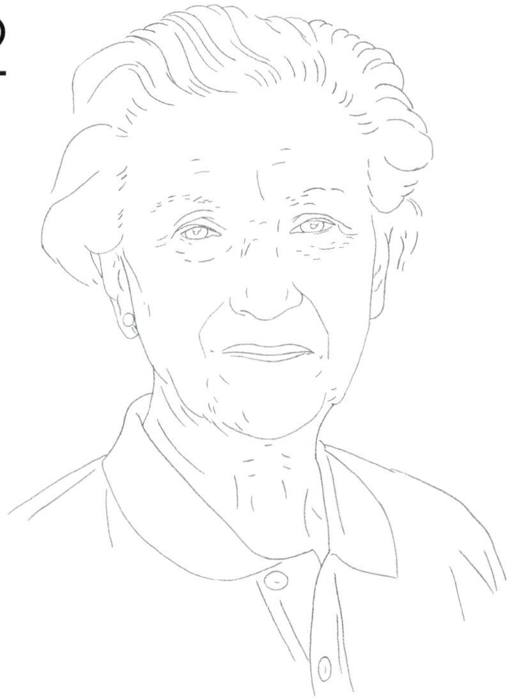

Kleben Sie ein Stück stabiles Transparentpapier über die Skizze. Das Gesicht und die Haare skizzieren. Verfeinern Sie die Ohren und die Gesichtszüge, indem Sie mit gestrichelten Linien die Augenbrauen, die Falten unter den Augen und die tiefen Falten um das Gesicht herum andeuten. Achten Sie beim Zeichnen des Halses auf die Schatten, die durch die Alterung entstehen. Dann die Kontur der Bluse skizzieren.

3

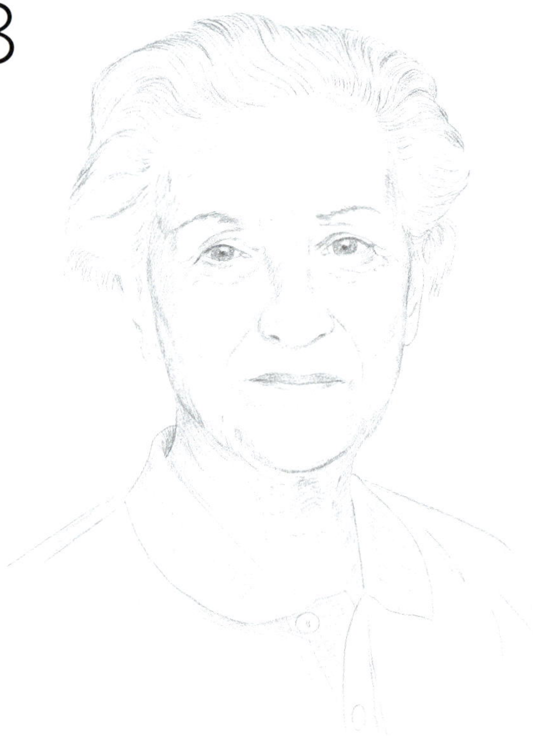

Übertragen Sie die Zeichnung auf ein sauberes Blatt Zeichenpapier und verwenden Sie einen HB-Bleistift, um lange, helle Striche in die Haare zu setzen. Die Seitenflächen des Gesichts und die Nase leicht schattieren. Modellieren Sie die Gesichtszüge, indem Sie Lippen und die Augenbrauen mit kurzen Strichen schraffieren. Danach den Hals und die Bluse schattieren.

4

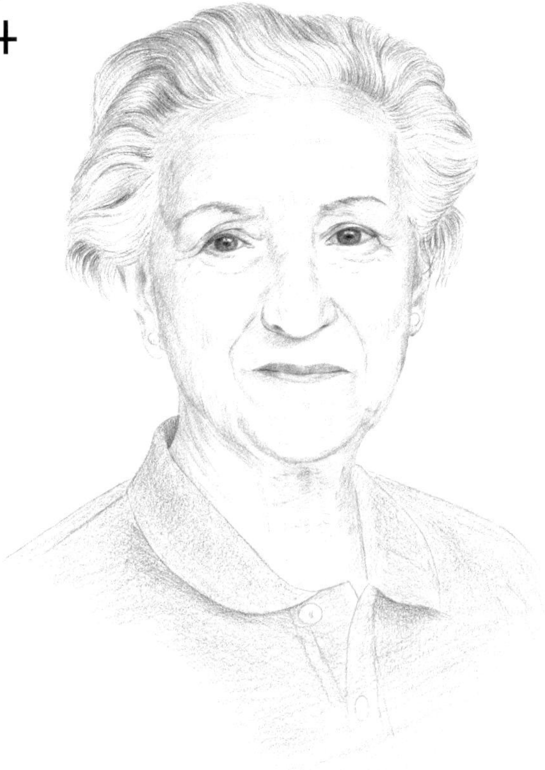

Fügen Sie zarte Schatten in das helle Haar ein. Die Augenbrauen, die Iris und die Pupillen sowie die Lippen abdunkeln. Die Formen des Gesichts, der Ohren und des Halses durch weitere Schattierungen deutlicher modellieren. Schattieren Sie dann zart um die Augen herum, fügen Sie den Seitenflächen der Nase mehr Grauwerte hinzu und vertiefen Sie den Schatten unterhalb der Nase.

5

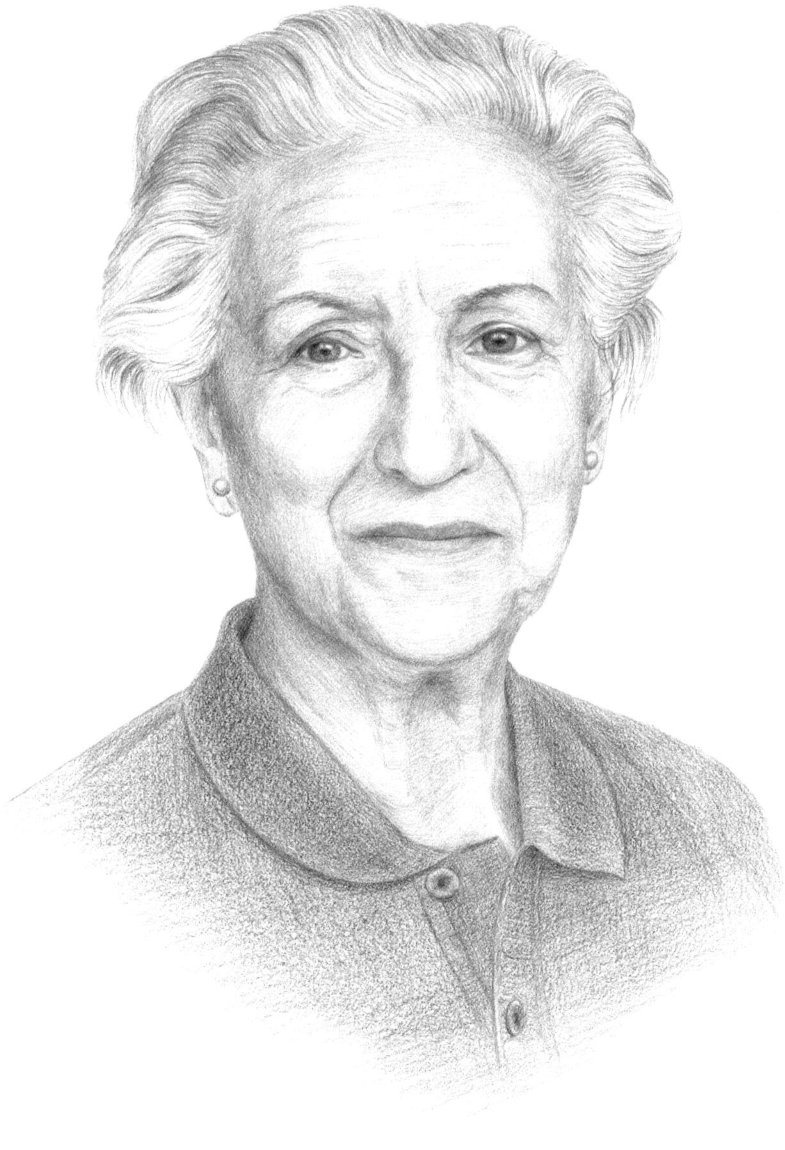

Die Tonwerte im Gesicht und am Hals weiter verfeinern. Die hellen Bereiche des Gesichts, beispielsweise die Wangen und die Stirn, werden nur ganz leicht modelliert. Zum Abdunkeln der Bluse den Bleistift 2B mit der Breitseite der Mine aufsetzen.

STIMMUNG & EMOTION

Über die reine Haltung hinaus kann eine Figurenzeichnung auch viel über Gefühle aussagen. In den folgenden Beispielen sehen Sie, wie die einzelnen Elemente – von der Strichführung und den Tonwerten bis hin zum Ausdruck und der Körpersprache – zusammenwirken, um eine in sich stimmige Atmosphäre zu schaffen.

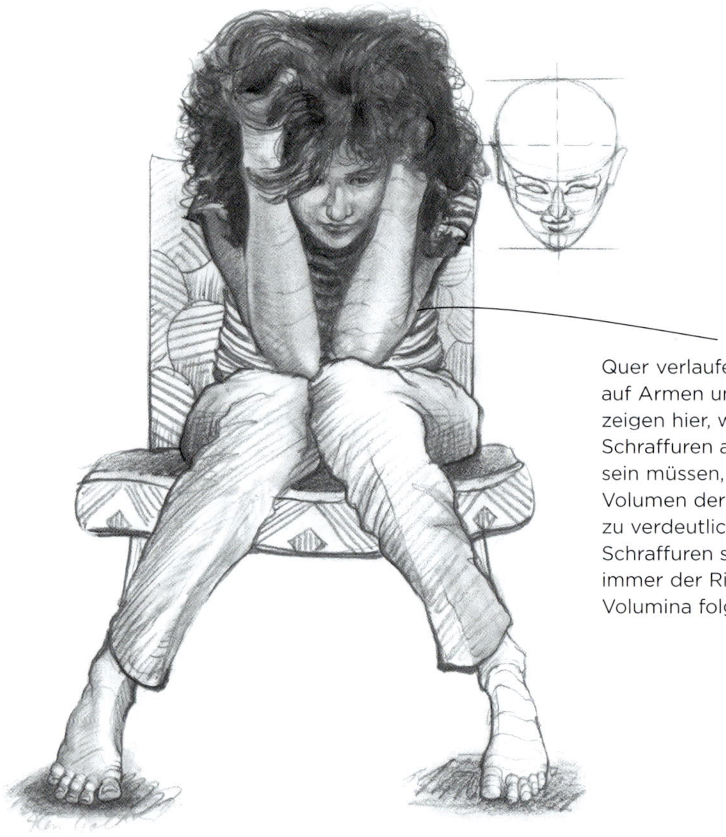

Quer verlaufende Linien auf Armen und Füßen zeigen hier, wie die Schraffuren angeordnet sein müssen, um das Volumen der Körperteile zu verdeutlichen. Die Schraffuren sollten immer der Richtung der Volumina folgen.

In dieser melancholischen Zeichnung verdeckt das Haar des Mädchens das Gesicht. Ihre Körperhaltung in Kombination mit dem in die Hände gestützten Kopf lässt auf eine entmutigte oder niedergeschlagene Stimmung schließen. Verwenden Sie Ei- und Zylinderformen, wenn Sie den Kopf in einem nach unten geneigten Winkel skizzieren.

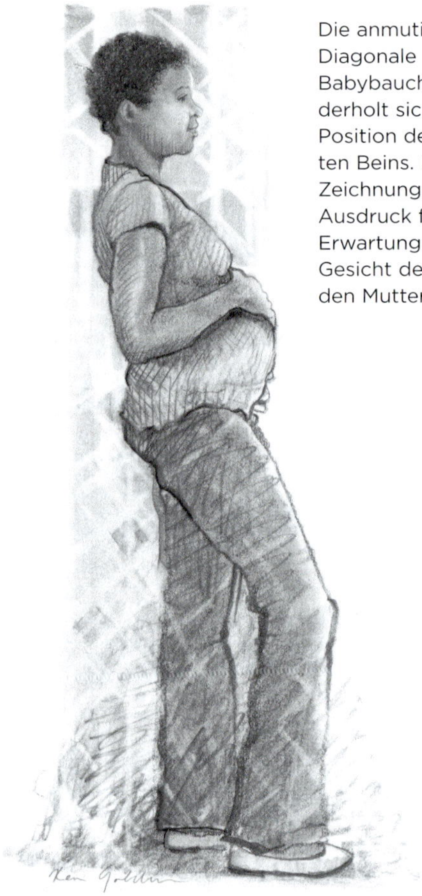

Die anmutige Diagonale des Babybauchs wiederholt sich in der Position des rechten Beins. Diese Zeichnung fängt den Ausdruck friedlicher Erwartung auf dem Gesicht der werdenden Mutter ein.

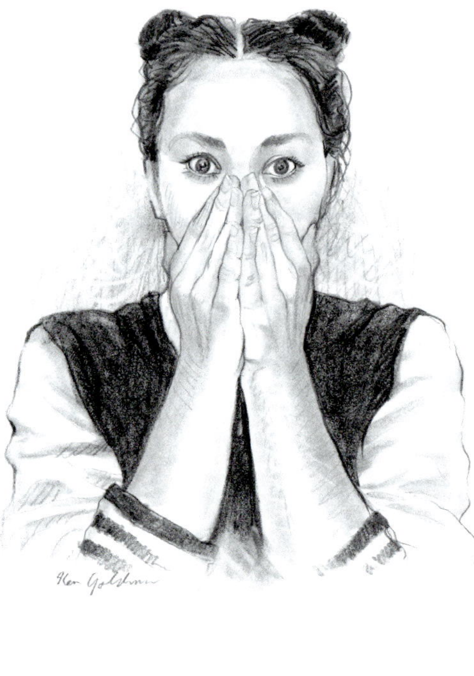

Die detailliert ausgearbeiteten Augen dieser Frau drücken große Überraschung oder Erschrecken aus und sind der eindeutige Blickfang dieser Zeichnung. Alle anderen Elemente einschließlich der Hände, des Körpers und der Haare sind eher locker und leicht unscharf gezeichnet und tragen so dazu bei, die Aufmerksamkeit auf die Augen zu lenken.

In dieser intensiveren Variante der Pose auf der gegenüberliegenden Seite verdecken die Hände das Gesicht vollständig und signalisieren, dass die Frau am liebsten allein sein möchte. Ein Gefühl der Verzweiflung wird auch durch die nach innen gerichteten Zehen, die sehr kontrastarmen Tonwerte und die gezackten Linien vermittelt.

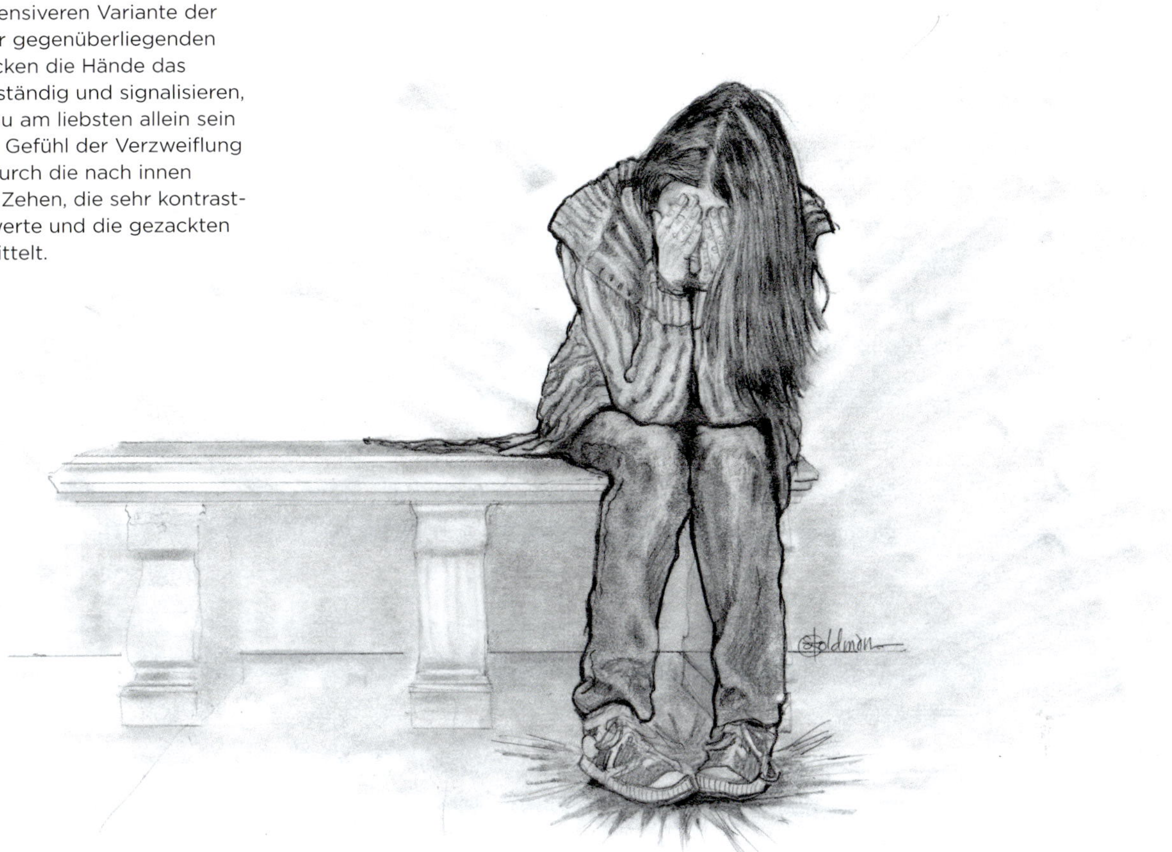

Interessant ist hier das Wechselspiel zwischen Licht und Schatten, harten und weichen Konturen. Die Form wird durch starke Tonwertkontraste herausgearbeitet. Da die Lichtquelle auf das Gesicht der Figur gerichtet ist, hat dieses eine intensive Wirkung auf die Betrachtenden, während der Rest des Körpers in Schatten gehüllt ist.

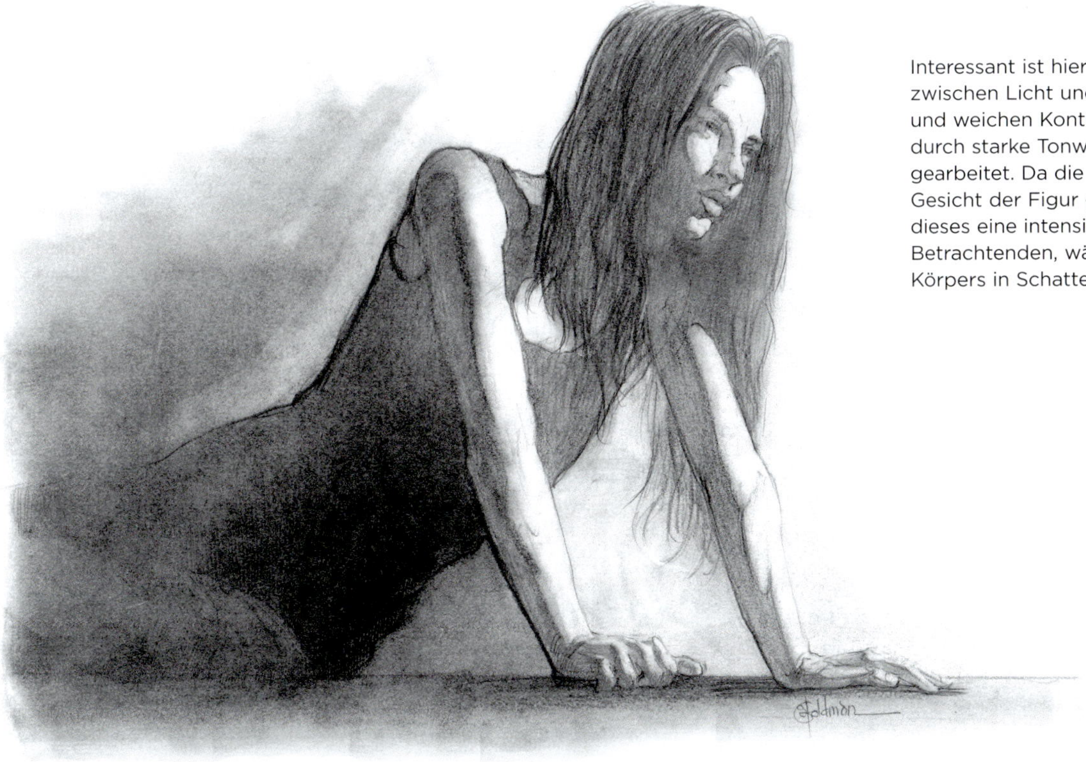

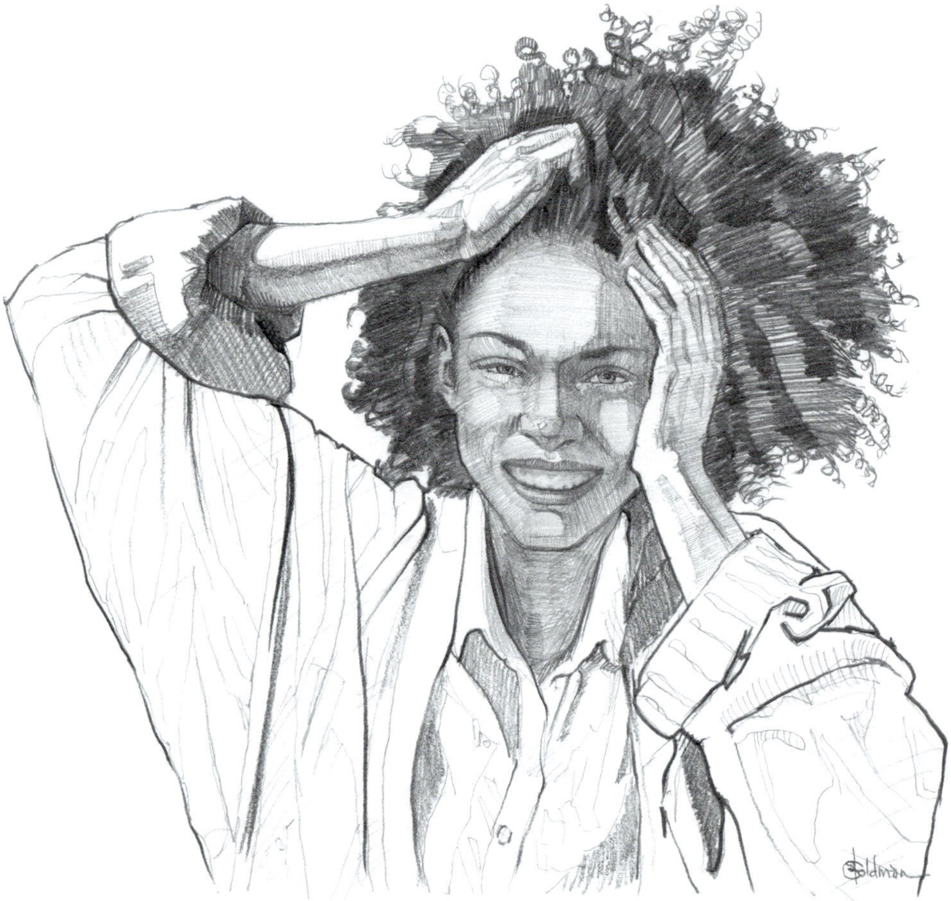

Die abwechslungsreiche Linienführung trägt zu einem interessanten Erscheinungsbild bei, während das mit ausdrucksstarken Strichen gezeichnete Haar der jungen Frau einen energiegeladenen, positiv erregten Ausdruck verleiht.

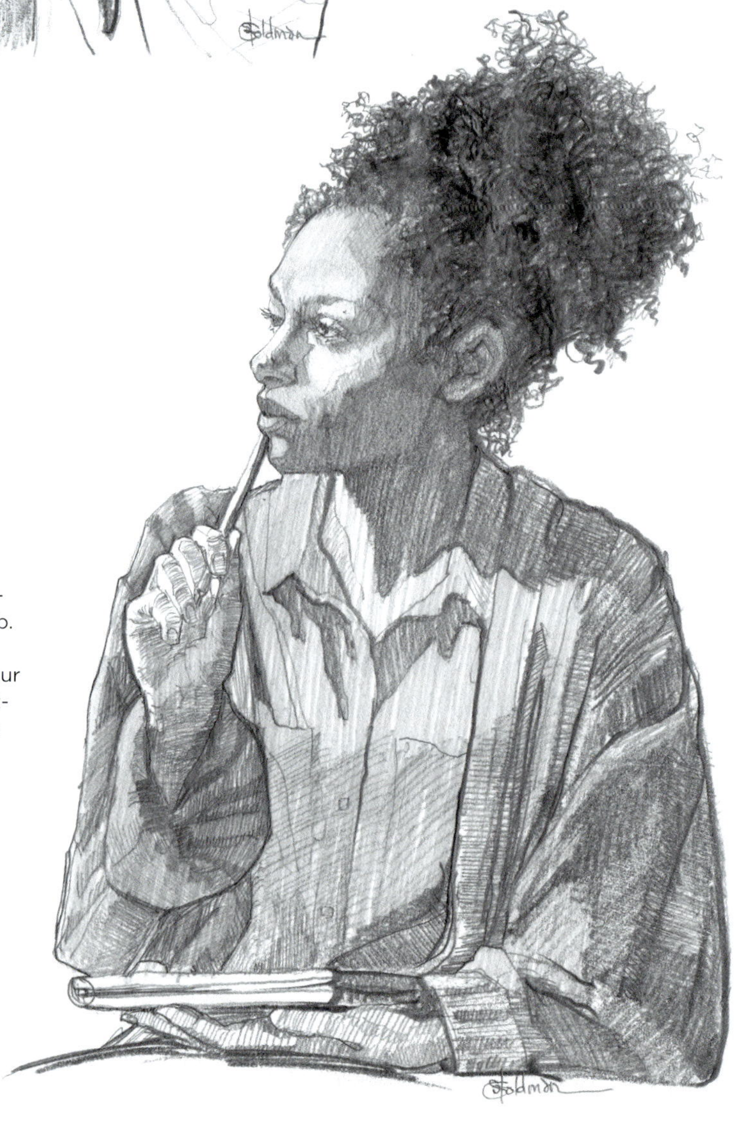

In dieser Pose heben sich dunkle und mittlere Töne vor einem weißen Hintergrund ab. Die Drehung des Kopfes der Frau schafft eine elegante Silhouette. Innerhalb der Figur suggeriert die Abgrenzung zwischen Licht- und Schattenformen eine klare Lichtquelle von links und definiert wirkungsvoll die Gesichtszüge und Falten des Stoffes.

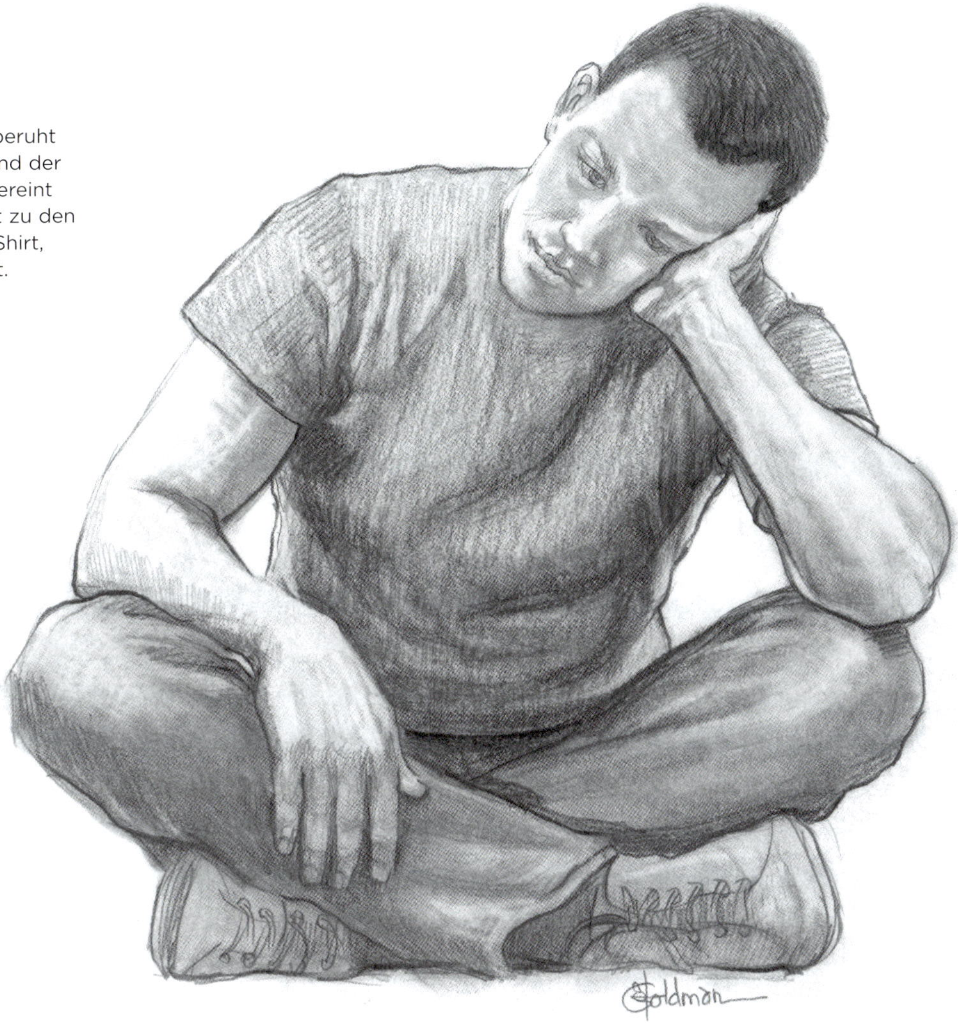

Die Stärke dieser Pose beruht darauf, dass die Arme und der Kopf zu einem Muster vereint werden, das im Kontrast zu den dunkleren Flächen von Shirt, Hose und Schuhen steht.

Spannung erzeugen

Ein dunklerer Hintergrund kann Ihrem Porträt mehr Intensität oder Dramatik verleihen. Bei diesem Profil bilden die hellen Tonwerte des Gesichts einen starken Kontrast zum dunklen Hintergrund.

Damit sich auch die dunklen Haare gut gegen den Hintergrund abheben. wird an den äußeren Rändern ein Hell-Dunkel-Verlauf gestaltet. Der hellste Bereich grenzt die Haare gegen den Hintergrund ab.

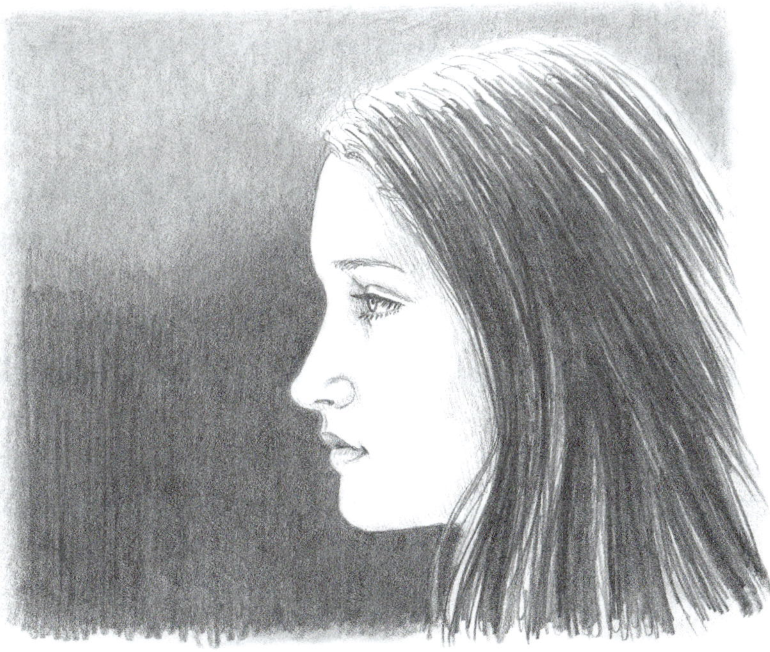

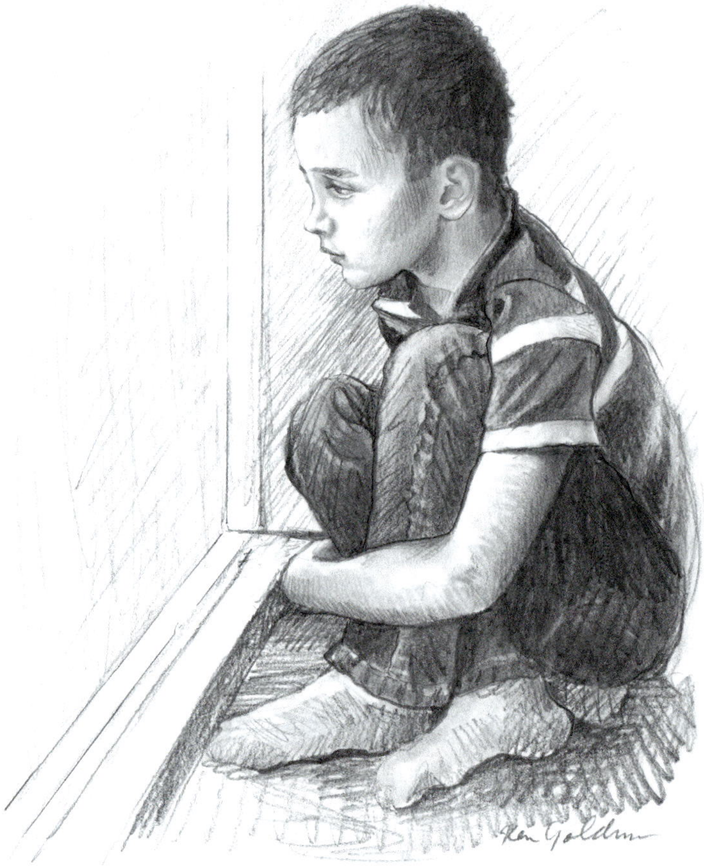

Der nachdenkliche Gesichtsausdruck dieses Jungen wird durch seine kauernde Haltung noch unterstrichen.

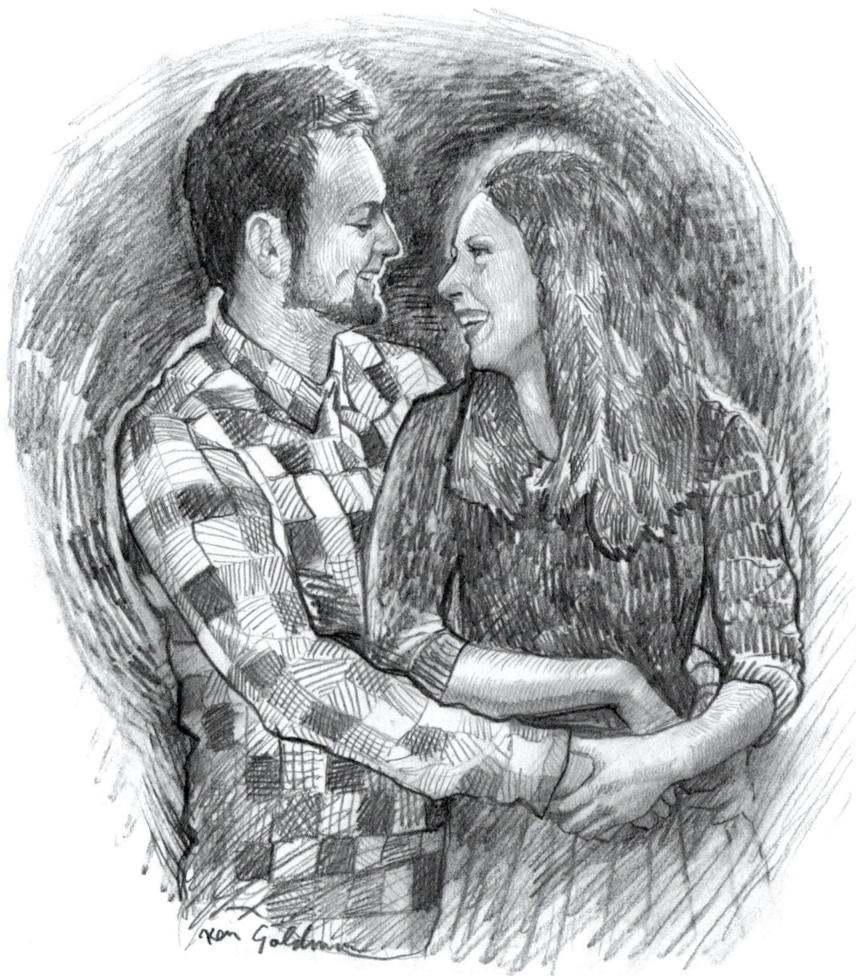

Die Tonwerte in dieser Zeichnung werden vollständig durch Kreuzschraffuren auf verwischten und unverwischten Bereichen erzeugt. Die endgültigen Schraffuren folgen den festgelegten Formen.

Übung: Augen

Der Ausdruck eines Porträts beruht oft auf den Augen, darum sollte man öfter üben, sie zu zeichnen.

1

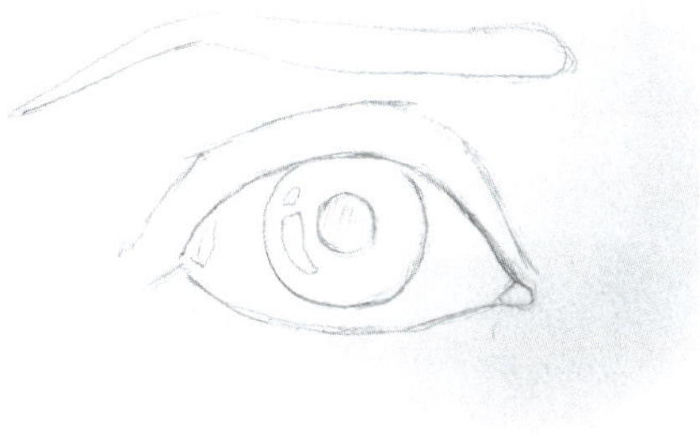

Zuerst die Grundformen und Umrisse mit einem Bleistift HB vorzeichnen und die Proportionen auf Richtigkeit überprüfen.

2

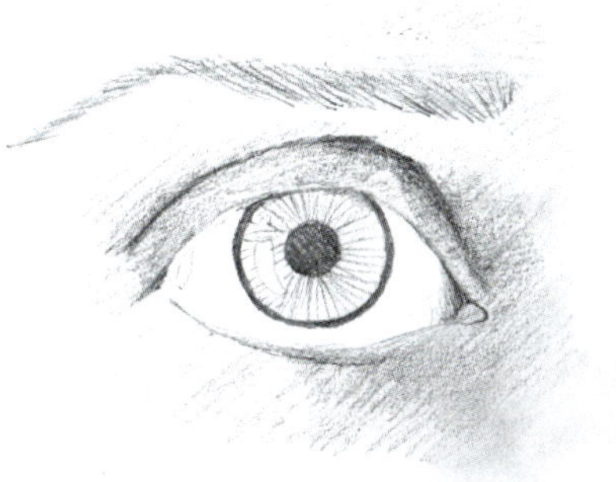

Erste Tonwerte auftragen und die Form durch Schatten modellieren. Für dunkle Bereiche weichere Bleistifte verwenden.

3

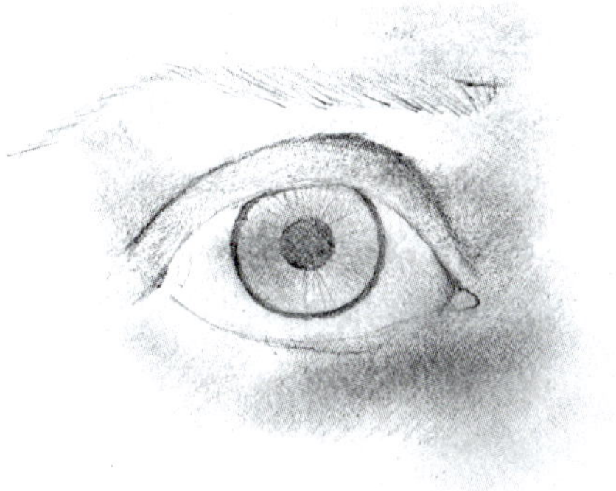

Die Striche verwischen, um eine gleichmäßige Basis zu erhalten, die ungefähr dem Teint des Modells (oder Fotos) entspricht. Danach Augenbraue, Lidfalte, Iris und Pupille mit dunkleren Strichen nachzeichnen.

4

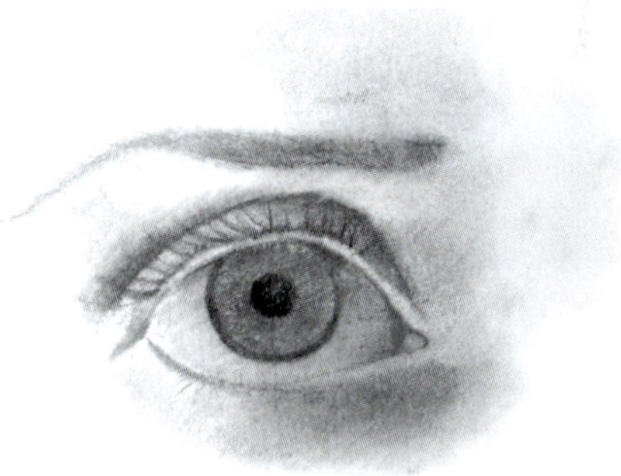

Weil die Tonwerte beim Verwischen heller werden, müssen nun einzelne Bereiche nach Bedarf nochmals schraffiert und erneut verwischt werden.

5

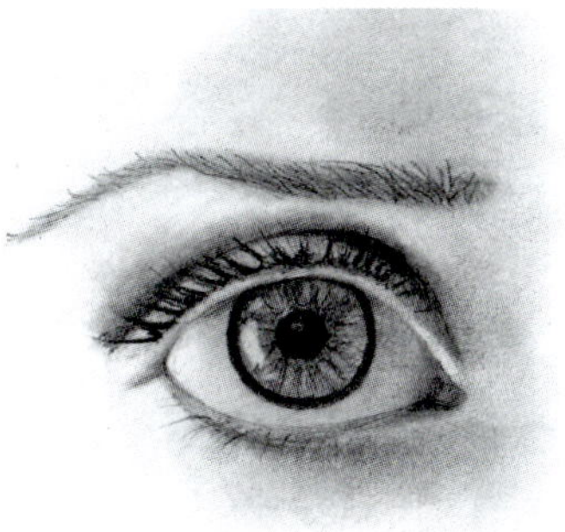

Feine Linien hinzufügen und Lichtreflexe andeuten. Die Augenbraue mit kurzen Strichen in Richtung des Haarwuchses auffüllen. Für die dunkelsten Elemente wie die Pupille und die Wimpern einen Bleistift 8B verwenden und die Striche behutsam mit einem Tortillon verwischen. Vorsichtig etwas Grafit mit einem Knetradierer abtupfen, um die Formen zu modellieren und harte Kanten zu mildern. Verwenden Sie dann einen Radiergummi, um die Lichter in der Iris herauszuarbeiten.

PORTRÄT EINES MÄDCHENS

1

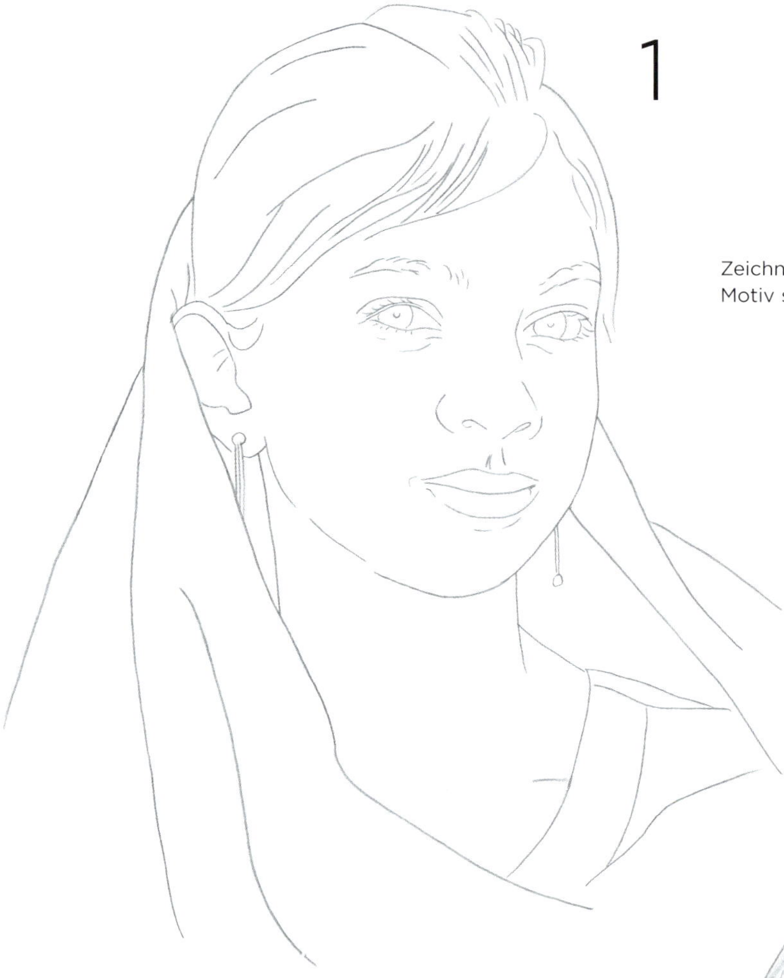

Zeichnen Sie zuerst das Motiv sauber vor.

2

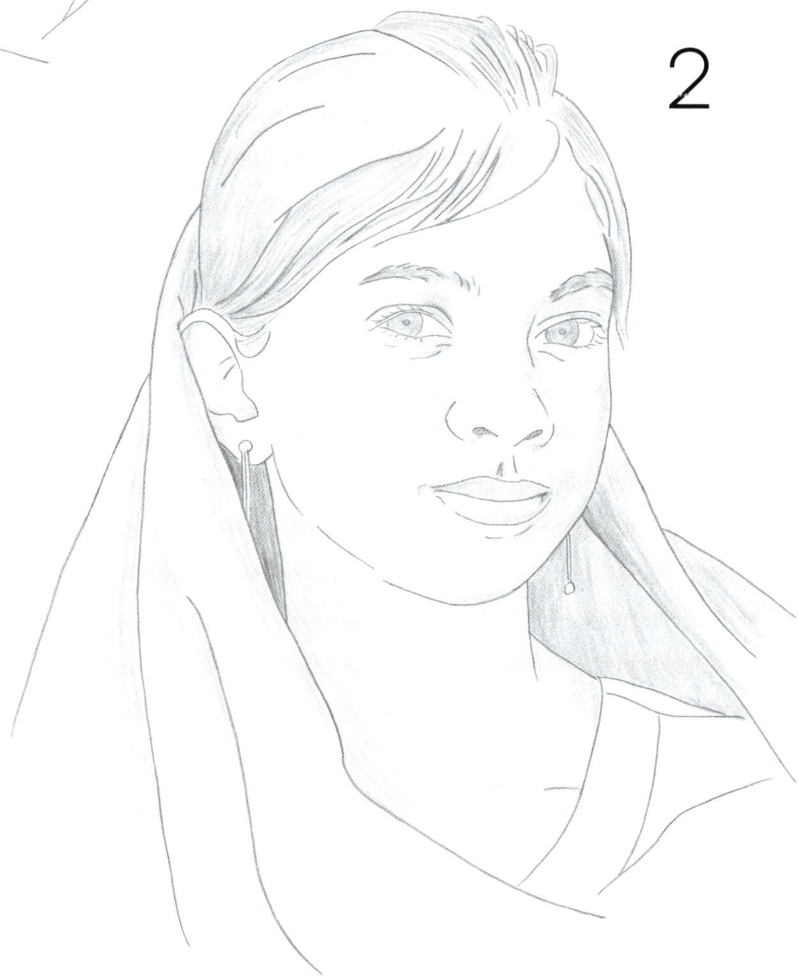

Die Schattenmuster auf dem Gesicht und den Haaren genau studieren. Für die Haare einen Bleistift 2B flach auflegen und lange Striche ziehen, die der Wuchsrichtung folgen. Tragen Sie dann einen dunklen Ton auf die Augen und die Augenbrauen sowie auf den tiefen Schatten des Tuchs auf, indem Sie lange Striche entlang der Falten ziehen. Das Gesicht mit dem flach aufgesetzten Bleistift 2B und geringem Druck sehr subtil schattieren. Dabei folgen die Striche den Konturen des Gesichts.

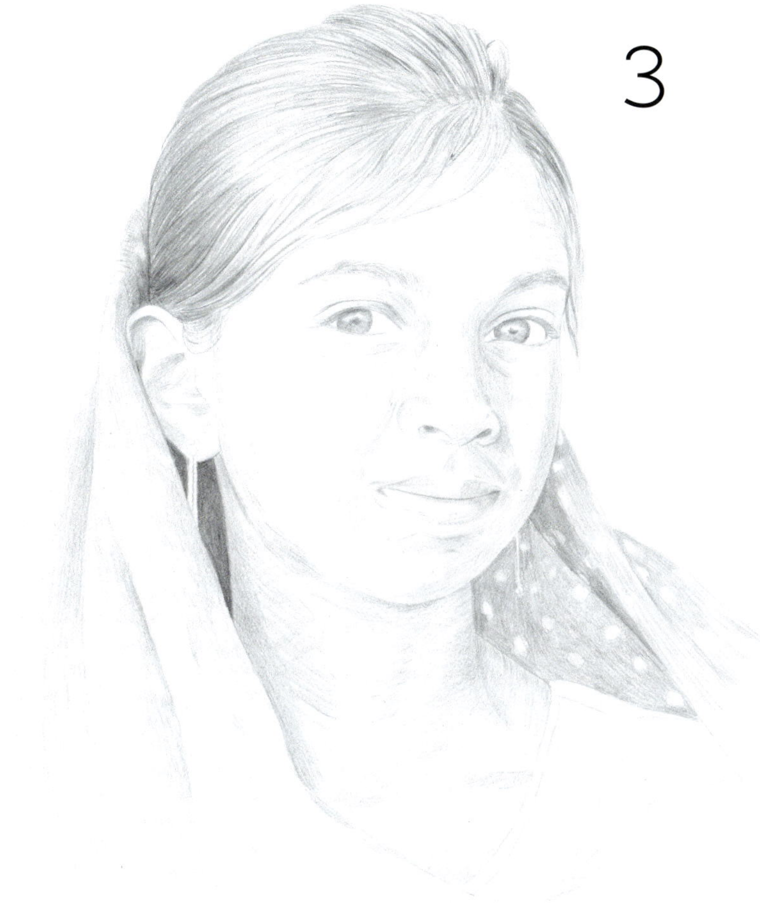

3

Mit einem flach aufgesetzten Bleistift 4B die Schatten in den Haaren abdunkeln. Dann mit der Spitze desselben Bleistifts lange, geschwungene Linien zeichnen, die der Richtung der Strähnen folgen. Vertiefen Sie mit starkem Druck den dunklen Ton des Tuchs hinter dem Hals. Dann mit einem Bleistift 2B die Farbe der Iris mit bogen- und strahlenförmigen Strichen vertiefen. Die Glanzlichter bleiben dabei weiß.

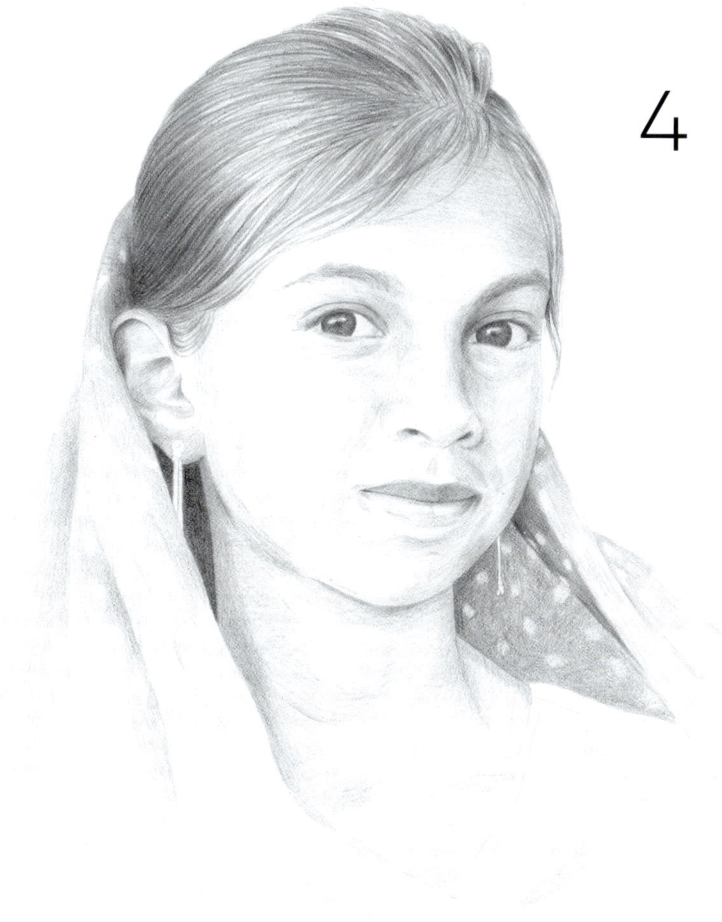

4

Für die tieferen Schattierungen mit stärkerem Druck arbeiten. Dann mit einem Bleistift HB die blassen Schattierungen an den hellen Seiten der Formen entwickeln. Mit demselben Bleistift auch die Schatten um die Augen verfeinern. Achten Sie beim Modellieren des weißen Teils darauf, dass der Augapfel eine Kugelform hat. Die Glanzlichter in den Augen werden zuletzt mit einem spitz geformten Knetradierer gesäubert.

5

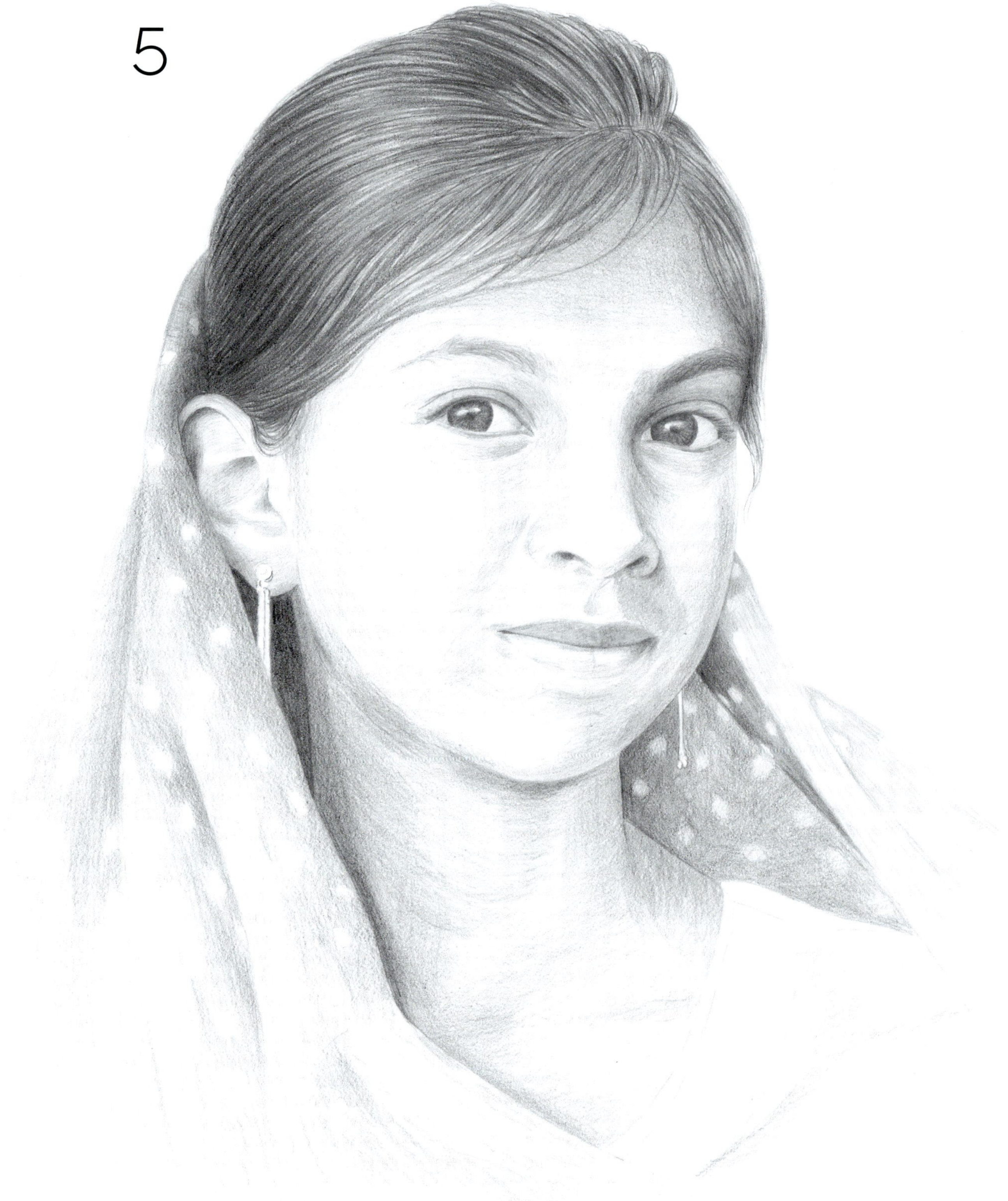

Mit dem Bleistift 4B die Textur der Haare verstärken. Dabei den Stift mal steil und mal flach aufsetzen und immer der Wuchsrichtung folgen. Die dunkleren Schatten des Stoffs mit dem Bleistift 4B schraffieren. Mit der Spitze eines Bleistifts HB die Kanten dieser Schatten verfeinern. Weiterhin mit dem Bleistift HB die Tonwerte auf der helleren Seite des Gesichts verfeinern, dabei immer den Konturen der Gesichtszüge folgen. Mit demselben Bleistift die Schatten auf der dunklen Seite des Gesichts vertiefen. Verwenden Sie die Bleistiftspitze, um die Formen der Gesichtszüge sorgfältig zu verfeinern. Dann mit dem Bleistift HB einige Details der Ohrringe hinzufügen und einzelne Haarsträhnen um die Stirn zeichnen.

6

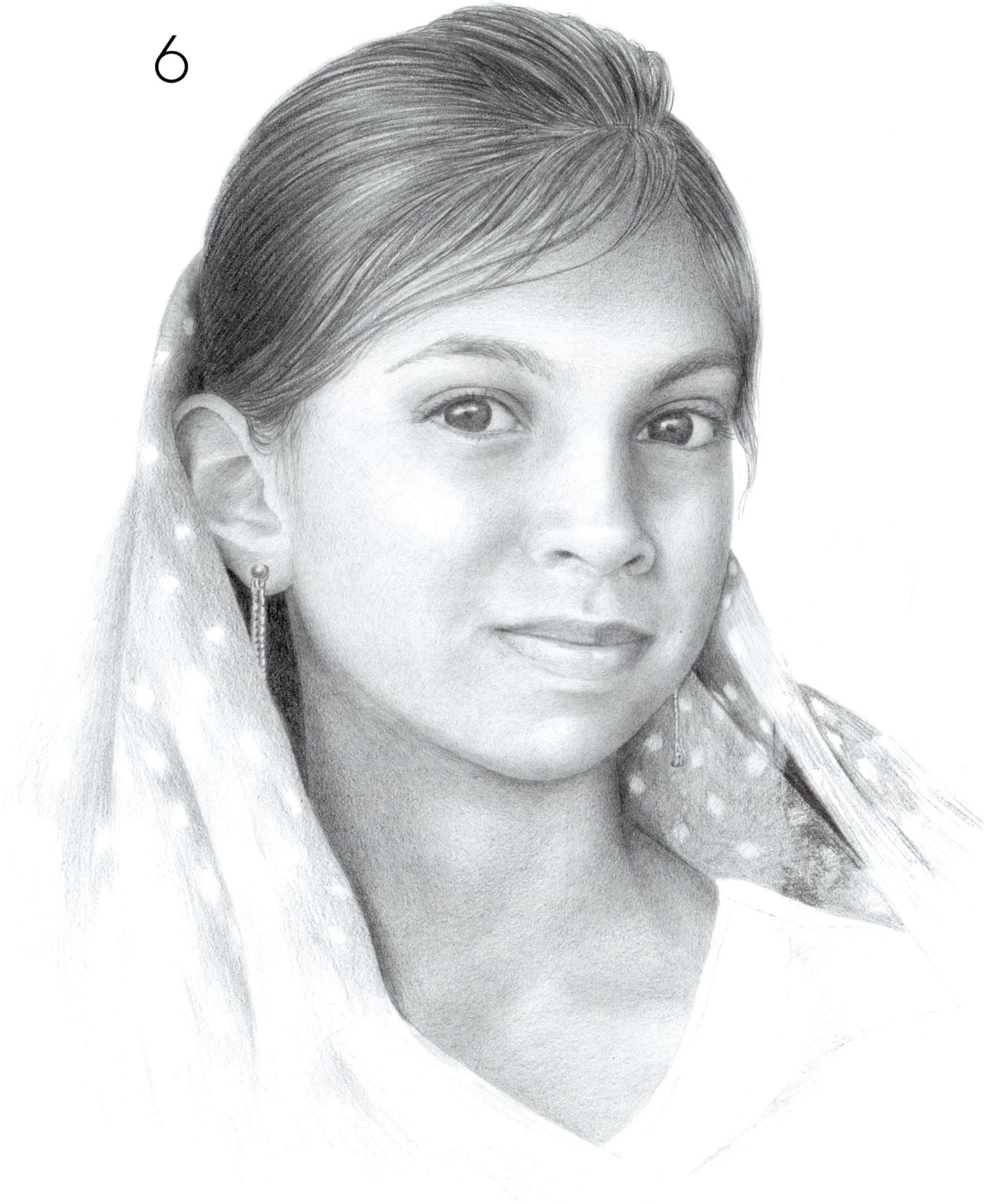

Im letzten Schritt die Schatten im Gesicht noch einmal behutsam überarbeiten. Verwenden Sie die Spitze des HB-Bleistifts, um Unebenheiten auszugleichen, und hellen Sie mit dem Knetradierer zu dunkle Töne leicht auf. Vervollständigen Sie das Porträt, indem Sie mit leichten Kreuzschraffuren weitere Schattierungen auf dem Stoff hinzufügen. Zuletzt beseitigen Sie alle verbleibenden Flecken mit einem Knetradiergummi.

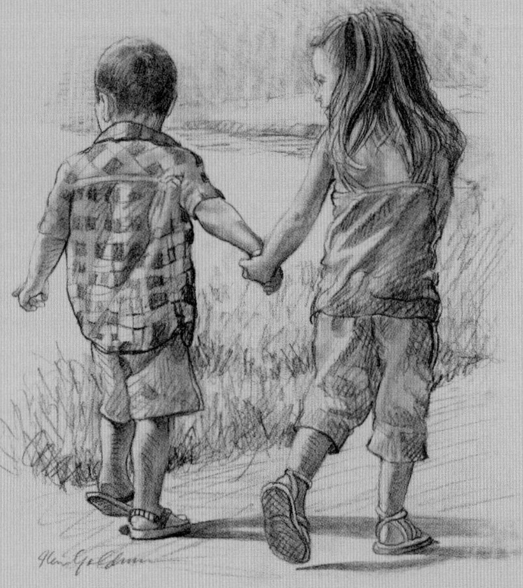

Kapitel 5

KOMPO

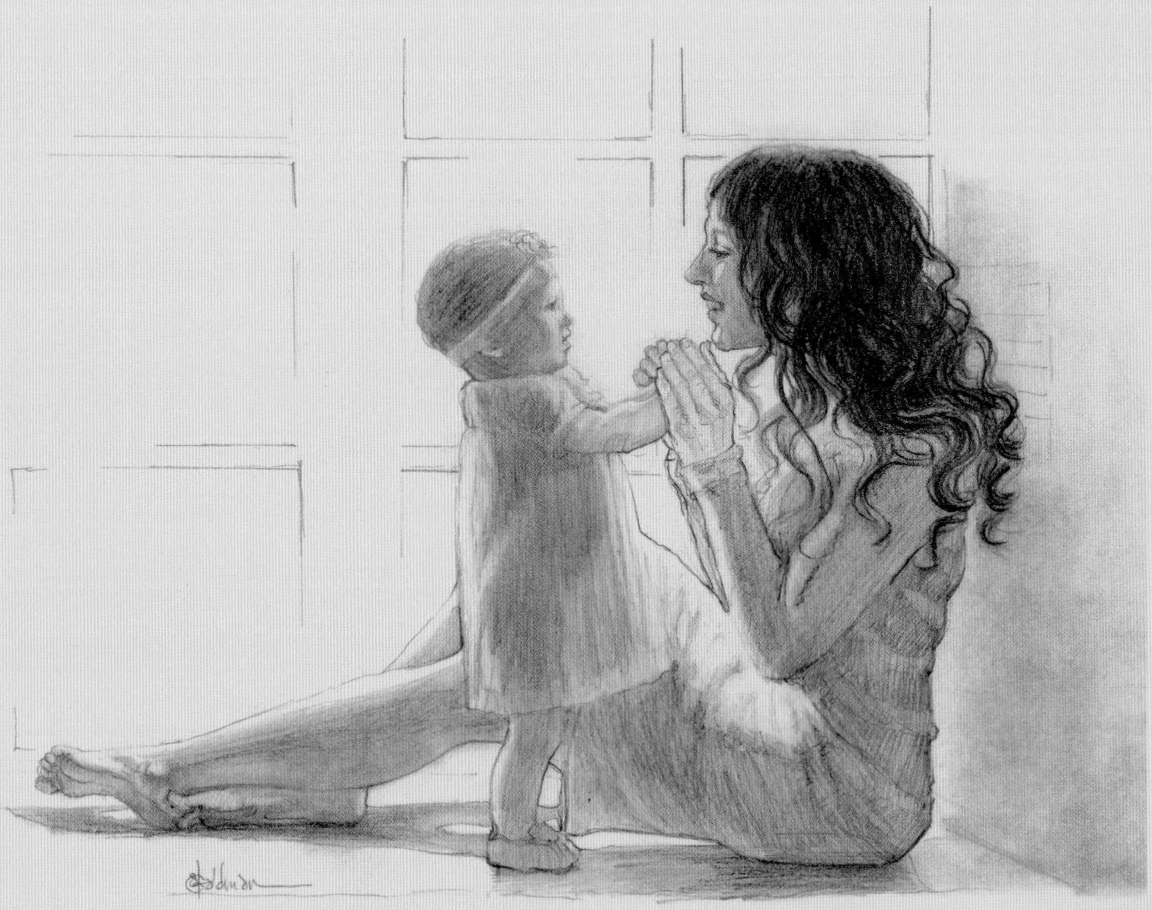

SITION

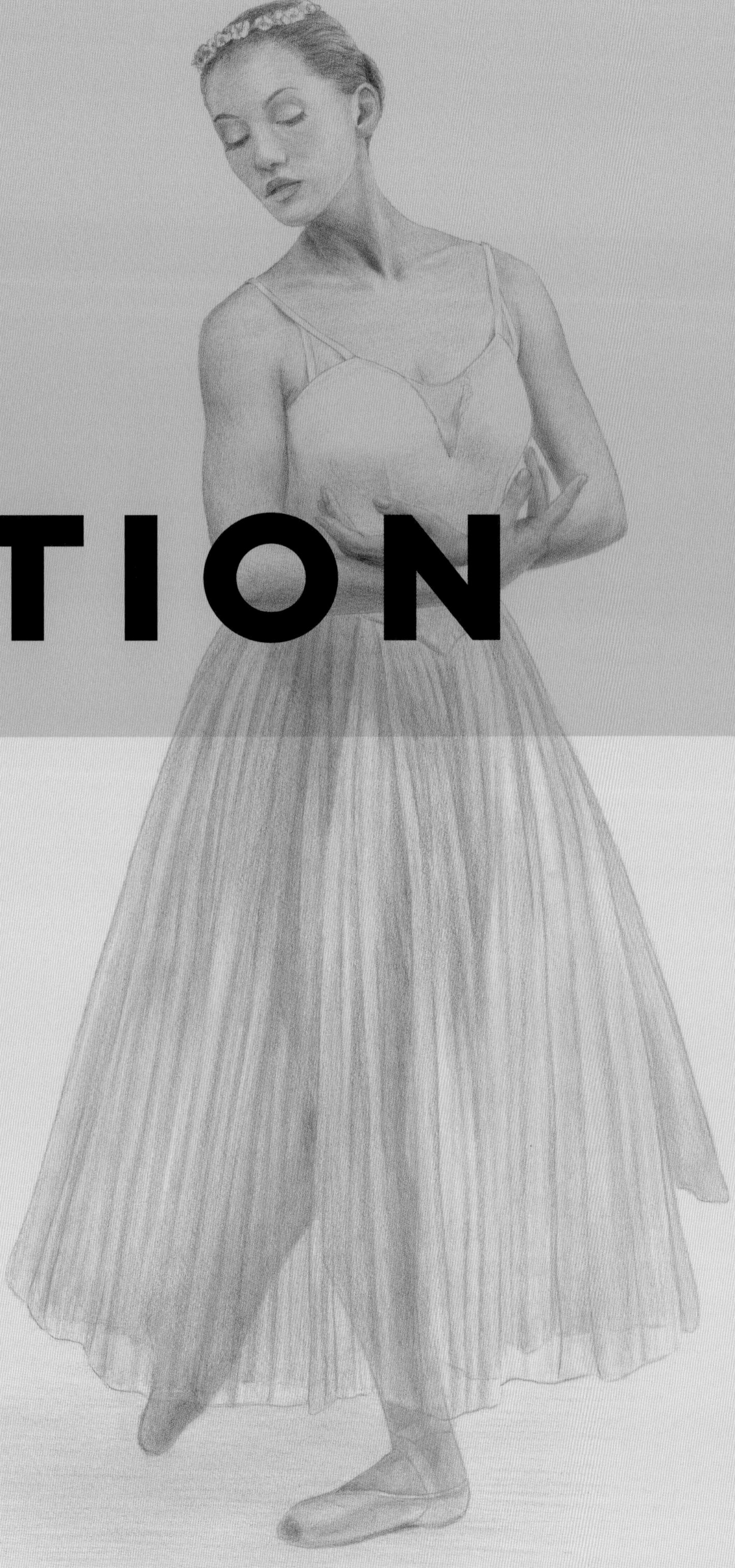

DURCHDACHTE KOMPOSITION

Die Komposition ist die Anordnung der Elemente innerhalb einer Zeichnung. Sie bildet die Grundlage für ein visuell ansprechendes Kunstwerk. Eine gute Komposition schafft ein Gefühl von Gleichgewicht und Bewegung. Sie zieht den Blick an und lenkt ihn auf die wichtigsten Aspekte der Zeichnung. In diesem Kapitel erkunden Sie die Komposition in Bezug auf das Zeichnen von Figuren und betrachten ihre Auswirkungen auf die Stimmung und die Aussage eines Werks.

Wenn Sie Figuren mit Bleistift vor einer Landschaft zeichnen, halten Sie den Hintergrund hell und einfach, damit er nicht von den Hauptmotiven der Szene ablenkt.

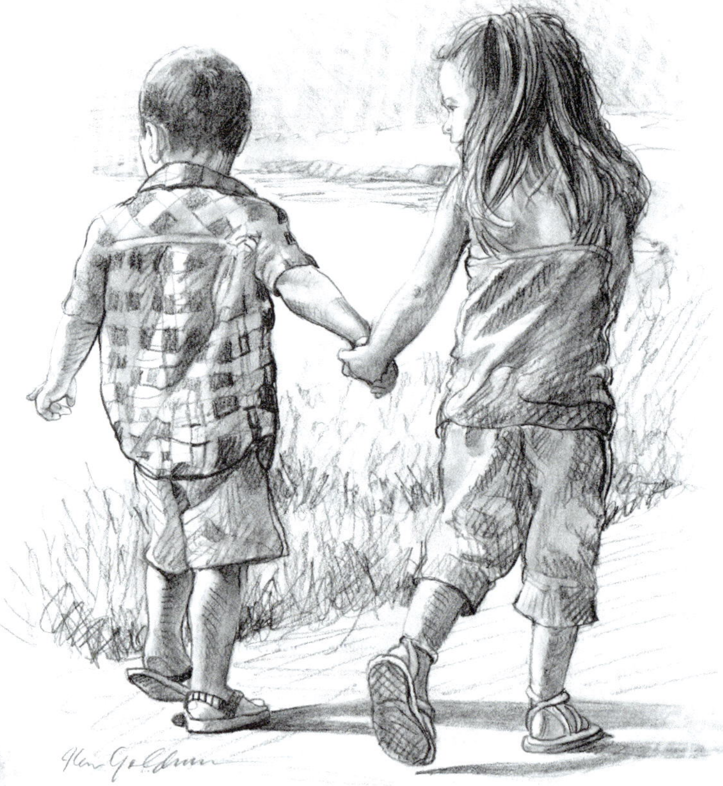

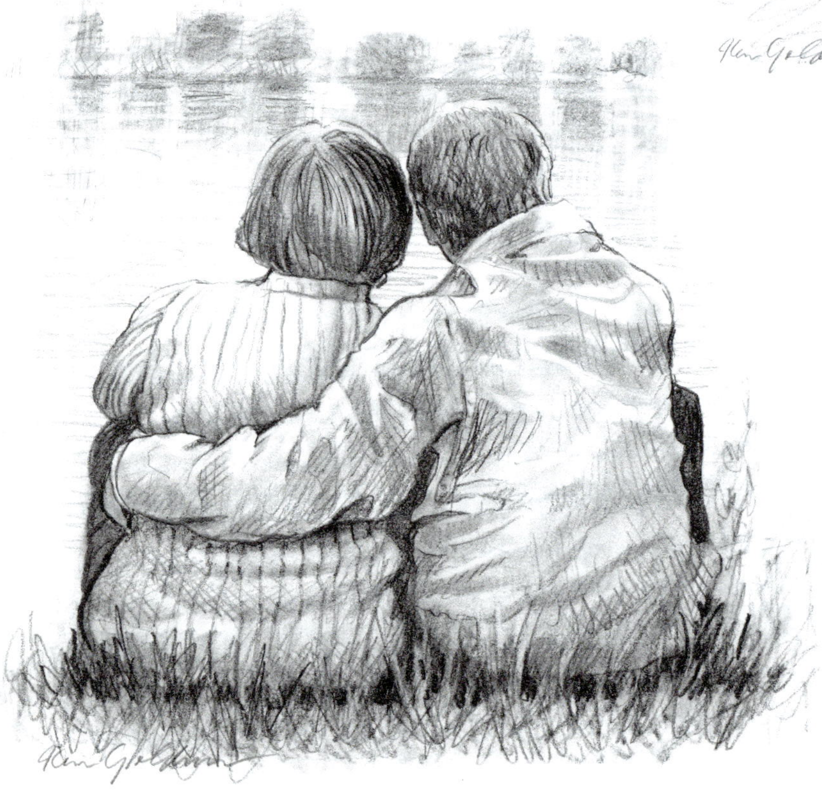

Dieses Bild strahlt Gelassenheit und Zärtlichkeit aus. Verstärkt wird die Stimmung durch die Verwendung leichter, horizontaler Hintergrundstriche im Gegensatz zu den vertikalen, kräftigeren Strichen im Vordergrund.

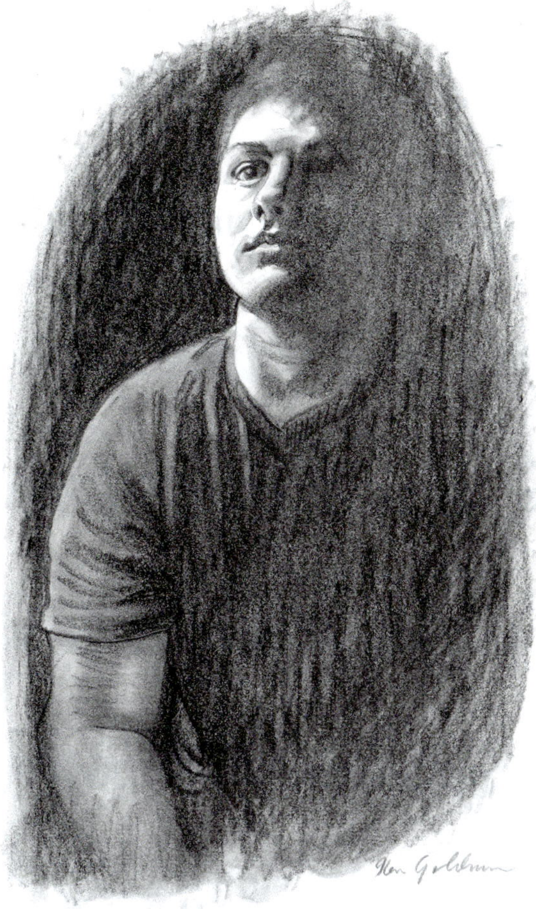

Diese dynamische Komposition zeigt eine halb in dunkle Schatten gehüllte Form mit einer Lichtquelle, die sich schräg oberhalb befindet. Die Stimmung ist ernst und kontemplativ, und das Motiv wirkt insgesamt dramatisch. Formen sind dort am besten zu erkennen, wo harte Kanten aufeinandertreffen. Alle anderen, weniger wichtigen Bereiche haben weiche oder verschwommene Konturen.

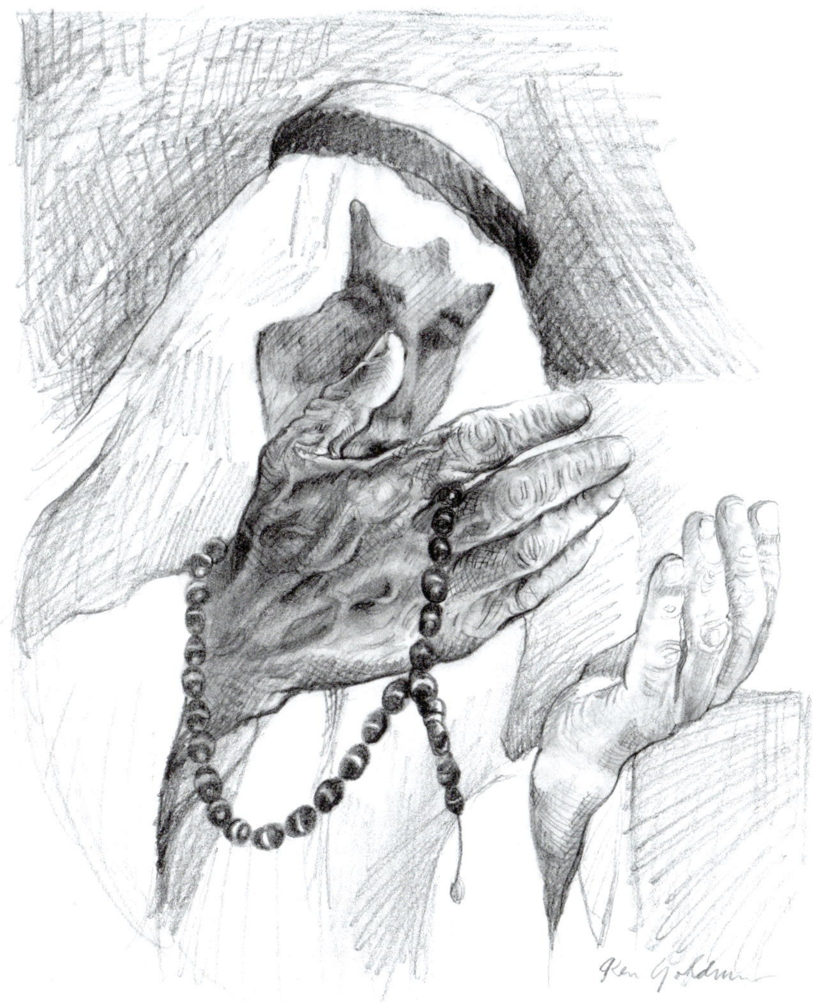

Ein niedriger Blickwinkel mit starker perspektivischer Verkürzung der Hände gibt dieser Komposition ihre interessante Wirkung. In diesem Beispiel dominieren die Gebetsperlen des Mannes das Gesamtbild und weisen auf die Bedeutung des Glaubens in seinem Leben hin. Der Blickfang dieser Zeichnung – die markante Hand mit den dunklen Perlen – ist sehr detailliert dargestellt, während alle anderen Bereiche bewusst vage bleiben.

Um die Nähe von Mutter und Kind zu betonen, sind die Figuren in direkter Nähe dargestellt. Die schräge Linie des Babykörpers korrespondiert mit dem Arm der Mutter. Dadurch wirkt die Komposition wie aus einem Guss.

Eine einfache Strichführung und ein begrenzter Tonwertbereich verleihen dieser Szene die Klarheit und den Kontrast, die notwendig sind, um die beiden Motive optisch zu unterscheiden.

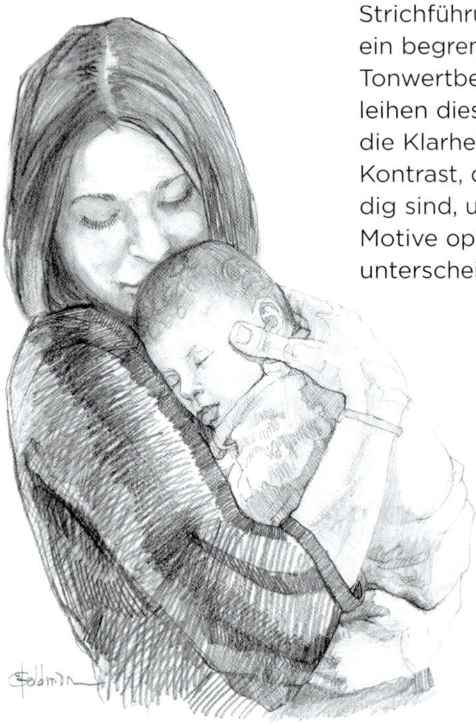

Von „Gegenlicht" spricht man, wenn sich die Lichtquelle hinter den Figuren befindet. Auf diese Weise können Sie eine silhouettenreiche Komposition mit weichen Formen und einer intimen, atmosphärischen Qualität schaffen.

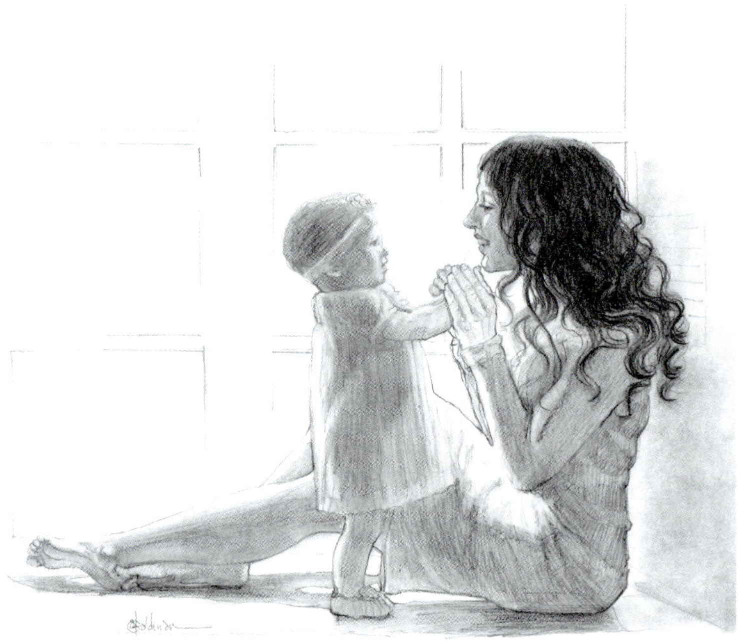

Wenn Figuren von hinten beleuchtet sind, werden alle Details einer Reihe von mittleren Tonwerten untergeordnet. Der Hintergrund sollte hell und einfach sein, um den Blick auf die Personen im Vordergrund zu richten.

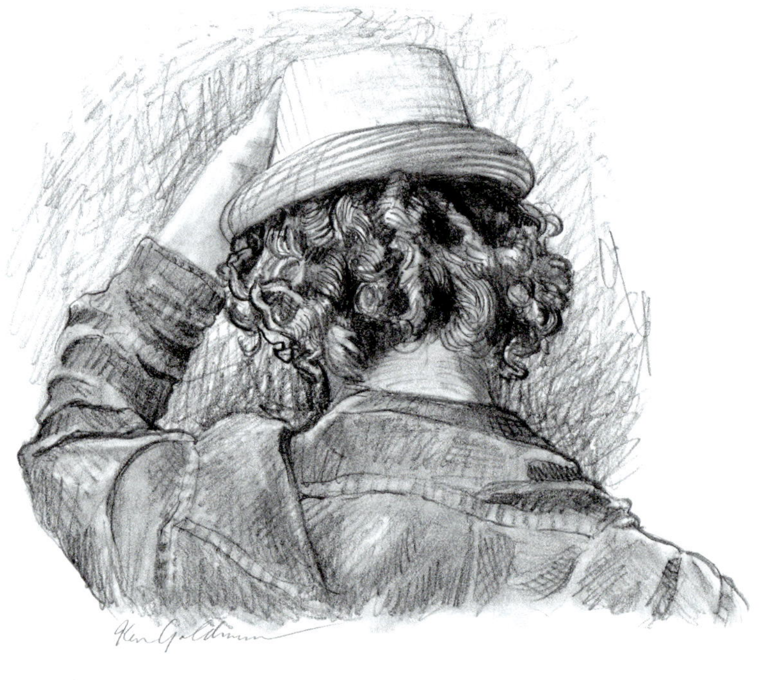

Unkonventionelle Blickwinkel können Stil oder Körpersprache eines Modells gut einfangen – sogar ohne dass das Gesicht zu sehen ist.

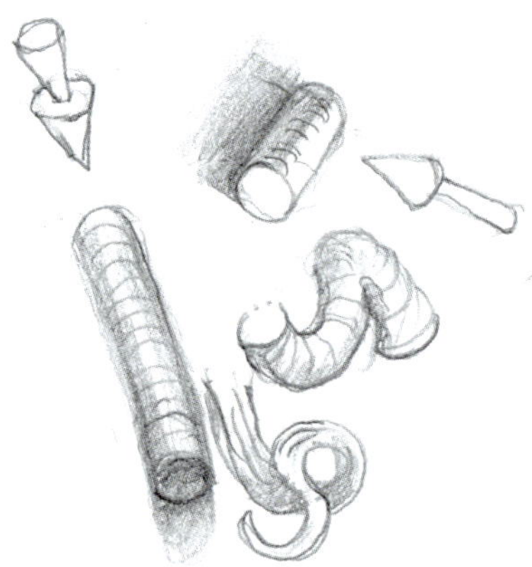

Zylinder sind eine gute Übung für lockige Haare. Verwenden Sie Pfeile, um die Lichtquelle darzustellen, damit Sie wissen, wo Sie Schatten hinzufügen müssen.

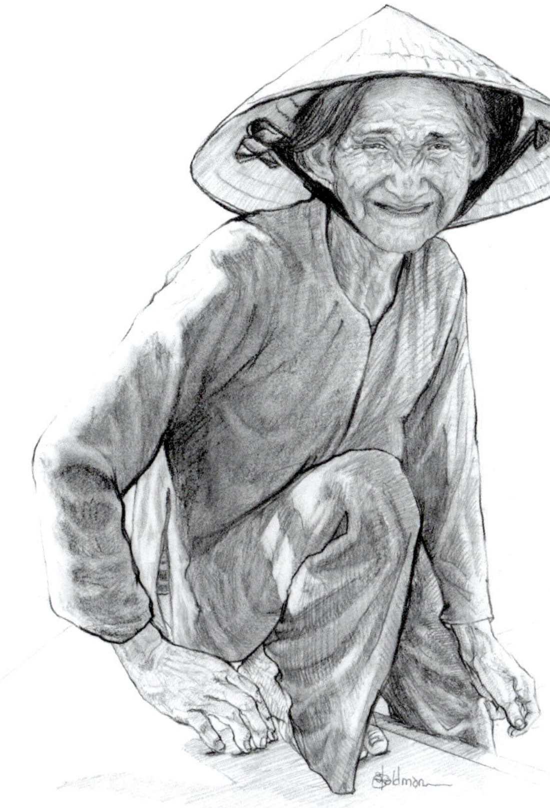

Diese Frau wurde mit ausdrucksstarken, unterschiedlich kräftigen Strichen gezeichnet. Die unterbrochenen oder „verlorenen“ Linien am Rand des rechten Arms weisen auf helles Sonnenlicht hin, das von links oben kommt – obwohl die Sonne selbst gar nicht in der Komposition zu sehen ist.

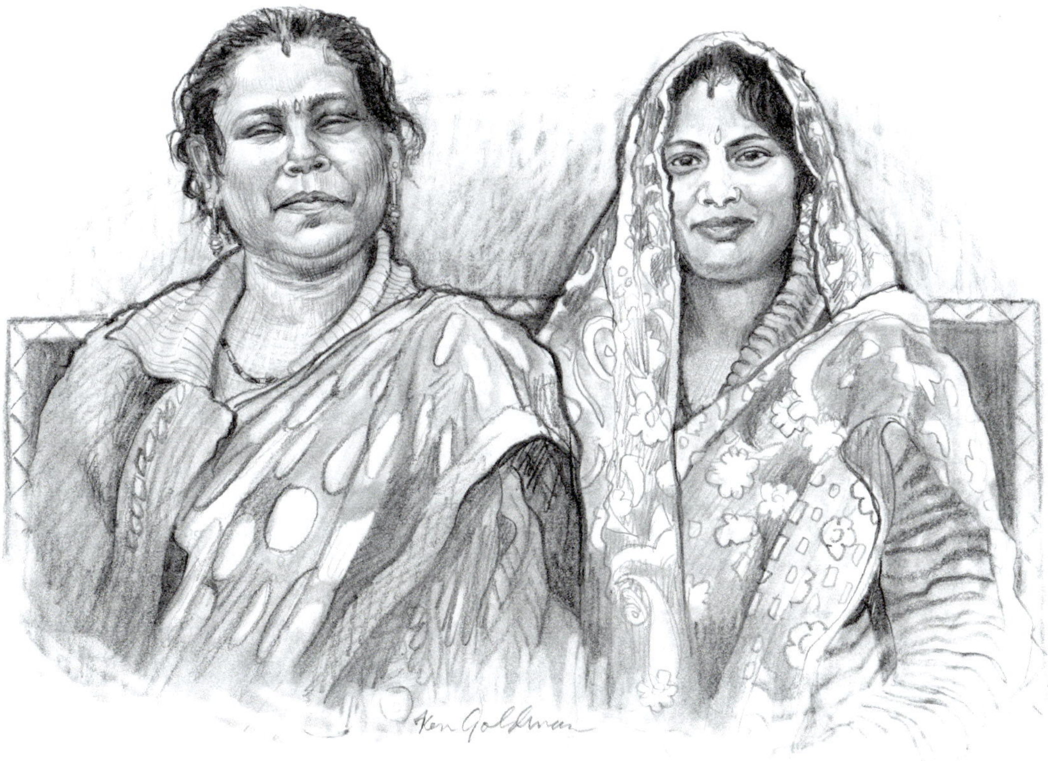

Zwei Figuren auf einer Bank ergeben eine ausgewogene und symmetrische Komposition. In dieser Zeichnung wird durch die leichte Überlappung der Figuren eine einheitlichere Masse geschaffen und ein störender negativer Raum zwischen den Figuren vermieden. Wenn Sie gemusterte Stoffe in ein Porträt einbeziehen, vermeiden Sie kontrastreiche Muster und übermäßig viele Details. Reservieren Sie die dunkelsten Tonwerte und die feinsten Details für die Köpfe, die den Blickfang der Zeichnung darstellen.

Das Gewicht und der Schwerpunkt liegen im unteren Bereich dieser Zeichnung, sodass eine stabile, zentrierte Komposition entsteht. Sie spiegelt die meditative Ernsthaftigkeit der Figur gut wider. Die Armbanduhr bringt ein wenig Abwechslung in die symmetrische Szene. Gezeichnet wurde das Motiv mit Bleistiften 2B und 4B.

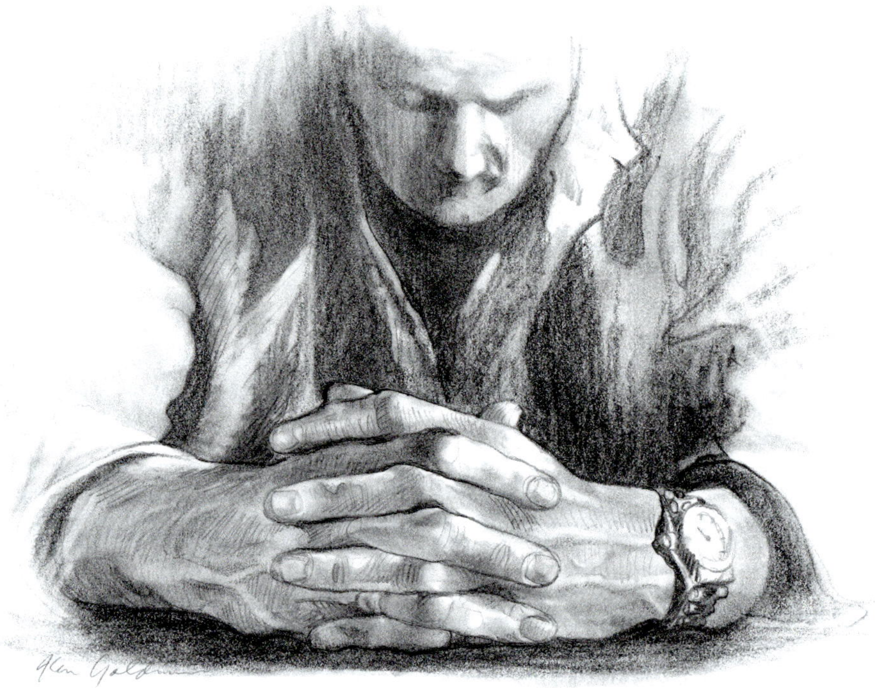

Dieses Jungenporträt basiert auf einer traditionellen dreieckigen Komposition. Sie wirkt stabil, vermittelt durch die Diagonalen aber auch Dynamik. Zugleich stellt die kompakte Anordnung ein Gefühl der emotionalen Nähe zwischen den Jungen her.

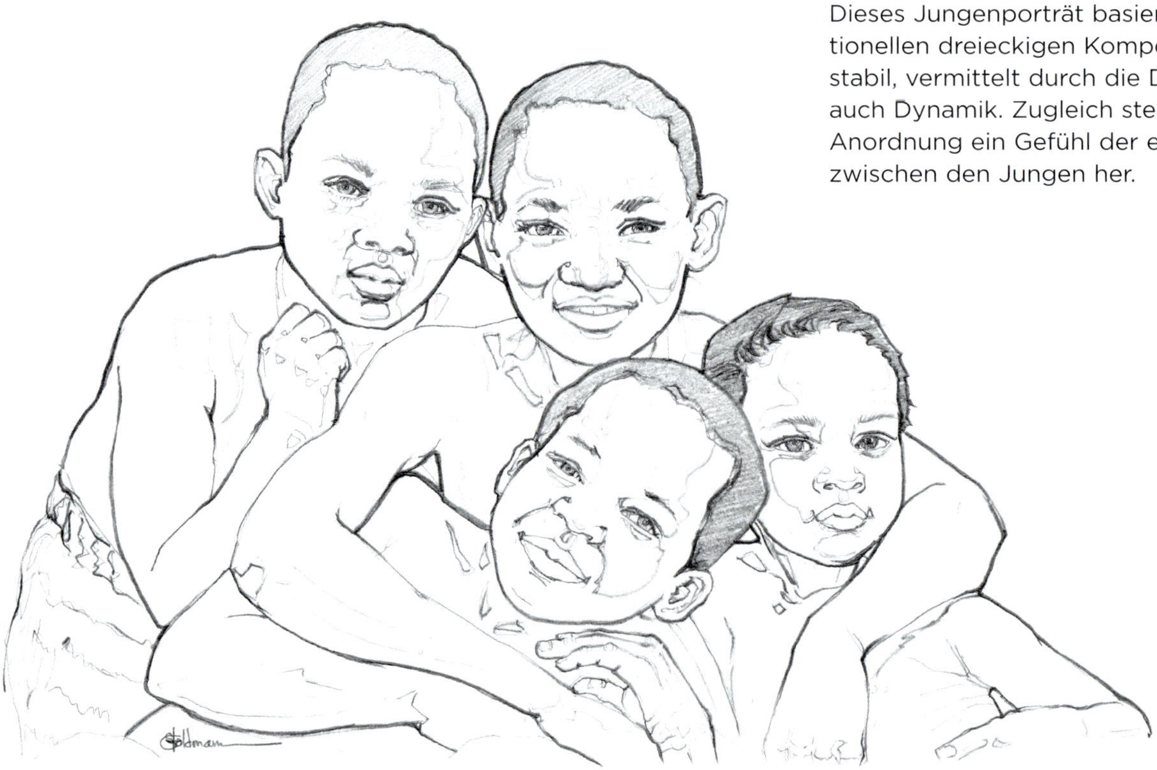

Gruppen mit ungerader Zahl wirken meist interessanter als geradzahlige Gruppen.

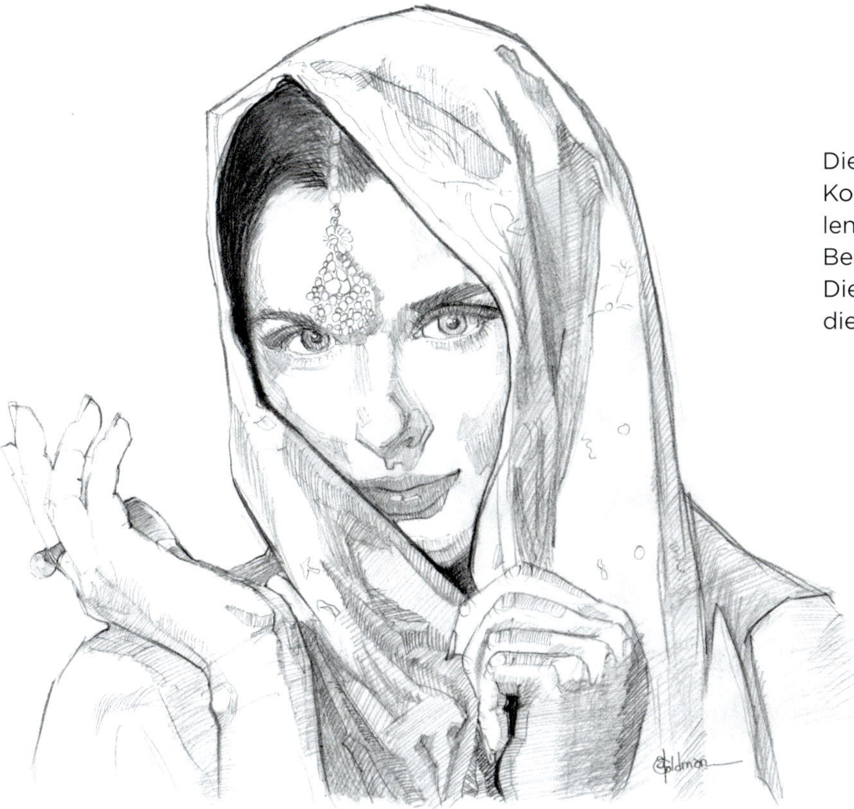

Die hellen und mittleren Töne, die für das Kopftuch dieser Frau verwendet wurden, lenken den Blick auf kontrastreichere Bereiche, insbesondere auf die Augen. Die gestikulierende Hand der Frau wertet die Komposition auf.

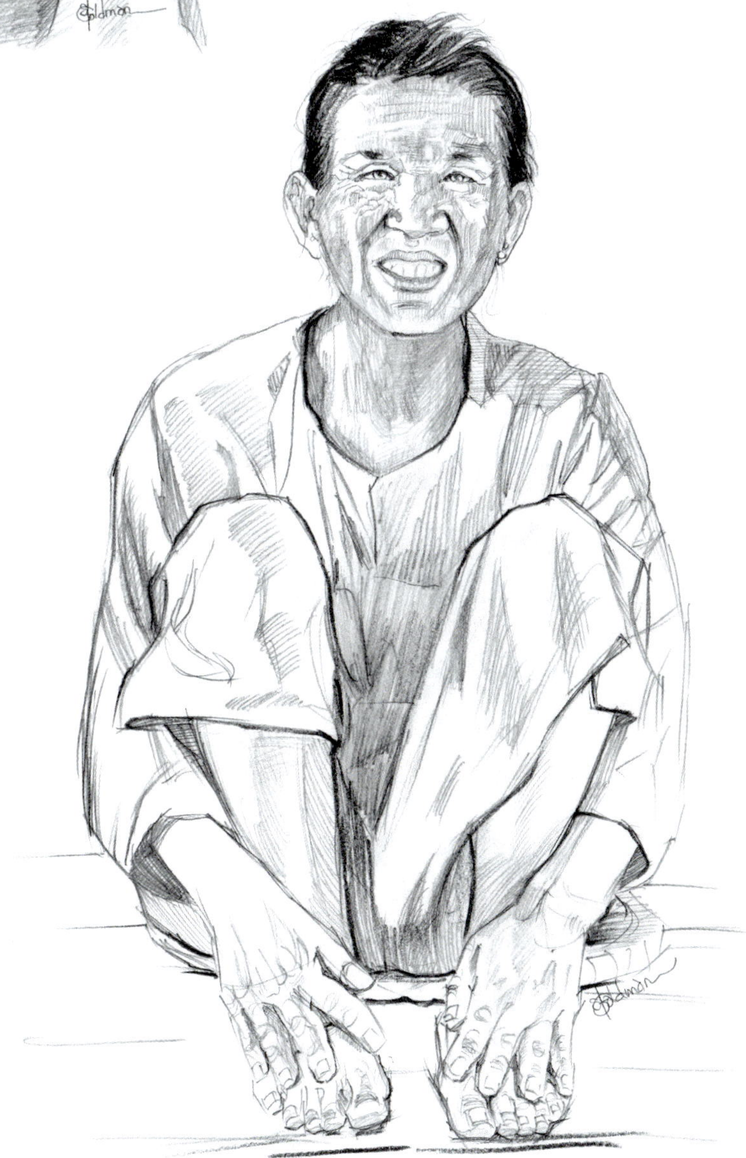

Dieser freundliche Mann sitzt mit angezogenen Knien auf dem Boden, seine Hände ruhen auf den Füßen. Diese geschlossene Pose und die einfache Komposition wirken zurückhaltend und intim zugleich.

TÄNZERIN

1

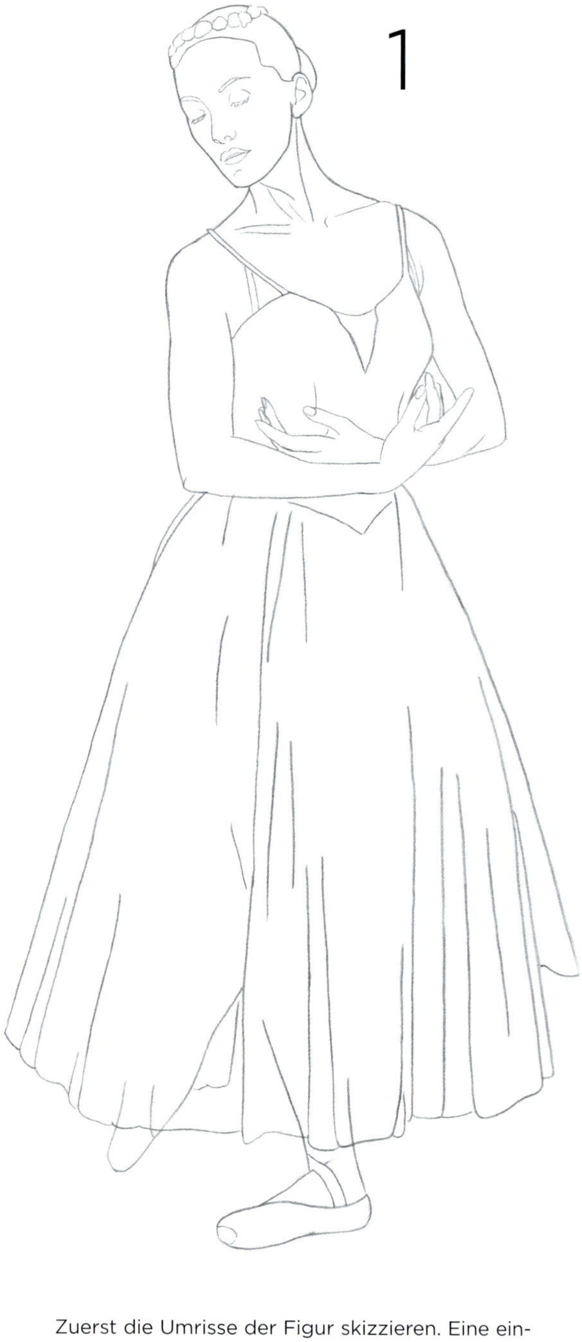

2

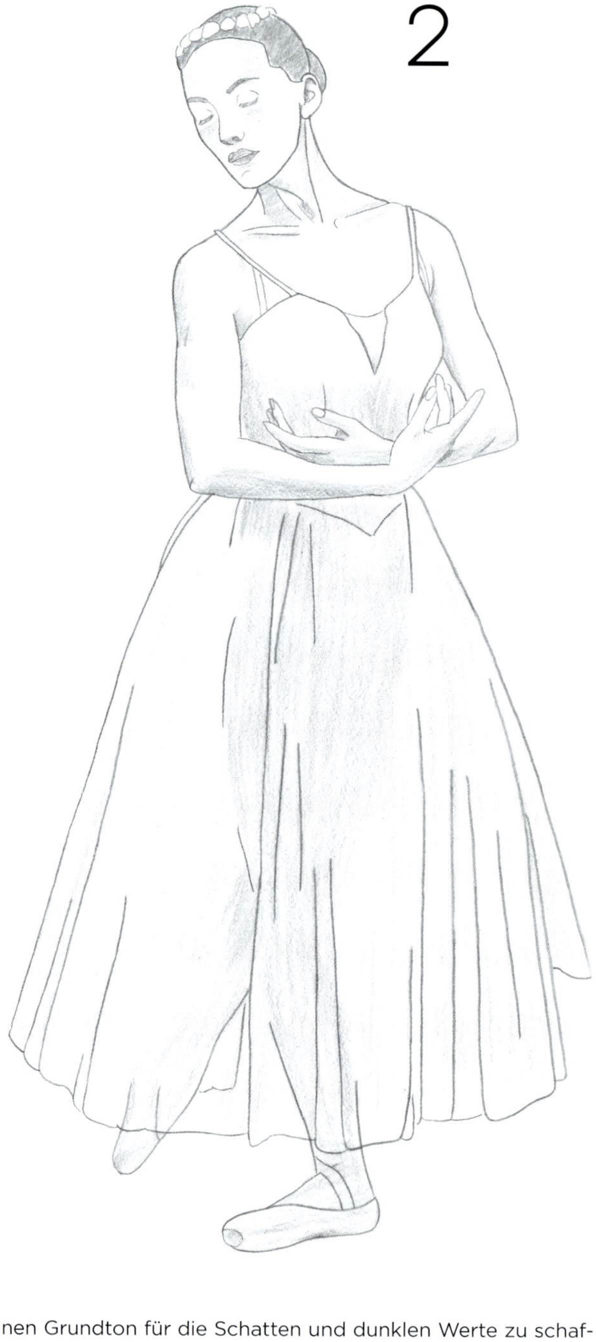

Zuerst die Umrisse der Figur skizzieren. Eine einfache, schlichte und luftige Komposition passt perfekt zu dieser Ballerina. Die Gesamtform ihrer Pose ist ein lang gestrecktes Dreieck, das ein Gefühl von Stabilität und Gleichgewicht vermittelt. Die langen Linien der Falten ihres Kleides verlängern das Erscheinungsbild ihres Körpers und verleihen ihm Fülle und Eleganz.

Um einen Grundton für die Schatten und dunklen Werte zu schaffen, werden mit einem flach aufgesetzten Bleistift 2B die Haare eingetönt. Die dunklen Tonwerte von Augenbrauen, Lippen und Nasenlöchern hinzufügen. Dann mit schwachem Druck die zarten Schattenbereiche von Gesicht, Hals und Körper andeuten. Die Schraffuren folgen immer der jeweiligen Form. Die Beine, die durch den Stoff schimmern, in einem Mittelton schattieren. Den Tüllrock mit langen Strichen ganz blass schraffieren.

3

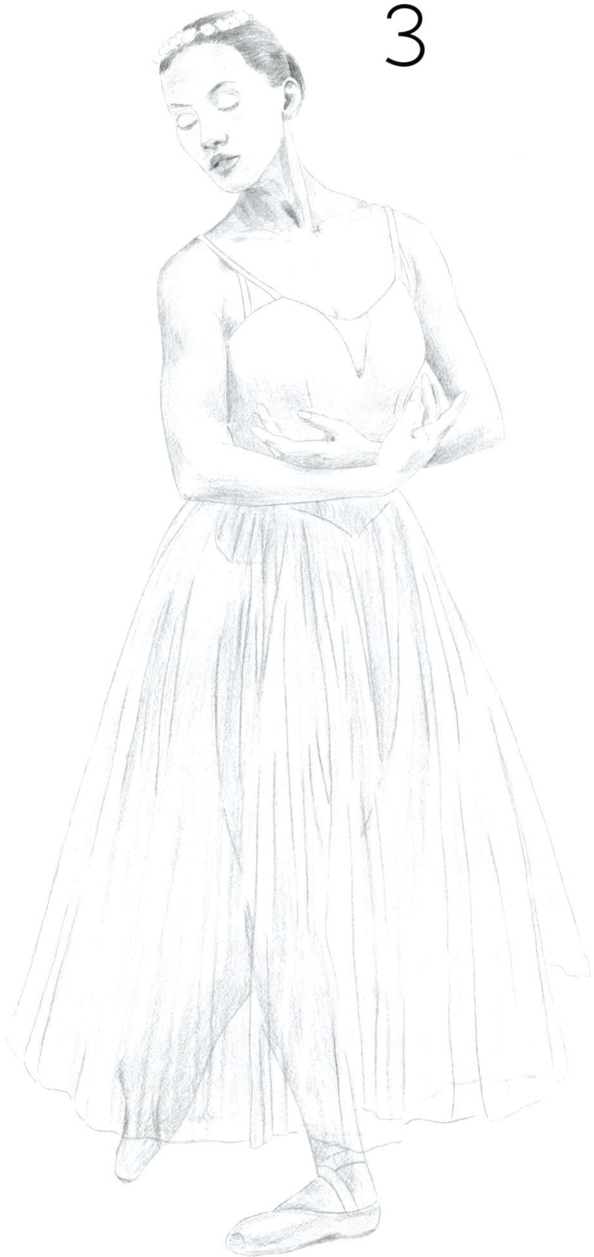

Mit einem stumpfen Bleistift 4B Striche in Wuchsrichtung in die Haare einzeichnen. Die Schattenseite des Gesichts mit dem Bleistift 2B etwas abdunkeln. Am ganzen Körper die vom Licht abgewandte Seite behutsam abdunkeln. Fügen Sie dem oberen Teil des Kleids weitere Schattierungen hinzu, wieder mit Strichen, die der Form des Körpers folgen. Mit lockeren, langen Strichen weitere Falten des Kleids andeuten.

4

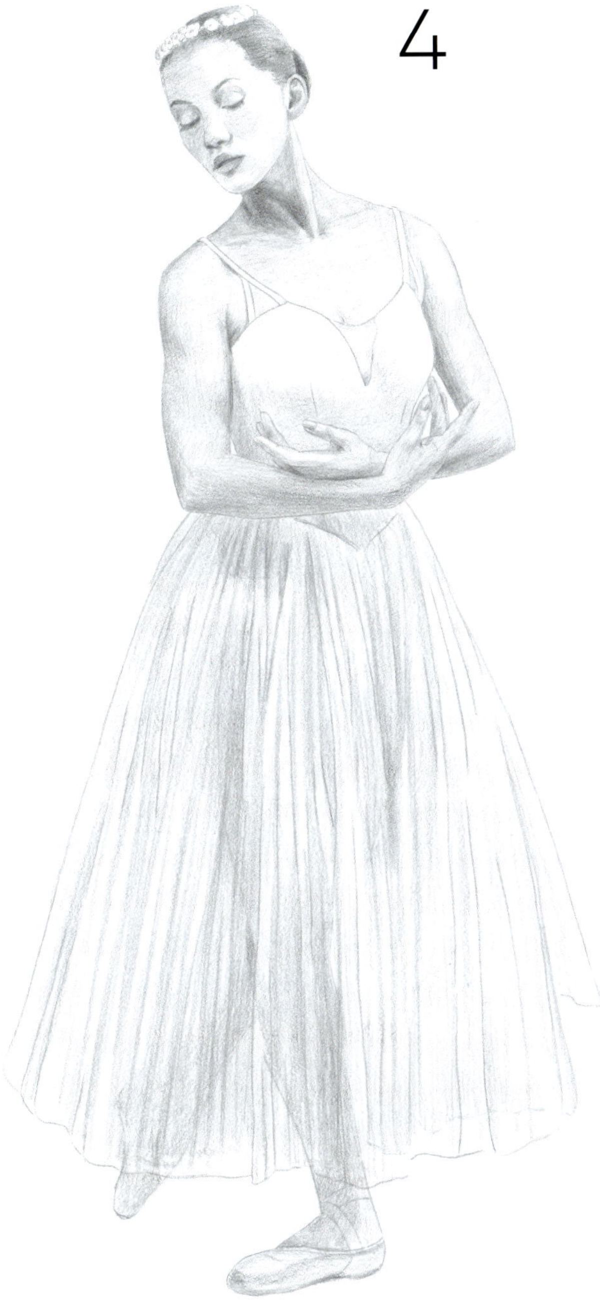

Die Gesichtszüge sorgfältig mit geschwungenen Strichen modellieren, die der Form folgen. Ebenso am Hals fortfahren und die Formen der unter der Haut liegenden Muskeln am Hals herausarbeiten. An den Armen und der Brust fortfahren, dann die Hände schattieren. Dabei besonders auf die kleinen Formen achten und sehr sorgfältig vorgehen.

5

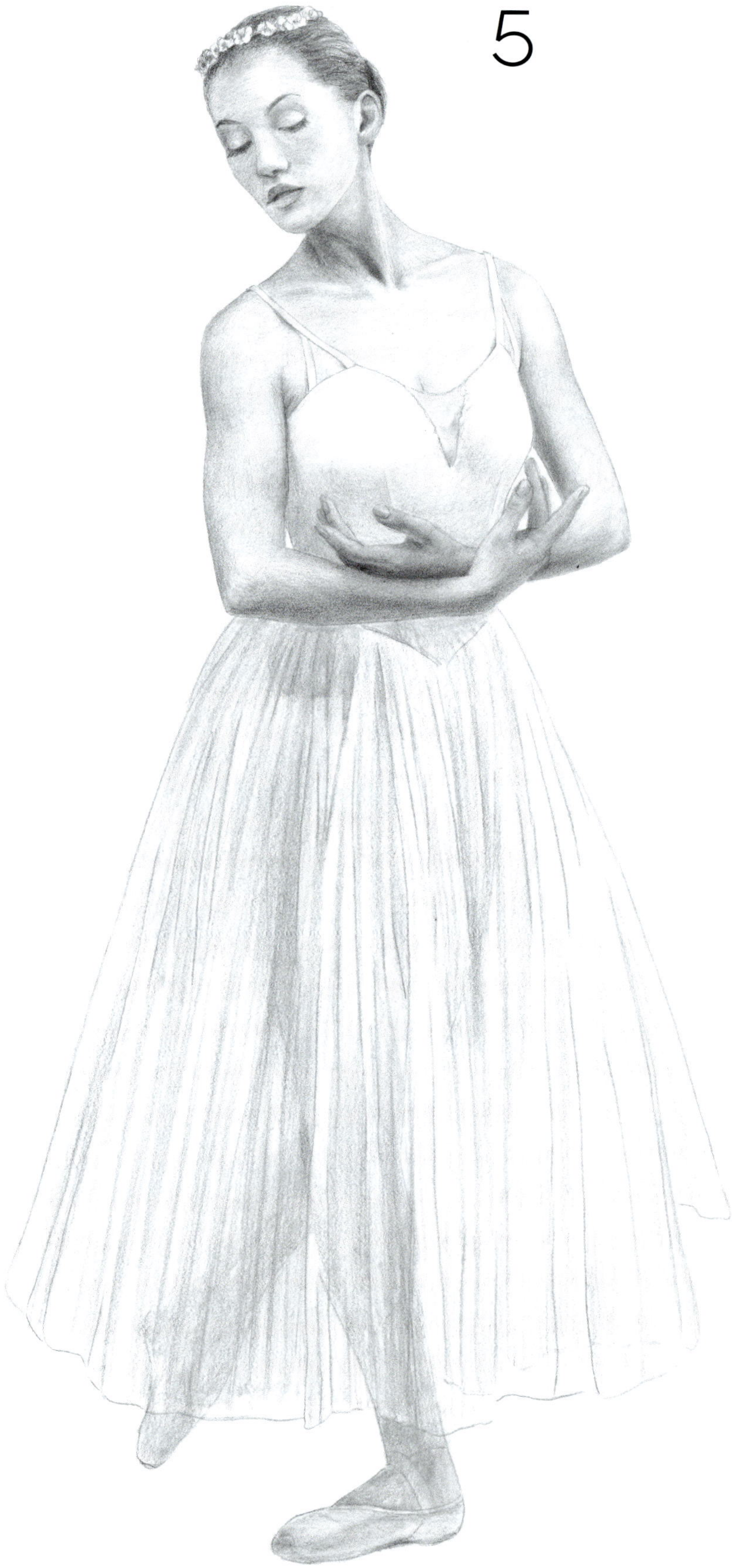

Mit einem flach aufgesetzten Bleistift 4B nochmals die Haare abdunkeln, vor allem um den Haaransatz herum. Dann mit einem spitzen Bleistift 2B einige Texturlinien in die Haare einfügen. Mit demselben Stift die Blumen in ihrem Haar zart schattieren.

6

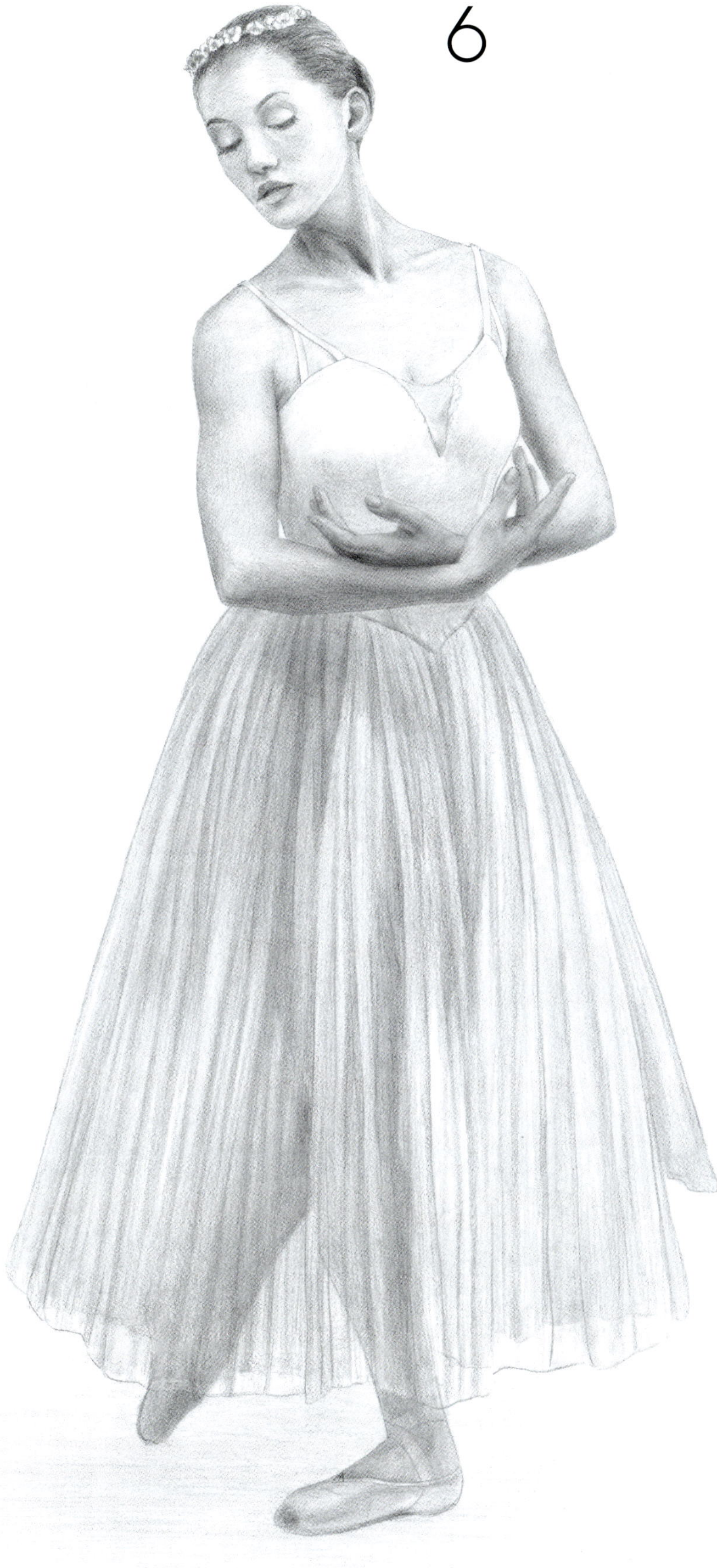

Die Falten des Rocks nochmals mit langen, senkrechten Strichen verstärken. Dabei muss nicht jede einzelne Falte gezeichnet werden. Es genügt, wenn ein überzeugender Eindruck der Textur entsteht.

GEHEIMNISSE DER KREATIVITÄT

Wer seine Zeichenfähigkeiten verbessern und seine „Kreativitätsmuskeln" trainieren möchte, sollte sich zwei wichtige Gewohnheiten zulegen.

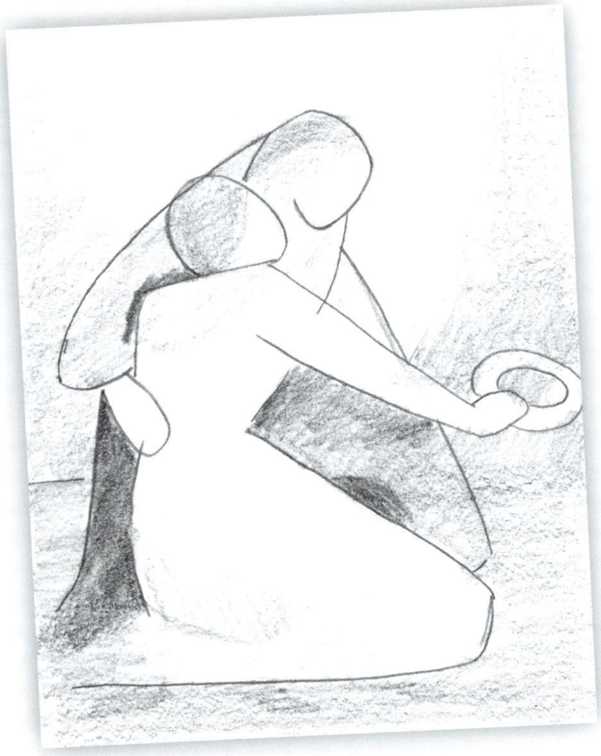

Täglich zeichnen Zeichnen fördert nicht nur die Hand-Auge-Koordination, sondern ist auch eine wunderbare Möglichkeit, sich auf die visuelle Umgebung einzulassen. Nehmen Sie Ihr Skizzenbuch überall mit hin und zeichnen Sie so viele verschiedene Arten von Motiven in so vielen verschiedenen Posen wie möglich. Sie werden bald ein Gefühl für lohnende Inspirationen entwickeln und immer neue Ideen in Ihren Skizzenbüchern festhalten.

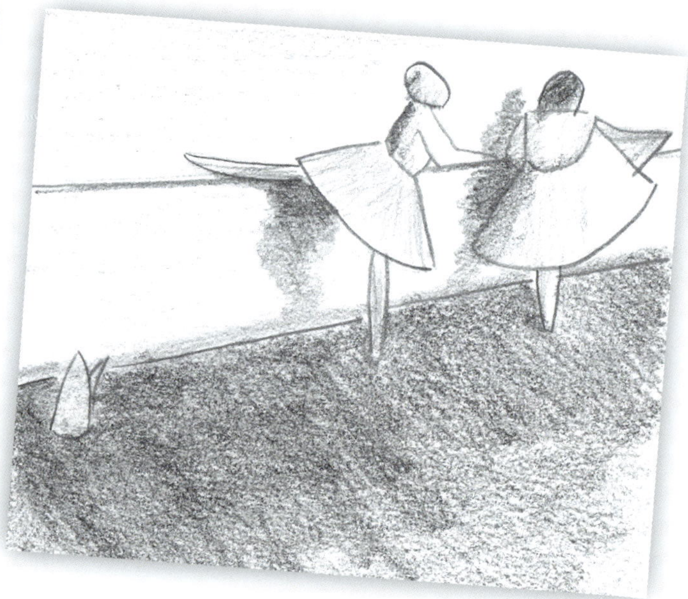

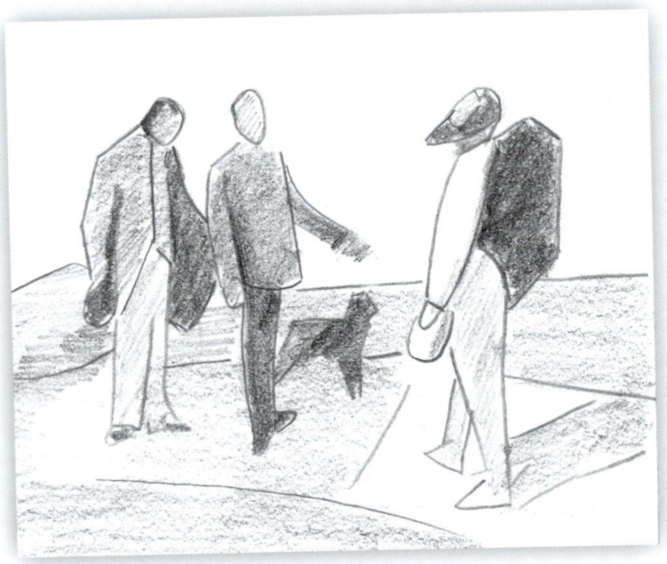

Von Alten Meistern lernen Die Alten Meister waren in ihrem Handwerk gründlich geschult, und ihr Wissen kann man sich aneignen, indem man ihre Bilder kopiert. Fertigen Sie schnelle Skizzen der Werke, um ein Gefühl für die Komposition zu bekommen. Scheuen Sie sich nicht, eine Kompositionsidee zu übernehmen. Große Künstler haben im Lauf der Jahrhunderte immer wieder Kompositionen von anderen großen Künstlern kopiert.

Schnelle Skizzen

Oft meinen wir, dass wir keine Zeit haben, unser Skizzenbuch herauszuholen, um zu zeichnen. Aber schon fünf Minuten genügen, um das schnelle Skizzieren zu üben. Dabei geht es nur darum, schnell die großen Formen, Linien und Winkel Ihres Motivs festzuhalten, die die Grundlage jeder Zeichnung bilden. Wenn Sie das schnelle Skizzieren regelmäßig üben, werden Sie lernen, Details zu ignorieren (denn in fünf Minuten bleibt keine Zeit für Details!) und sich auf die wichtigsten großen Formen und Winkel zu konzentrieren.

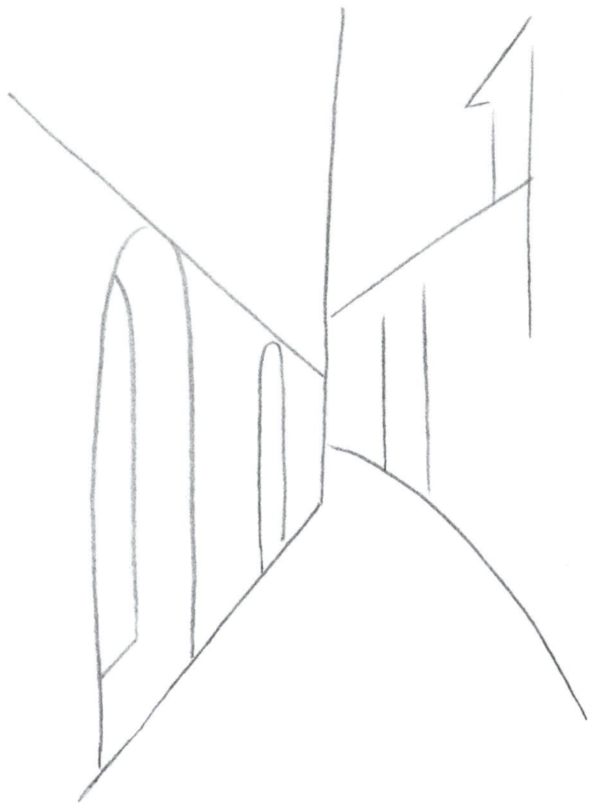

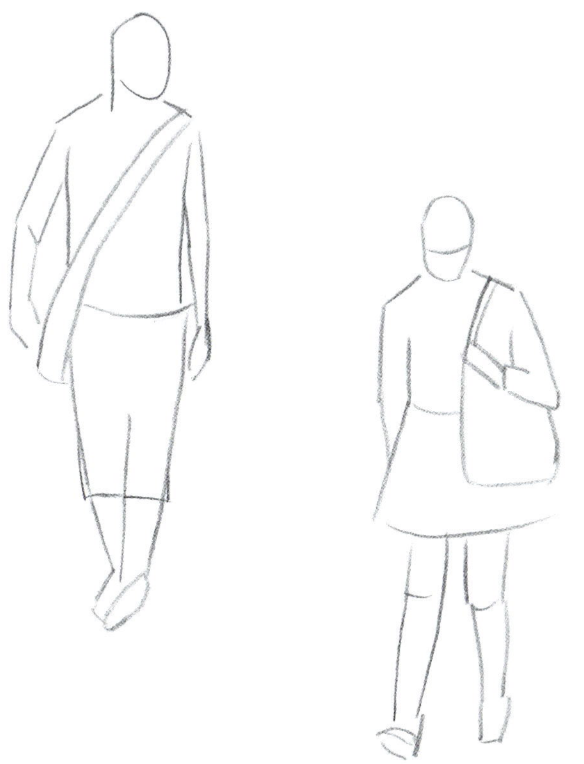

ÜBER DIE AUTOR:INNEN

Ken Goldman ist ein international bekannter Künstler, Autor, Lehrer und Kunstjuror. Er wurde mit zahlreichen Preisen ausgezeichnet und hat in verschiedenen Gruppen- und Einzelausstellungen in den Niederlanden, Frankreich, Mexiko, China, Italien, Griechenland, New York, Boston und Washington, D.C. ausgestellt. Goldmans Arbeiten sind in den ständigen Sammlungen des San Diego Museum of Art, des Hickory Museum of Art in North Carolina, des San Diego Natural History Museum, der San Diego Watercolor Society und des Zuo Wen Museum in Qingdao, China, vertreten. Ken ist Autor von 15 Walter Foster-Büchern über Pastell, Acryl, Kohle und künstlerische Anatomie und hat Beiträge in verschiedenen Zeitschriften veröffentlicht, darunter *The Art of Watercolour, Southwest Art, International Artist, Watercolor Magic, Splash 12, Splash 13* und *The Artist's Magazine.* Ken unterrichtet Figurenmalerei, künstlerische Anatomie und Pleinair-Landschaft an der Athenaeum School of the Arts in La Jolla und in Workshops im ganzen Land. Er war Vorsitzender der National Watercolor Society. Kens Ausbildung umfasst die National Academy of Design, die Art Students League und die New York Studio School. Weitere Informationen erhalten Sie unter goldmanfineart.com, californiawatercolor.com und facebook.com/1goldmanfineart.

Stephanie Goldman ist bekannt für farbstarke Figuren, ausdrucksvolle Porträts sowie Miniaturen und Kohle-, Bleistift- und Tuschezeichnungen. Alle ihre Arbeiten sind von einer konzentrierten Kreativität und Experimentierfreude geprägt, die Sammler:innen und Kritiker:innen gleichermaßen faszinieren. Zu ihren Ausstellungen zählen 15 einzigartige Kinderporträts mit dem Titel „I Am A Child" im Riverside Art Museum, „Bearing Exquisite Witness" im Joan B. Kroc Institute for Peace and Justice", ein Porträt der Direktorin Erika Torrey, die vom Kuratorium des Athenaeum in La Jolla in Auftrag gegeben wurde, sowie zahlreiche Gruppenausstellungen in den USA. Eine Auswahl ihrer Arbeiten wurde von Frontlines Publishing, Ramprod und East Meets West Co. reproduziert. Stephanie unterrichtet Figurenmalerei und Porträtmalerei an der Athenaeum School of the Arts in La Jolla und arbeitet seit mehr als zwei Jahrzehnten mit dem Künstler Ken Goldman an großen und kleinen öffentlichen und privaten Kunstprojekten zusammen. Weitere Informationen erhalten Sie unter goldmanfineart.com, californiawatercolor.com und facebook.com/1goldmanfineart.

UNSERE BUCHEMPFEHLUNG

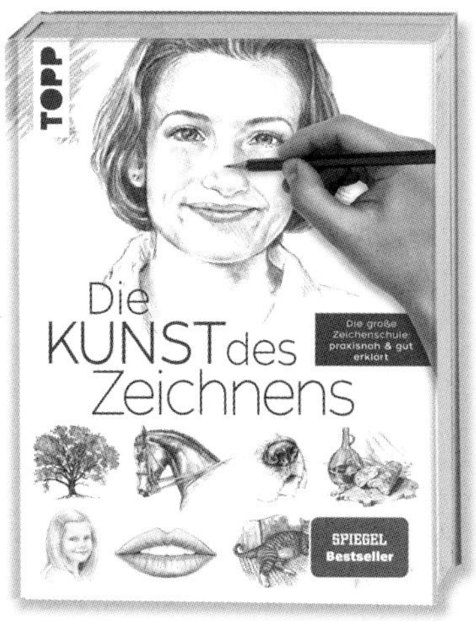

ISBN 978-3-7724-4750-1

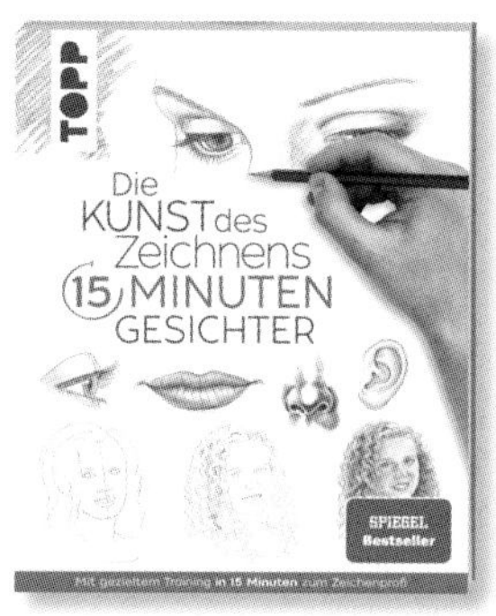

ISBN 978-3-7724-4770-9

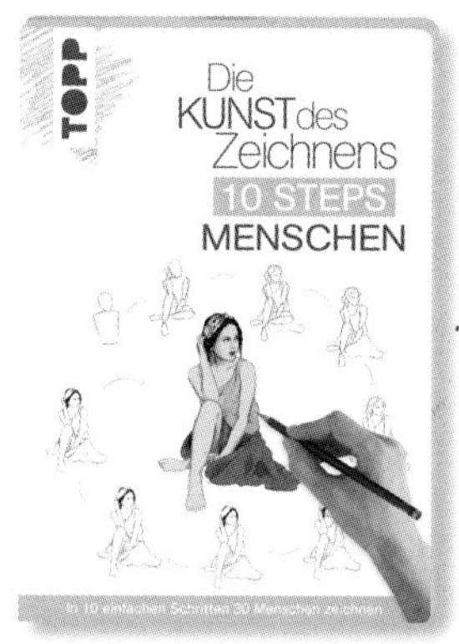

ISBN 978-3-7724-8393-6

Entdecken Sie die unverzichtbare Reihe zum Thema Zeichnen lernen auch online unter www.die-kunst-des-zeichnens.de

Noch mehr Kreativ-Bücher finden Sie auf www.TOPP-kreativ.de